Ueli Hintermeister / Silvia Fantacci /
Jürg Schrammel

Schweizer Jura

zwischen Zürich, Basel und Genfersee

50 ausgewählte Tageswanderungen

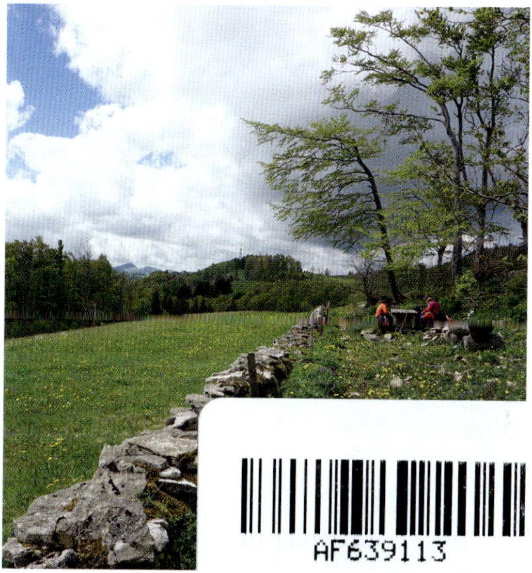

ROTHER
BERGVERLAG

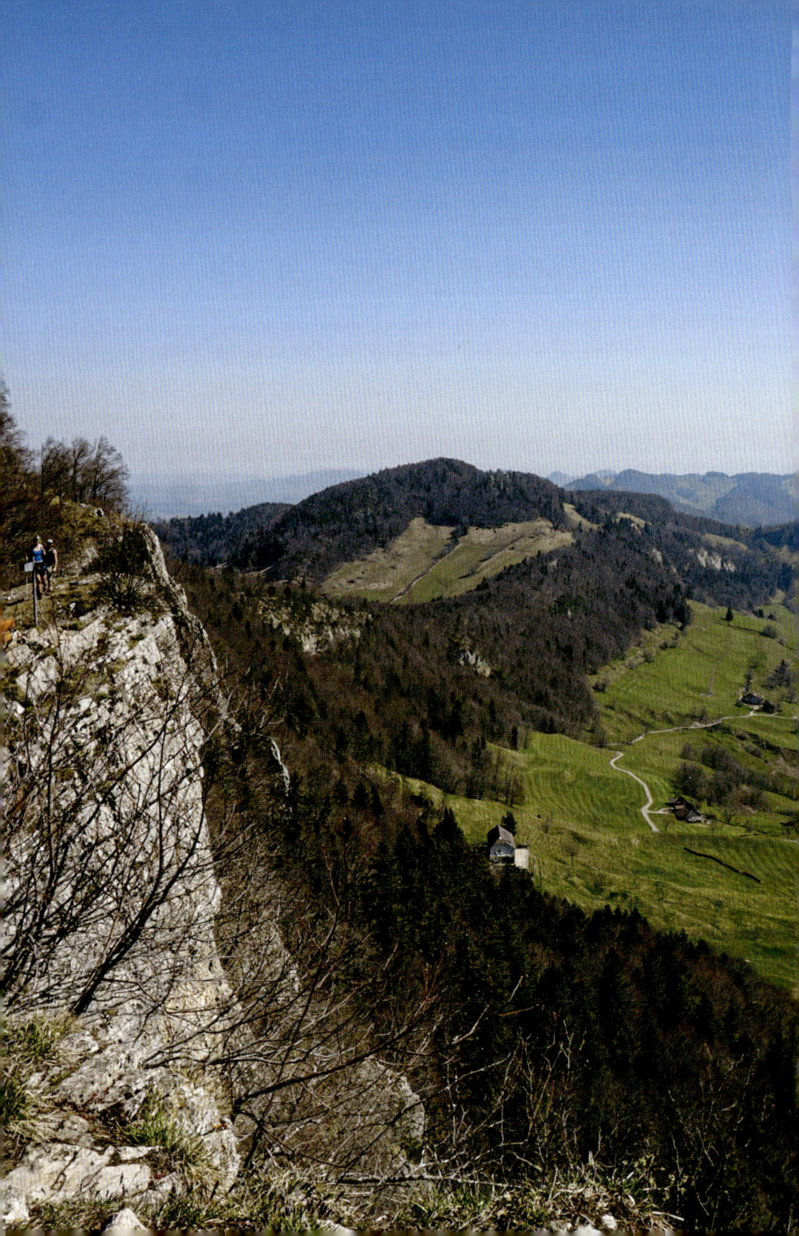

Vorwort

Die Schweiz gilt als gebirgiges Land. Gletscher, ewiger Schnee, schroffe Gipfel und saftig grüne Alpweiden prägen gemeinhin die Vorstellung von der Schweiz. Dies ist jedoch nur ein Teil der Realität. Rund 20 Prozent der Landesfläche gehören einem weitaus weniger bekannten Gebirge: dem Jura. Im Westen beginnt der Jura bei Chambéry in Frankreich, von wo aus das Gebirge in einem weiten Bogen in nordöstlicher Richtung verläuft und vor den Toren Zürichs endet. Mit den Alpen lässt sich der Jura nicht vergleichen – zu verschieden ist der Charakter dieses Gebiets. Die Berge des Jura bilden lange, schmale, in Ost-West-Richtung verlaufende Rücken, deren höchste Punkte maximal 1700 Meter erreichen und zumeist bewaldet sind.

Als Wander- und Tourengebiet liegt der Jura aber keinesfalls im Schatten der mächtigen Alpengipfel. Denn der Jura wartet mit einer ganzen Reihe von völlig eigenen Reizen auf, welche die Region zu einer idealen Umgebung für Entdeckungsreisen zu Fuß werden lassen: Schwindelerregende Tiefblicke sind auch von den oft felsbewehrten Bergrücken der Juraketten möglich, mindestens so spektakulär aber sind die Fernsichten über die Weite des Mittellandes bis zu den schneebedeckten Alpen und über die sanft gewellte, unendlich wirkende Hügellandschaft des Jura selbst. Tief eingeschnittene Schluchten bieten Wanderungen durch eine feuchte, märchenhafte, wilde Welt. In die gewellte Landschaft eingebettete Weiden mit mächtigen, alten Einzelbäumen erinnern an eine natürliche Parklandschaft, in der Kühe und Pferde grasen! An den Ufern der großen Seen am Südfuß des Jura wähnt man sich an manchen Tagen fast am Meer; hier erhält die Landschaft eine Weite, die befreiend ist und die »Wanderlust« so richtig weckt.

Das Buch stellt 50 Tageswanderungen vor, die von der Lageren im Osten bei Zürich bis ins Vallée de Joux im Westen reichen und dabei neben dem französischsprachigen Teil des Jura auch die Berge des solothurnischen, Aargauer und Basler Jura mit berücksichtigen.

Burgdorf / Affoltern am Albis, Frühjahr 2024
Jürg Schrammel und Ueli Hintermeister

Steilwände wie hier am Vogelberg (Tour 13) sind typisch für den Schweizer Jura.

Inhaltsverzeichnis

Symbole

🚌	mit Bahn/Bus erreichbar	†)(	Gipfel; Brücke
✕	Einkehrmöglichkeit unterwegs	)(∩	Pass, Sattel; Höhle
👪	für Kinder geeignet	♁	Kirche, Kapelle, Marterl/Bildstock
	Ort mit Einkehrmöglichkeit	┐ ┌	Abzweigung links/rechts
	Burg, Schloss, Ruine	▲ ⊼	Zeltplatz; Picknickplatz
⌂ ⌂	Einkehr; Schutzhaus, Unterstand		Aussichtsplatz; Seilbahn
🚌 🚆	Bus-, Bahnanschluss	◉	Quelle

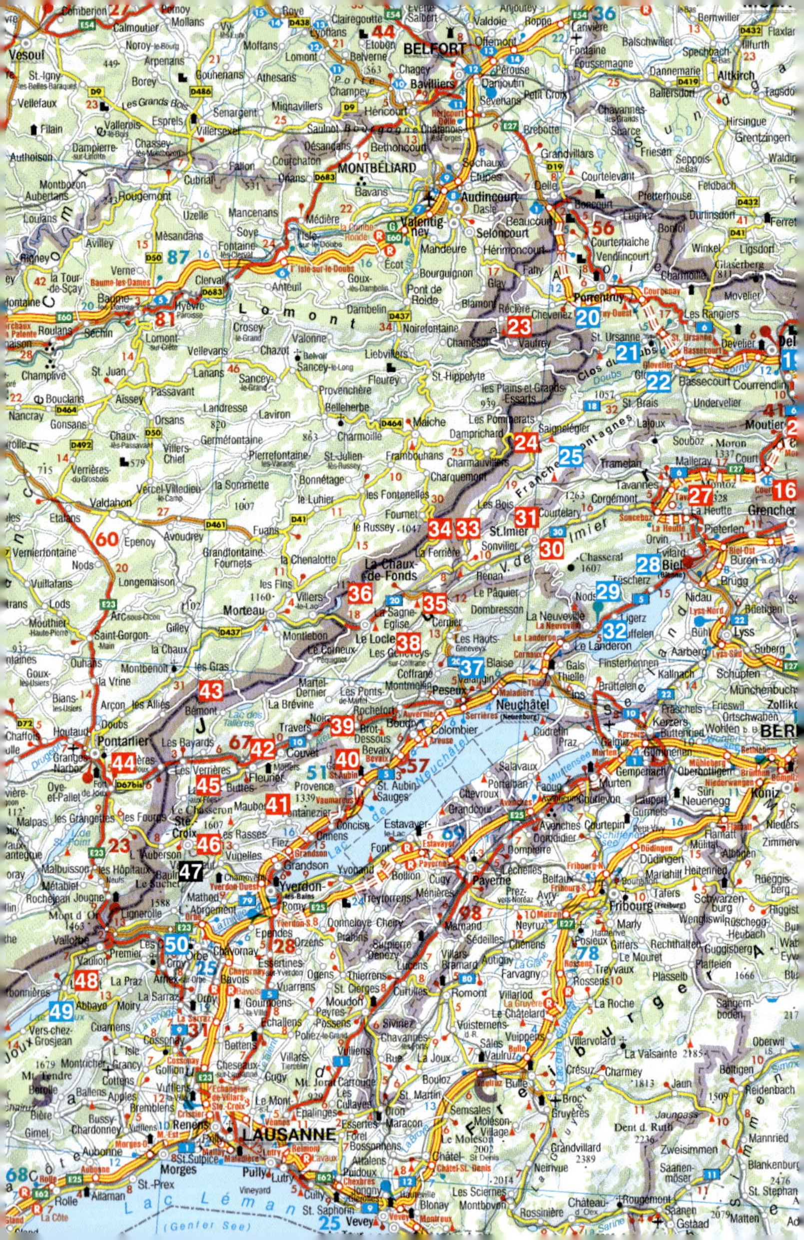

Vesoul
BELFORT
MONTBÉLIARD
Audincourt
Valentigney
Hericourt
Baume-les-Dames
Clerval
Lomont
Porrentruy
St. Ursanne
Delle
Pontarlier
Morteau
Le Locle
La Chaux-de-Fonds
St. Imier
Biel
Neuchâtel
Yverdon-les-Bains
Grandson
Payerne
Fribourg
Murten
Avenches
Estavayer-le-Lac
Orbe
Vallorbe
Ste-Croix
Moudon
Romont
Bulle
Gruyères
Châtel-St-Denis
LAUSANNE
Morges
Pully
Lutry
Vevey
Montreux
Lac Léman
(Genfer See)
Lac de Neuchâtel
Muttensee
Köniz
Lyss
Aarberg
Tavannes
Moutier
Saignelégier
Maîche
St-Hippolyte
Ornans
Valdahon
Le Russey
Travers
Couvet
Fleurier
La Brévine
Les Verrières
Düdingen
Schwarzenburg
Flamatt
Kerzers
Laupen
Saanen
Gstaad
Zweisimmen
Château-d'Oex
Rossinière
Echallens
Cossonay
St-Prex
Blonay
Altkirch
Grenchen

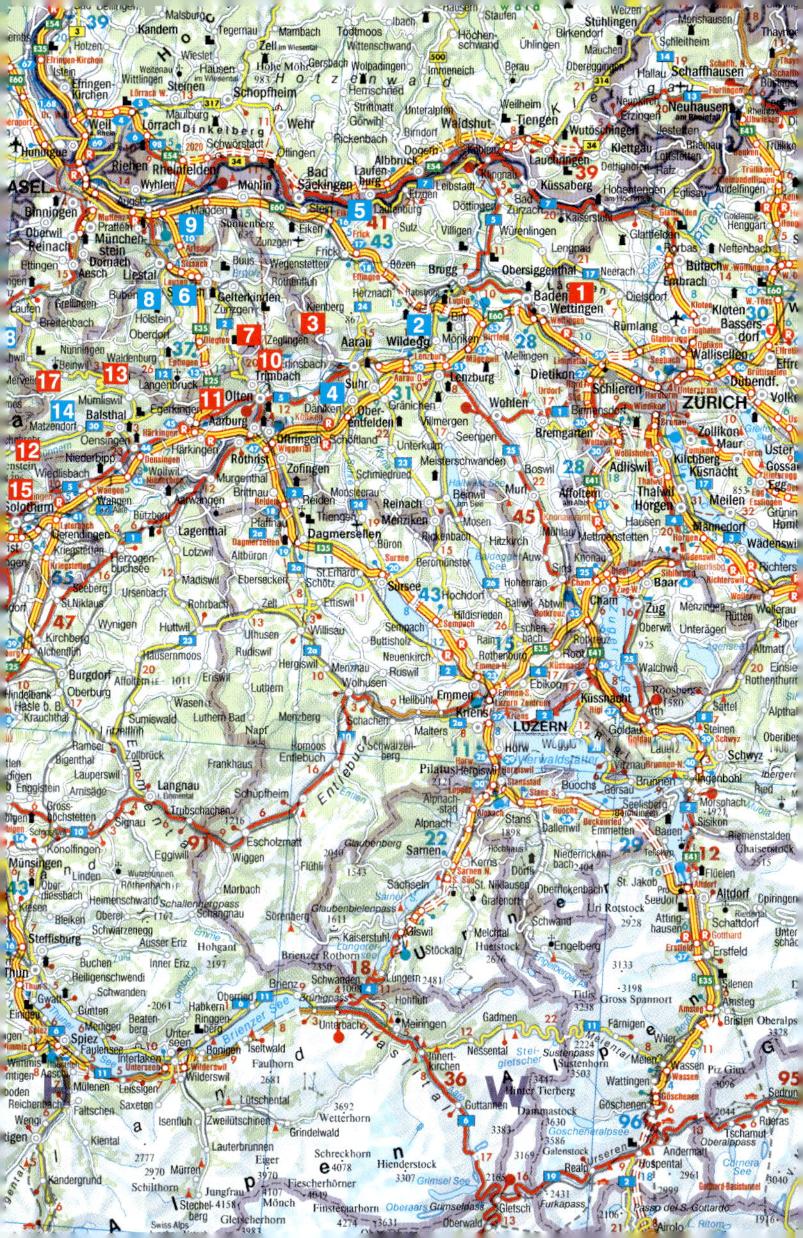

Basel
Kandern
Lörrach
Weil
Rheinfelden
Schopfheim
Wehr
Bad Säckingen
Laufenburg
Waldshut-Tiengen
Stühlingen
Schaffhausen
Neuhausen
Liestal
Aarau
Wildegg
Brugg
Baden
Wettingen
Zürich
Kloten
Bülach
Dietikon
Schlieren
Lenzburg
Wohlen
Bremgarten
Olten
Aarburg
Solothurn
Langenthal
Zofingen
Sursee
Hochdorf
Zug
Baar
Cham
Luzern
Kriens
Emmen
Küssnacht
Schwyz
Brunnen
Altdorf
Stans
Sarnen
Burgdorf
Langnau
Thun
Spiez
Interlaken
Brienzer See
Meiringen
Andermatt
Hospental
Eiger
Mönch
Jungfrau
Schreckhorn
Finsteraarhorn
Grimselpass
Furkapass
Sustenpass
Vierwaldstätter See
Zuger See
Hallwiler See
Baldegger See
Sempacher See
Emmental
Entlebuch
Hotzenwald
Klettgau
Dinkelberg
Alpen

Allgemeine Hinweise

Anforderungen

Voraussetzung für ein positives Wandererlebnis sind eine den Anforderungen entsprechende körperliche Verfassung und eine geeignete Ausrüstung. Zur besseren Einschätzung des Schwierigkeitsgrades der Wandervorschläge sind die Touren mit verschiedenen Farben gekennzeichnet:

Leicht Wanderungen auf guten, zumeist breiten Wegen; durchwegs markiert und ausgeschildert. Die Orientierung bereitet keine Schwierigkeiten. Die Höhendifferenz im Aufstieg beträgt höchstens 600 Meter. Obwohl Wanderschuhe immer empfehlenswert sind, können die Wanderungen auch mit guten Turnschuhen oder ähnlichem Schuhwerk begangen werden.

Mittel Diese Wanderungen verlaufen großteils auf schmalen Fußwegen, die Konzentration verlangen. Einzelne Abschnitte können auch durch steiles Gelände führen und Steighilfen wie Leitern beinhalten oder mit Ketten und Geländern gesicherte Teilstücke aufweisen, die zudem ein gewisses Maß an Schwindelfreiheit erfordern. Die Wege sind meist markiert und ausgeschildert, die Orientierung ist aber anspruchsvoller, eine Karte kann hilfreich oder gar nötig sein. Diese Wege sollte man nur mit guten Wanderschuhen begehen.

Schwierig Einzelne Abschnitte dieser Touren verlaufen durch steiles Gelände und sind teilweise ausgesetzt. Trittsicherheit und ein gewisses Maß an Schwindelfreiheit sind erforderlich. Einige Wegabschnitte sind nicht markiert; ein gutes Orientierungsvermögen und eine Karte sind notwendig. Diese Wegkategorie verlangt zwingend gute Wanderschuhe.

Vom Röti schweifen die Blicke ostwärts zum Balmberg und ins Mittelland (Tour 15).

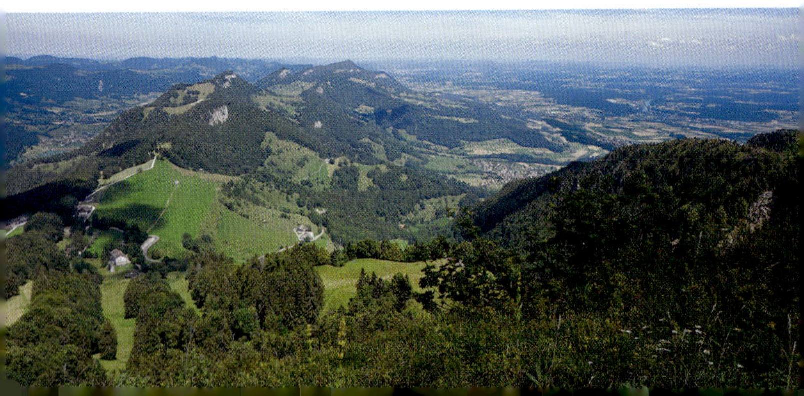

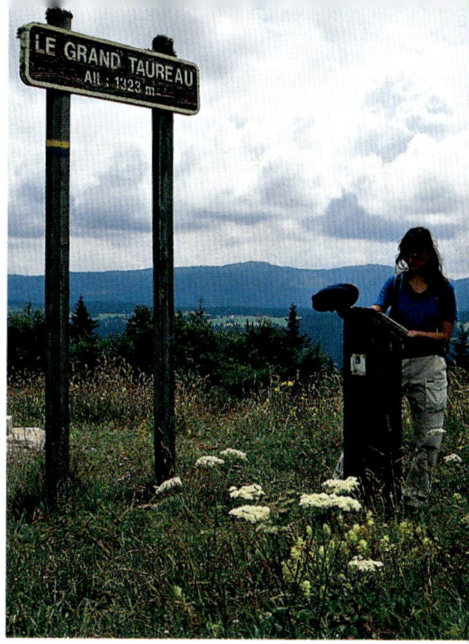

Nicht alle Juragipfel sind so schön angeschrieben wie der Grand Taureau (Tour 44).

Gehzeiten

Die Angaben sind als Richtwerte zu verstehen und beziehen sich auf die reine Gehzeit. Sie gehen dabei von einer Stundenleistung von zirka 4 km auf ebener Strecke, beziehungsweise 300 bis 350 Höhenmetern im Aufstieg und 500 bis 600 Höhenmetern im Abstieg aus.

Gefahren

Wandern im Jura ist eine weitgehend gefahrlose Beschäftigung. Mit Ausnahme jener Wege, die über Leitern oder durch enge Schluchten und dabei nahe an einen Abgrund führen, ist die Absturzgefahr im Jura nicht sonderlich groß. Trotzdem ist es nicht ratsam (und übrigens auch unerwünscht), die Wege zu verlassen, denn hohe Felswände und Steilhänge prägen die Landschaft des Jura sehr wohl und auch die für Kalkregionen typischen Löcher im Gelände (Dolinen) dürfen nicht unterschätzt werden.
Zu beachten ist die Verletzungsgefahr durch Ausrutschen. Gerade in den engen, schattigen Schluchten, aber auch in dichten Wäldern ist der Untergrund meist feucht, wodurch der aus Kalk bestehende Boden und die Wege gerne rutschig sind.

GPS-Tracks und Koordinaten der Ausgangspunkte

Auf **gps.rother.de** stehen zu diesem Wanderführer GPS-Tracks und die Koordinaten der Ausgangspunkte zum kostenlosen Download bereit. Dieser QR-Code führt direkt zum Download.
6. Auflage, Passwort: **415706brm**
Die GPS-Tracks können in die **Rother App** importiert werden. In der App kann man unterwegs stets sehen, wo man gerade ist und wo es langgeht. **Anleitungen dazu: rother.de/gps**
Trotz sorgfältiger Prüfung können wir Fehler und zwischenzeitliche Veränderungen nicht ausschließen. Verlassen Sie sich für die Orientierung niemals einzig und allein auf die GPS-Daten, sondern beurteilen Sie die Verhältnisse vor Ort.

Auskunft

Allgemein

Schweiz Tourismus: Morgartenstrasse 5a, 8004 Zürich, ✆ +41 0800 100 200 29, myswitzerland.com

Regional

Baselland: ✆ +41 61 927 65 44, baselland-tourismus.ch
Solothurn: ✆ +41 62 213 16 20, kantonsolothurntourismus.ch
Aargau: ✆ +41 62 823 00 73, aargautourismus.ch
Berner Jura: ✆ +41 32 494 53 43, jurabernois.ch
Naturpark Thal: ✆ +41 62 386 12 30, naturparkthal.ch
Seeland: ✆ +41 32 329 84 84, biel-seeland.ch
Kanton Jura: ✆ +41 32 432 41 60, juratourisme.ch
Kanton Neuchâtel: ✆ +41 32 889 68 90, neuchateltourisme.ch
Vallée de Joux: ✆ +41 21 845 17 77, myvalleedejoux.ch

Ausrüstung

Der Jura ist eine relativ regenreiche Region, deshalb gehören warme Kleidung und ein guter Regenschutz fast immer ins Gepäck. Am wichtigsten aber ist gutes Schuhwerk mit griffigen Sohlen, die genügend Halt auf dem oft glitschigen Untergrund bieten. Genügend Flüssigkeit für unterwegs ist ebenfalls wichtig, auch wenn sich Gasthöfe für die Mittagsrast anbieten und so auf den eigenen Proviant verzichtet werden kann. Allerdings sollte im Voraus abgeklärt werden, ob das vorgesehene Restaurant auch tatsächlich geöffnet hat!

Karten

Die offiziellen Schweizer Landeskarten sind hervorragend und äußerst detailgenau. Für das ganze Land gibt es Karten im Maßstab 1:25.000 und 1:50.000, die sich als Wanderkarten eignen. Besonders empfehlenswert sind die Wanderkarten im Maßstab 1:50.000, die am gelben Einband erkennbar sind und deren Blattnummer mit einem »T« ergänzt ist. In diesen Karten sind die markierten Wanderwege je nach Schwierigkeitsgrad gelb (einfach), rot (Bergwanderweg) oder blau (Alpinwanderweg) eingezeichnet. Zudem sind weitere nützliche Informationen ersichtlich wie die Haltestellen öffentlicher Verkehrsmittel, Sehenswürdigkeiten, Aussichtstürme oder abgelegene Restaurants.

Beste Jahreszeit

Im Grunde gibt es keine »beste« Jahreszeit für Wanderungen im Jura – die Region hat zu jeder Jahreszeit ihren Reiz! Im Frühling sprießen überall Blumen und die Buchenwälder tragen ihr neues, zartgrünes Kleid. Im Sommer sind die Berggasthöfe geöffnet, Kühe weiden auf den Alprasen und die Jurahöhen sind sicher am belebtesten. Nicht zuletzt laden die Strandbäder an den Seen zum Baden ein – ein willkommener Abschluss jeder Wanderung. Es gibt aber nur relativ wenige Tage im Sommer, an denen der Blick bis zu den Alpen reicht. Zu oft liegt das Mittelland unter einer Dunstschicht, die die Fernsicht verhindert.

Aus der sommerlichen Dunstglocke wird im Herbst oft eine dicke Nebelschicht, die das Mittelland und manchmal auch die Juratäler unter sich begräbt. An solchen Tagen bieten die Jurahöhen alles, was das Herz begehrt: viel Sonne und eine sagenhafte Aussicht!

Der Herbst gilt als eine der schönsten Perioden für Wanderungen im Jura. Die Farben dieser Jahreszeit brauchen nicht beschrieben zu werden, doch sei der Hinweis erlaubt, dass es auch im Jura Lärchen gibt, die sich golden verfärben.

Mit dem ersten Schneefall endet die Wandersaison im Jura keineswegs zwangsläufig. Zwar ist der Jura ziemlich schneereich, allerdings (leider) längst nicht mehr so schneesicher wie früher. Die Südhänge der Berge sind schnell aper, dennoch muss man sich im Voraus erkundigen, ob bestimmte Touren möglich sind. Auf den Schattenseiten der Berge, in den Wäldern und Tälern liegt der Schnee manchmal hartnäckig lange, was im Frühling ein Problem sein kann. Jedoch: weshalb den Begriff »Wandern« nicht etwas ausdehnen? Der Jura ist nämlich ein absolut fantastisches Gebiet für Skiwanderungen und es gibt sogar Angebote für Fernwanderungen auf Skiern von Ort zu Ort!

Auch Schneeschuhwanderungen sind gut möglich, wobei man sich aus Rücksicht auf die Tierwelt möglichst an bestehende Wege halten sollte; oder, noch besser, die markierten Schneeschuhtrails benutzt. Diese erlauben ein sicheres, im Interesse der Natur auch etwas »kanalisiertes« Erleben der Wintermärchenlandschaft Jura.

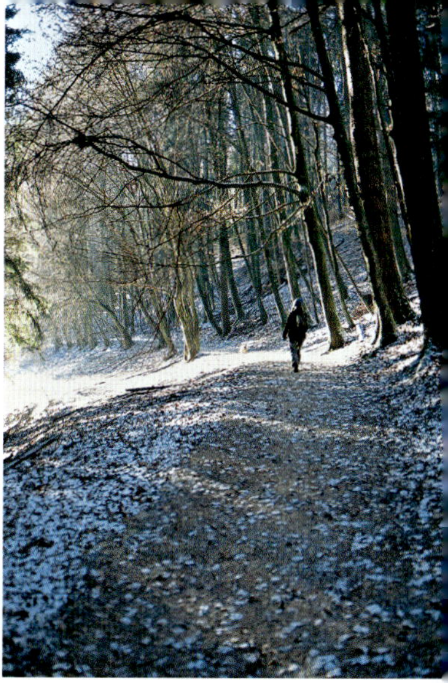

Wanderungen im Jura sind zu allen Jahreszeiten reizvoll.

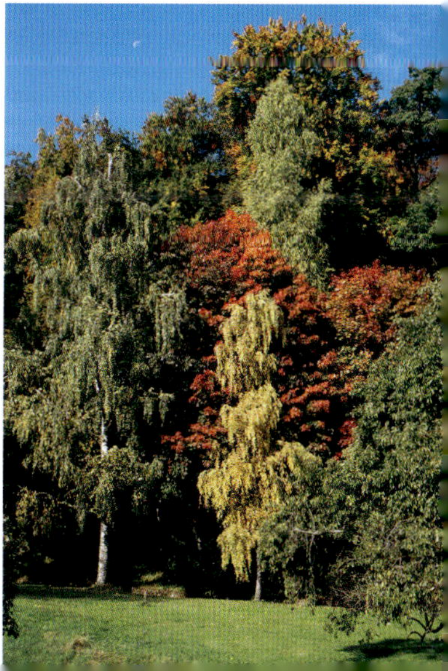

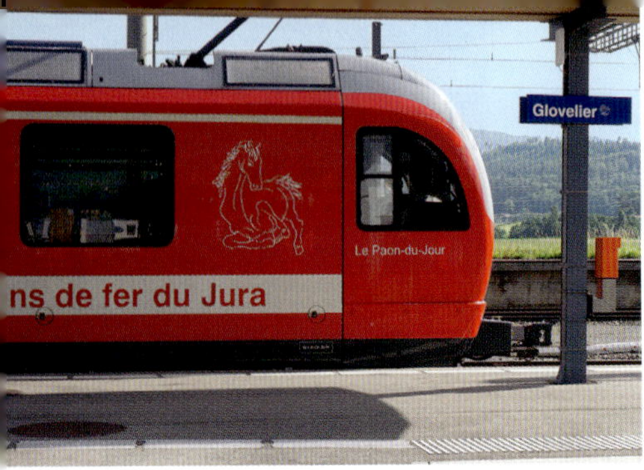

Start- und Endpunkte der beschriebenen Wanderungen sind gut mit den öffentlichen Verkehrsmitteln erreichbar.

Anreise

Mit dem Auto aus Deutschland kommend, erreicht man den Jura über Basel oder Zürich: Die A3 erschließt den Aargau. Die A1 leitet von Zürich via Aarau/Olten, die A2 von Basel zum großen Autobahnkreuz bei Egerkingen, von wo die Weiterfahrt auf der A1 nach Westen in Richtung Solothurn/Bern mit Verzweigung nach Biel erfolgt. Für die Westschweizer Regionen bleibt man der A1 über Bern hinaus treu. Wer nach Neuchâtel will, verlässt die A1 bei Kerzers, für Yverdon folgt man ihr nach Westen.

Für den Kanton Jura und Teile des Berner Jura beziehungsweise des nördlichen Kantons Solothurn folgt man ab Basel oder Biel den Wegweisern nach Delémont.

Die Anreise per Bahn erfolgt über die Jurasüdfußlinie, die seit einigen Jahren von schnellen Neigezügen bedient wird. Diese als ICN bezeichneten Züge fahren jede Stunde von Zürich via Olten und Solothurn oder von Basel über Delémont und Moutier nach Biel und von dort weiter via Neuchâtel und Yverdon nach Lausanne oder Genf.

Regionalzüge verkehren ab Delémont nach Porrentruy und Boncourt, zwischen Moutier und Solothurn, ab Biel und Neuchâtel nach La Chaux-de-Fonds und nach Le Locle, von Neuchâtel ins Val de Travers, von Yverdon nach Ste-Croix und von Lausanne nach Vallorbe und weiter ins Vallée de Joux. Die Schmalspurtrassen der Jurabahnen (CJ) erschließen die Region nördlich von La Chaux-de-Fonds und bedienen unter anderem Le Noirmont, Saignelégier und Tramelan.

Ausgangspunkte

Alle Ausgangspunkte der Touren sind mit öffentlichen Verkehrsmitteln gut erreichbar; wo es sich um Streckenwanderungen handelt, ist auch die Rückkehr zum Startort mit Bus und Bahn möglich.

Öffentliche Verkehrsmittel

Es lässt sich mit einiger Objektivität sagen, dass die Schweiz ein hervorragendes und vorbildliches System von öffentlichen Vekehrsmitteln betreibt. Ein dichtes S-Bahnnetz sorgt für gute Verbindungen im Stadt- und Vorortver-

Top-Touren im Schweizer Jura

Lägeren

Aussichtsreiche Wanderung vor den Toren der Stadt Zürich über die östlichste Erhebung des Faltenjura – interessant auch wegen der Flora, findet man hier doch eine Vielfalt an wärme- und kalkliebenden Pflanzen (Tour 1, 7 Std.).

Wisenberg und Bad Ramsach

Über einen Aussichtsberg mit guter Sicht zu den Alpen zu einem historischen Heilbad. Abwechslungsreiche Wanderung durch den basellandschaftlichen Jura (Tour 7, 5.45 Std.).

Welschenrohr – Balsthal

Wanderung durch die beschauliche Landschaft des neu erschaffenen Naturparks Thal. Mehrere Einkehrmöglichkeiten auf einsamen Bauernhöfen unterwegs laden zum gemütlichen Verweilen ein (Tour 14, 6 Std.).

Grenchenberg und Hasenmatt

Interessanter Aufstieg durch die hohen Klippen des Grenchenbergs mit anschließender gemütlicher Wanderung über die südlichen Jurahöhen (Tour 16, 7.15 Std.).

Sommêtres

Klassische Juralandschaft am Doubs – von Saignelégier zum Kalkgipfel Sommêtres hoch über dem Fluss Doubs, dann der steile Abstieg ins enge Flusstal, vielleicht unterwegs in einem Restaurant eine Forelle genießen, um gestärkt zu sein für den Aufstieg zurück nach Saignelégier (Tour 24, 5.15 Std.).

Twannberg

Jurahöhen und ein Hauch von Mittelmeer – über den bewaldeten, aussichtsreichen Twannberg geht es durch eine Schlucht hinab zum Bielersee, dann durch die Rebberge über dem See zurück zur Stadt Biel. Zwei Welten, eine Wanderung (Tour 28, 6.45 Std.).

Tablettes

Einsame Tour über einen ruhigen Gipfel hoch über der Areuse-Schlucht, durch die der Schlussteil der Wanderung auch noch führt. Besonders eindrücklich ist die Nachbarschaft der gewaltigen Felsarena des Creux du Van (Tour 39, 7 Std.).

Chasseron und Poëta Raisse

Aufstieg zum Chasseron, einem der höchsten Gipfel des Schweizer Jura, dann durch die von Fichten und Weiden geprägte Juralandschaft zur Poëta Raisse, die zu den schönsten Schluchten des Jura zählt. Eine Wanderung mit besonders vielfältigen Eindrücken (Tour 45, 5.45 Std.).

Le Suchet und Aiguilles de Baulmes

Wanderung mit stellenweise fast alpinem Charakter über zwei aussichtsreiche Gipfel des Neuenburger Jura (Tour 47, 6.45 Std.).

Dent de Vaulion

Steiler Kalkzahn hoch über dem Vallée de Joux, einem der schönsten und abgelegensten Täler des Schweizer Jura (Tour 48, 6.15 Std.).

kehr, die wichtigsten Fernstrecken werden im Halbstundentakt bedient, fast alle anderen Linien verkehren im Stundentakt. Dies gilt auch für viele Überlandbusse, wobei die Busverbindungen in abgelegeneren Regionen deutlich spärlicher sind. Natürlich bedingt die Benutzung von Bahn und Bus eine gewisse Planung, hat aber auch den großen Vorteil der Flexibilität: Der Zwang zur Rückkehr zum eigenen Auto entfällt, was auch kurzfristig be-

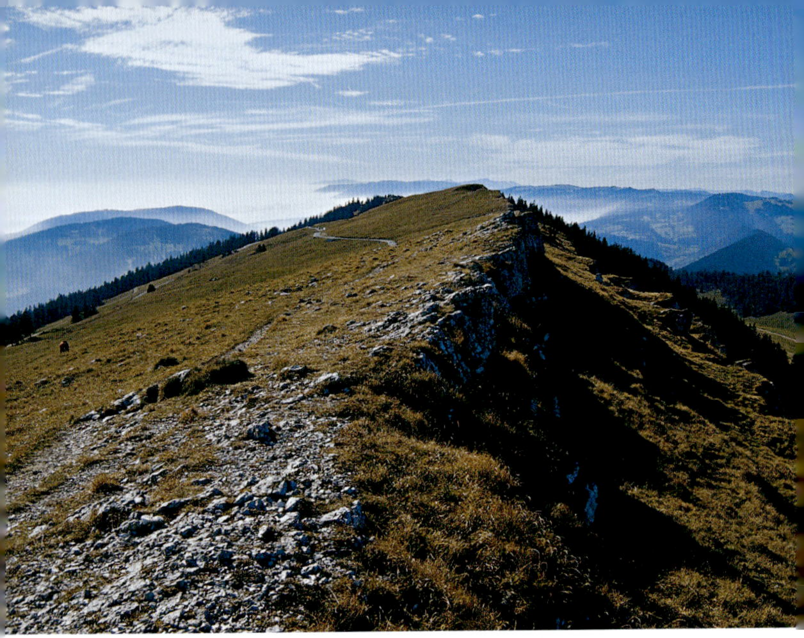

Oft verlaufen die Wanderwege im Jura auf den aussichtsreichen Kämmen, wie hier auf dem Rücken des Chasseral (Tour 30).

schlossene Änderungen der Wanderung problemlos ermöglicht. Zudem ist gerade der Jura mit seinen lang gestreckten, aussichtsreichen Höhen prädestiniert für Streckenwanderungen.
Ein relativ neues Angebot ist das PubliCar-System der Post. Anstatt fixe Kurse anzubieten und dann oft mit fast leeren Bussen herumzufahren, versucht die Post in den ländlichsten Gebieten die Bedürfnisse der Fahrgäste möglichst flexibel und effizient zu erfüllen. Bei PubliCar-Angeboten (in der Kurzinfo der Wandervorschläge jeweils erwähnt) wählt man die angegebene Nummer und meldet die gewünschte Fahrstrecke und Fahrzeit. Den Wünschen wird dann soweit möglich entgegengekommen, eine gewisse Flexibilität ist allerdings auch von Seiten der Passagiere notwendig. Die Rufnummern sind allerdings nicht rund um die Uhr besetzt, sondern lediglich zu normalen Bürozeiten. Eine frühzeitige Bestellung ist empfehlenswert.
Für alle Fahrplanauskünfte konsultiert man am besten die Internetseite der Schweizerischen Bundesbahnen unter sbb.ch oder verwendet die entsprechende App auf dem Smartphone. Telefonische Auskunft gibt es unter der Nummer +41 848 44 66 88 zum Ortstarif (CHF 0,08 pro Minute).

Straßen und Wege

Grundsätzlich gibt es fünf verschiedene Wegtypen, die auf den hier vorgestellten Wanderungen vorkommen: Haupt- oder Kantonsstraßen sind viel befahrene Verkehrsverbindungen, welchen höchstens für kurze Strecken gefolgt werden muss. Als »Sträßchen« werden Zufahrten zu abgelegenen Bauernhöfen bezeichnet. Viele dieser einspurigen Straßen sind geteert. Mit »Forststraße« und »Fahrweg« sind jene breiten Wege bezeichnet, die zwar land- und forstwirtschaftlichen Verkehr ermöglichen, aber keinen Hartbelag aufweisen.

Auch reine Fußwege sind natürlich sehr häufig. Nicht zuletzt verlaufen im Jura zahlreiche Passagen weglos über Weiden. Bei schlechter Sicht kann auf solchen Abschnitten die Orientierung schwierig sein. Vor allem aber gleichen diese Weidepartien nach längeren Regenfällen oder bei feuchter Witterung einem Sumpf, sodass man hier eine Mindesttoleranz gegenüber Morast und vor Dreck strotzenden Schuhen benötigt.

Wegmarkierungen

Wanderwege sind in der Schweiz mit Wanderwegweisern ausgeschildert und mit farbigen Symbolen markiert. Im Jura gibt es drei unterschiedliche Markierungen: Einfache Wanderwege sind mit gelben Rauten bezeichnet und für jedermann ohne besondere Ausrüstung und mit bequemen Alltagsschuhen begehbar. Bergwanderwege sind weiß-rot-weiß markiert. Sie erfordern eine ausreichende Ausrüstung, inklusive Berg- oder Wanderschuhen

Auf dem Trans Swiss Trail erreichen Weitwanderer auch St. Ursanne (Tour 20).

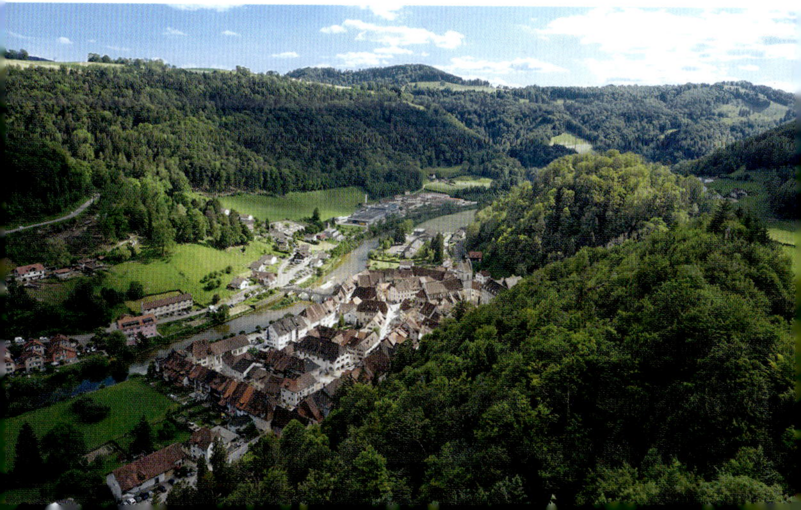

und wetterfester Kleidung. Trittsicherheit kann stellenweise ebenfalls nötig sein. Die meisten Wege im Schweizer Jura zählen zu den gelb markierten Wanderwegen, einige gelten auch als Bergwanderwege. Allerdings ist die Unterscheidung zwischen den gelb und den weiß-rot-weiß bezeichneten Wegen nicht überall konsequent.
Früher wurde der Jurahöhenweg gesondert mit gelb-roten Rauten gekennzeichnet. Diese Markierung wurde offiziell schon vor Jahren aufgegeben, ist stellenweise aber immer noch anzutreffen.
Keine Wegmarkierungen sind die gelb-roten Rechtecke, die Wildschutzgebiete bezeichnen. Wer irrtümlicherweise solchen Zeichen folgt, dürfte sich sehr schnell in völlig unwegsamem Gelände wiederfinden!

Weitwanderwege

Fernwanderwege im eigentlichen Sinne, die auch im Gelände als solche bezeichnet sind, gibt es im Schweizer Jura zwei: erstens den Trans Swiss Trail, der die Schweiz in Nord-Süd-Richtung quert. Er beginnt in Porrentruy im Kanton Jura und hat Mendrisio an der italienischen Grenze zum Ziel. Die ersten sechs der insgesamt 32 Etappen führen zwischen Porrentruy und Neuchâtel durch das Gebiet des Jura. Die offiziellen gelben Wegtafeln wurden hierfür um ein grünes Quadrat mit der Routennummer 2 ergänzt.
Der erste und lange Zeit einzige Weitwanderweg der Schweiz ist jedoch der rund 300 Kilometer lange Jurahöhenweg (Routennummer 5). Er beginnt in Dielsdorf unweit der Stadt Zürich und endet in Nyon am Genfersee. Wie sein Name sagt, verläuft er stets auf den Kämmen der südlichsten Jurahöhenzüge. 14 bis 16 Tage sollte man für die vollständige Begehung einplanen. Nähere Informationen zu beiden Fernwanderwegen unter wanderland.ch.
Aber Weitwanderwege müssen ja nicht unbedingt als solche ausgewiesen sein. Das Wanderwegenetz der Schweiz lässt eine fast unbeschränkte Anzahl von Kombinationen zu, mit denen man sich einen eigenen Fernwanderweg zusammenstellen kann. Tipps für Tages- und Fernwanderungen finden sich auch unter swisshiking.ch. Fast unerschöpflich ist die privat geführte Website wandersite.ch.

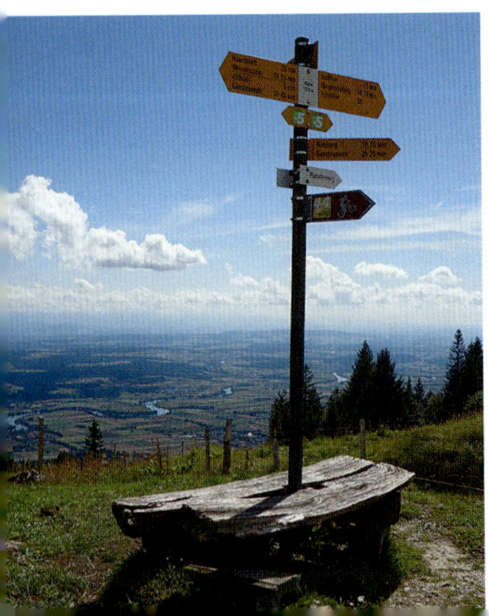

Die kleinen Schilder mit der grünen Nummer 5 verweisen auf den Jurahöhenweg.

Der Umwelt zuliebe ...

Auch beim Wandern hinterlassen wir einen ökologischen Fußabdruck, aber im Einklang mit der Natur unterwegs zu sein, ist gar nicht so schwer!

VORBEREITUNG UND ANFAHRT

- Sich vorab informieren, worauf in Bezug auf Natur und Umwelt in der jeweiligen Wanderregion besonders zu achten ist.
- Soweit möglich mit Bahn und Bus anreisen, Wander- und Rufbusse nutzen.
- Ist eine Anfahrt mit dem Auto nötig, Fahrgemeinschaften bilden.
- Bei weiten Anfahrten Mehrtagestouren planen oder von einem Quartier vor Ort aus mehrere Touren absolvieren.
- Flugreisen möglichst reduzieren und durch Beiträge zu Klimaschutzprojekten kompensieren.

KLEIDUNG UND AUSRÜSTUNG

- Beim Kauf von Outdoor-Kleidung auf umweltfreundliche und faire Herstellung achten und Kleidungsstücke möglichst viele Jahre nutzen.
- Ausrüstung kann man eventuell auch gebraucht kaufen oder ausleihen.
- Reparieren statt neu kaufen.

VERPFLEGUNG

- Beim Einkauf Bio-Ware, regionale und saisonale Erzeugnisse bevorzugen.
- Hütten und Gasthäuser auswählen, die regionale Produkte verwenden.
- Auf Einwegflaschen und Plastikverpackungen verzichten, stattdessen wiederverwendbare Trinkflaschen und Brotzeitboxen benutzen.

ÜBERNACHTUNG

- Bei lokalen Anbietern buchen, damit Menschen vor Ort profitieren.
- Auf Hütten und in anderen Unterkünften Strom und Wasser sparen.

UNTERWEGS

- Wege benutzen und Abkürzer vermeiden.
- Sperrungen von Wegen und Schutzgebieten respektieren.
- Keine Blumen pflücken und keine Pflanzen entnehmen.
- Waldbrandgefahr beachten.
- Müll wieder mit nach Hause nehmen und dort entsorgen.
- Toilettengänge in freier Natur möglichst vermeiden.
- Lärm vermeiden.
- Hunde an die Leine nehmen.

ROTHER
BERGVERLAG

Schießübungen

Eine lästige Begleiterscheinung von Wanderungen in der Schweiz können die Schießübungen sein, die die Armee gelegentlich in gewissen Regionen durchführt. Die Gebiete sind mit Tafeln gekennzeichnet, die die Tage mit Schießbetrieb angeben. Den Anweisungen der Schießwachen ist unbedingt Folge zu leisten. Häufig begangene Wanderwege sind in der Regel nicht betroffen, zumindest ist – vielleicht mit Einschränkungen – der Durchgang gewährleistet.

Einkehr

Der Jura ist insbesondere in der frankophonen Schweiz auch ein kulinarisches Erlebnis. Von den kleinen, gemütlichen Dorfkneipen, die einfache, aber schmackhafte Menüs anbieten, bis zur Spitzenküche von Gourmetrestaurants findet man ein breites Gastronomieangebot. Besonders reizvoll sind die Berggasthöfe und Métairies, die abseits der Dörfer in den höheren Lagen stehen und Wanderern eine willkommene Verpflegungsmöglichkeit offerieren. Métairies sind häufig Alpbetriebe und somit nur während der Sommermonate bewirtschaftet. Vielfach besteht deren – meist einfaches – Speisenangebot aus Zutaten, die der Hof selbst produziert. Dies gilt natürlich besonders für Käse, Wurst und getrocknetes Fleisch. Käseliebhaber kommen im Jura ohnehin auf ihre Kosten und es gibt auch ein paar Käsespezialitäten, die ihren Ursprung im Jura selbst haben: der aus der Region

Gehört zum Wandererlebnis Jura: Einkehr in gemütlichen Landgasthöfen wie der Ferme Robert (Tour 40).

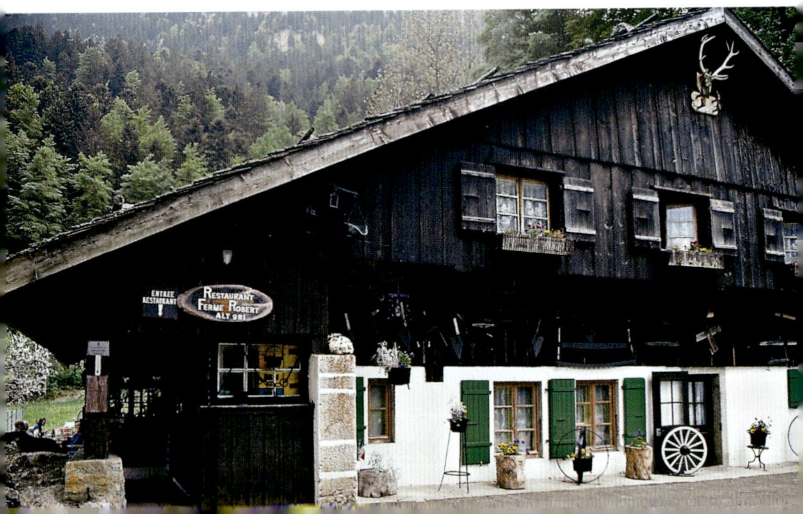

Bellelay stammende, würzige »Tête de Moine« (Mönchskopf), der »Chaux-d'Abel« aus den Freibergen oder der »Vacherin Mont d'Or« aus der Waadt, der gerne schon mal als »König der Käse« bezeichnet wird. Die gegen Bieler und Neuenburger See abfallenden Jurasüdhänge sind auch Weinbaugebiete, in denen so mancher edle Tropfen gedeiht. Selbst hochwertige Sekte stammen aus dem Jura, so etwa der Crémant du Jura oder die Mauler Schaumweine aus Môtiers.

Hütten

Ein mit den Alpen vergleichbares System von Berghütten gibt es im Jura nicht direkt. Einige Sektionen des Schweizer Alpen-Clubs (SAC) betreiben zwar Hütten im Jura, diese sind aber in der Regel nicht durchgehend bewartet, sondern nur an den Wochenenden im Sommer.

Camping

Wild Campen ist nicht erlaubt. Wer abseits von Campingplätzen zelten will, benötigt die Einwilligung des Grundbesitzers.

Sprache

In den in diesem Buch vorgestellten Kantonen Zürich, Aargau, Basel-Landschaft und Solothurn wird deutsch gesprochen, respektive schweizerdeutsch, das verschiedenste Dialekte kennt und gebietsweise stark unterschiedlich eingefärbt ist. Der Berner Jura und die Kantone Jura, Neuchâtel und Waadt sind französischsprachig. Grundkenntnisse in Französisch sind in diesem Gebiet sehr hilfreich, um sich verständigen zu können.

Telefon

Die Vorwahl in die Schweiz ist 0041; aus der Schweiz nach Deutschland 0049, nach Österreich 0043, nach Frankreich 0033. Die im Buch angegebenen Telefonnummern respektive deren Vorwahl (die ersten drei Ziffern) beginnen immer mit einer Null. Diese ist bei einem Anruf aus dem Ausland wegzulassen.

Notrufe

Polizei ✆ 117; Feuerwehr ✆ 118; Sanitätsdienst ✆ 144; Schweizerische Rettungsflugwacht (REGA) ✆ 1414. Alle Nummern funktionieren auch vom Handy aus.

Wettervorhersage

Wetterberichte werden in den lokalen und nationalen Radiosendern im Anschluss an die fast stündlichen Nachrichten gesendet. MeteoSchweiz veröffentlicht mehrmals täglich aktualisierte Wettervorhersagen im Internet unter meteoschweiz.ch. Empfehlenswert ist auch die Homepage srf.ch/meteo der Schweizerischen Radio- und Fernsehgesellschaft.

Wandern im Schweizer Jura

Geografie und Geologie

Das südliche Ende des Jura liegt in der Nähe von Genf bei Chambéry in Frankreich, wo er sich beinahe den Alpen anschließt. Von dort entfernt sich das Gebirge immer weiter von den Alpen, schlägt einen weiten Bogen in Richtung Nordosten und endet schließlich im Großraum Zürich. Der einsam in der Landschaft stehende Höhenzug der Lägeren unweit von Zürich gilt als östlichster Ausläufer des Jura.

Die Berge des Jura sind schmal, lang gezogen und ragen maximal etwa 1700 Meter in die Höhe. Der höchste Gipfel des Gebirges, der Crêt de la Neige (Frankreich), erreicht geradezu 1720 Meter. Die Kelten nannten den Jura »Jor«, was Waldland bedeutet: Mit einem Waldanteil von rund 40 % ist der Jura eine der baumreichsten Regionen der Schweiz.

Das schweizerische Mittelland schiebt sich wie ein spitzer Keil zwischen die Alpen und den Jurabogen. Am nördlichen Rand des Mittellandes liegen der Neuenburger- und der Bielersee, aus dem die Aare gegen Osten abfließt. Die beiden Seen und der Fluss bilden eine natürliche Begrenzung des Jura gegen Süden. Die höchsten Gebirgszüge des Jura schließen unmittelbar ans Mittelland an, während die weiter nordwestlich liegenden Höhenzüge immer niedriger (und flacher!) werden.

So genannte Klusen (Schluchten) sind ein prägendes Landschaftselement des Jura.

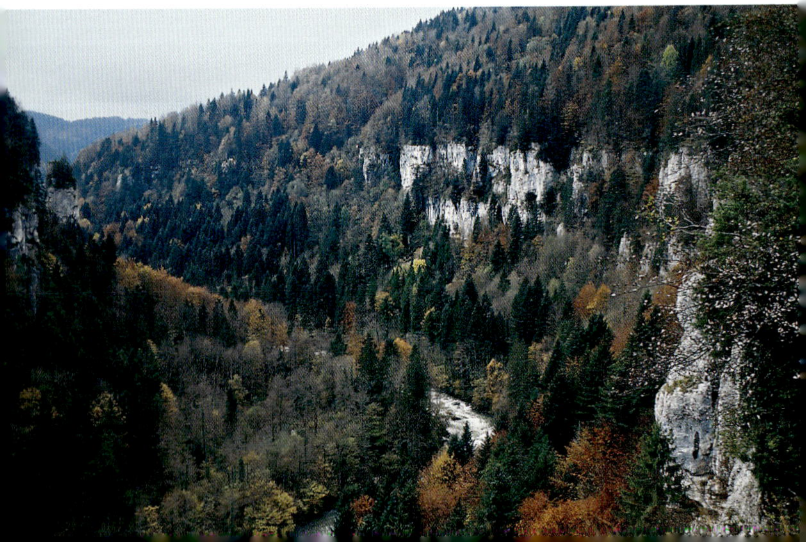

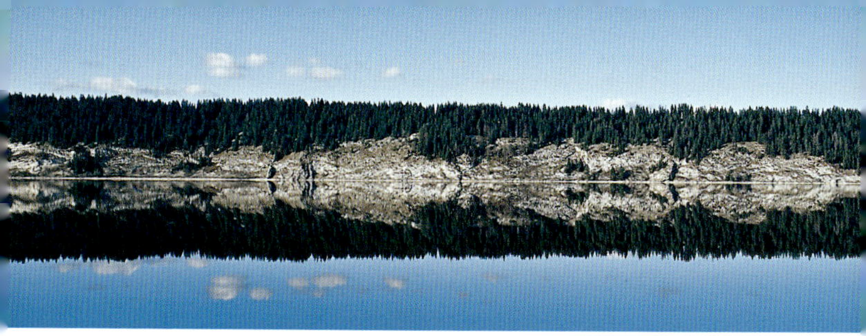

Seen und vor allem Wälder prägen die Jura-Region.

An seinem Innenrand hat das Juragebirge eine Länge von etwa 350 Kilometern, seine äußere Grenze misst rund 420 Kilometer und dies bei einer Breite von maximal 70 Kilometern. Frankreich und die Schweiz teilen sich die Fläche des Jura je etwa zur Hälfte.

Eine typische Erscheinung des Jura sind die häufigen, quer zu den Gebirgszügen liegenden Schluchten, die »Klusen« genannt werden. Wo die Bergketten aus weicherem Gestein bestehen, gelang Bächen und Flüssen der Durchbruch und es entstanden natürliche Durchgänge von einem Tal ins andere. In Klusen fließen die Gewässer immer durch mehr oder weniger enge und tiefe Schluchten, die ein wichtiges Landschaftselement des Jura darstellen und gleichzeitig herrliche Wanderziele sind.

Der Jura ist ein relativ junges Gebirge, das erst vor rund 10 Millionen Jahren entstand und somit deutlich jünger ist als die Alpen. Baustein des Jura ist der Kalkstein, der vor 230 bis 65 Millionen Jahren entstand, als sich Millionen von Schalentieren, Muscheln, Schnecken, Ammoniten, Seesternen und anderen Meerespflanzen und Tieren auf dem Grund des Urmeeres Tethys ablagerten. Im Jurakalk findet man daher auch viele dieser Tiere und Pflanzen als Versteinerungen. Obwohl Niederschläge häufig sind, ist der Jura vielerorts eine trockene Region, denn das Wasser verschwindet sofort im Untergrund. Kalk wird vom Regenwasser langsam gelöst, wodurch sich in Kalkregionen große Höhlensysteme bilden, durch die das Wasser unterirdisch abfließt.

Der Jura besteht im Wesentlichen aus drei Gebirgstypen. In der Schweiz bildet der Kettenjura den wichtigsten Typ. Er besteht aus lang gezogenen Bergzügen, die durch eine Auffaltung entstanden sind. Nur wenig gefaltet ist dagegen der Plateaujura, dessen wenig ausgeprägtes Relief durch die Erosion im Lauf der Zeit weiter eingeebnet worden ist. Typisches Beispiel für diesen Typ sind die Freiberge (Franches-Montagnes). Im Norden schließlich, etwa in der Region Basel, wurden Gesteinsschichten in die Höhe gehoben, ohne schräg gestellt oder zusammengedrückt zu werden. So entstanden Berge mit flachem Gipfelplateau und steilen Rändern – sogenannte Tafelberge. Sie geben dem Tafeljura seinen Namen.

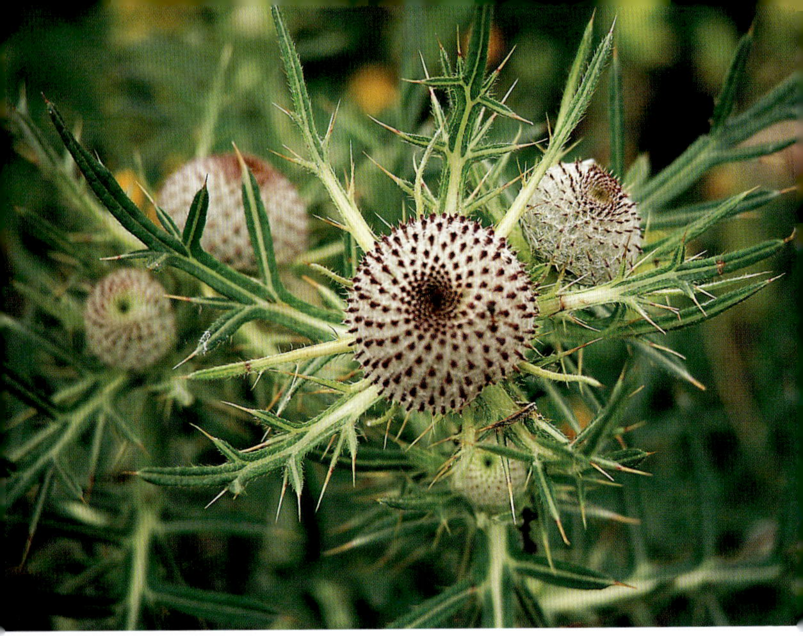

Eine vielfältige Flora erfreut im Jura das Auge.

Flora und Fauna

In der Sprache der Botaniker deckt der Jura die drei Lebensräume »collin«, »montan« und »subalpin« ab. Diese Begriffe verraten, dass im Jura Pflanzen vorkommen, die man sonst auch in den Alpen antrifft. Namentlich die zahlreichen Enzianarten vermitteln einen Hauch von alpiner Atmosphäre. Schon sehr früh im Jahr erscheint die grün blühende, eher unscheinbare Nieswurz auf dem Waldboden, nach der Schneeschmelze sprießen Krokusse aus dem Boden, selbst ganze Felder von Narzissen trifft man an vereinzelten Stellen an. Primeln und Schlüsselblumen gehören auch im Jura zu den Frühlingsboten. Feuchtgebiete sind von Sumpfdotterblumen besiedelt und das Wollgras bezaubert mit seinem weiß leuchtenden Wattebausch. Die Orchideenfamilie ist mit mehreren Knabenkraut- und Sumpfwurzarten oder dem Schwarzen Männertreu vertreten. Die ausgedehnten Weidegebiete beheimaten Pflanzenarten wie den Gelben Enzian, den Weißen Germer und Disteln. Im Wald erfreuen Akeleien das Auge und selbst den Türkenbund trifft man an. Im Herbst überziehen dicht gedrängt die Herbstzeitlosen die nunmehr wieder verlassenen Weiden und erinnnern mit ihrem krokusähnlichen Aussehen an den vergangenen Frühling.

Hecken mit den typischen, meist der Rosenfamilie zugehörigen Büschen wie Eberesche oder Mehlbeerbaum sind ein fester Bestandteil der jurassischen Landschaft, doch diesbezüglich am wichtigsten ist zweifellos der Wald. In den tieferen Lagen dominiert die Buche, entlang von Trockenmauern wächst oft eine Art Allee aus mächtigen Eschen oder Ahornarten, an verschiedenen Standorten gedeihen schöne Eibenbestände. In den höher gelegenen Regionen dominiert die Fichte, welche die schwarz anmutenden Wälder bildet oder in riesigen Einzelexemplaren auf den Weiden steht. An den trockeneren, felsigen Südhängen lösen Föhren die Fichten ab und in verschiedenen Lagen kommen Lärchen vor.

In den tieferen Lagen dominiert die Buche.

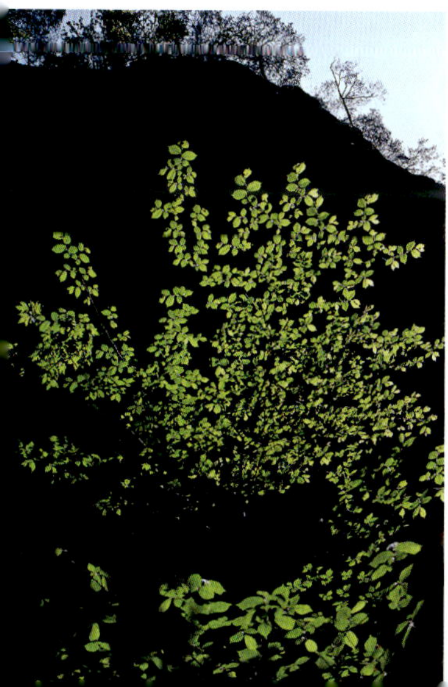

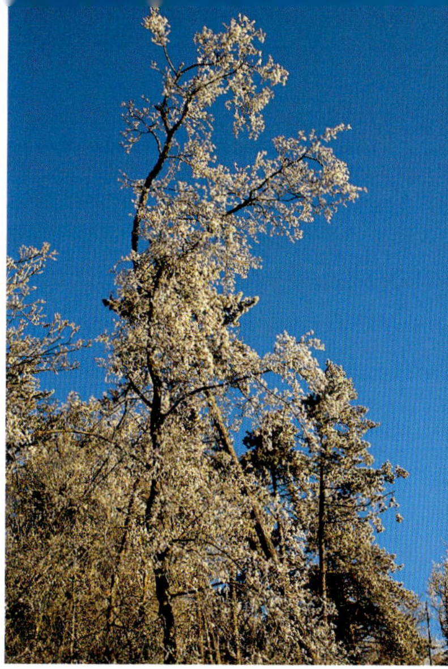

Golden leuchten die Bäume im Herbst.

Die Wälder und Lichtungen beheimaten viele Tiere, die im Jura noch naturnahe, weitläufige und zusammenhängende Lebensräume vorfinden. Dazu gehören der Auerhahn, das Haselhuhn und selbst die extrem seltene und scheue Wildkatze wurde schon gesichtet. Der gebirgige Charakter des Jura wird durch die Anwesenheit von Gämsen unterstrichen und im Gebiet des Creux du Van lebt sogar eine Kolonie Steinböcke.
Neben den Wäldern, Weiden und Hecken sind auch die Trockenmauern ein wichtiges Landschaftselement des Jura. Oft unter einem dicken Moosteppich verborgen, sind diese Mauern ein wichtiger Lebensraum für Kleintiere.

Naturschutzgebiete

Die Jura-Landschaft ist vom Menschen geprägt und wesentliche Elemente wie die Weiden und Waldlichtungen würden ohne das Zutun des Menschen wieder verschwinden und verbuschen. Schutzgebiete im Sinne von Nationalparks würden im Jura somit keinen Sinn machen – wohl aber Naturparks, in denen die althergebrachten Nutzungsformen nach bestimmten Regeln weitergeführt werden können. Ein solcher »Parc Régional« wurde im Jahre 2001 auf der Nordseite des Chasseral geschaffen. Südlich des Col du Marchairuz im Waadtländer Jura gibt es zudem den rund 30 Jahre alten »Parc Jurassien Vaudois«, der mit seinen 65 km^2 eines der ursprünglichsten und abgeschiedensten Juragebiete der Schweiz schützt (dieser Teil des Schweizer Jura wird durch den Wanderführer »Rund um den Genfersee« abgedeckt).
Weitere Schutzgebiete wie jenes am Creux du Van und am Etang de la Gruère oder das Waldreservat von Le Theusseret am Doubs sorgen dafür, dass zwar kleinere, aber wertvolle Kleinode der Natur erhalten bleiben.

Wetter

Die Meteorologen unterscheiden für die Schweiz insgesamt sechs typische Wetterlagen, von denen eine am häufigsten auftritt: Westwindwetter. Bei Westwinden zieht feuchte Atlantikluft über Mitteleuropa. Am Jura wird die Luft erstmals zum Steigen gezwungen, kühlt sich ab und es beginnt zu regnen – und meist sind diese Regenfälle über dem Jura sehr intensiv. Wetter-

Einsame Höfe und mächtige Einzeltannen machen den Jura zu einer faszinierenden Kulturlandschaft: Hof bei Les Reussilles (Tour 25).

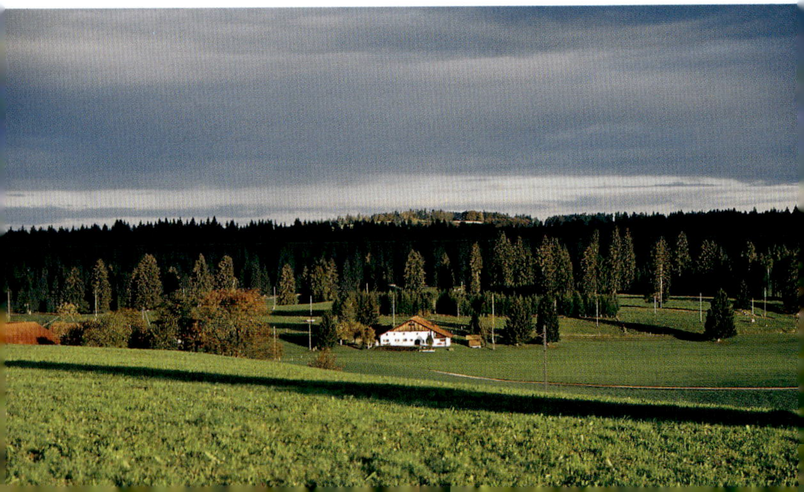

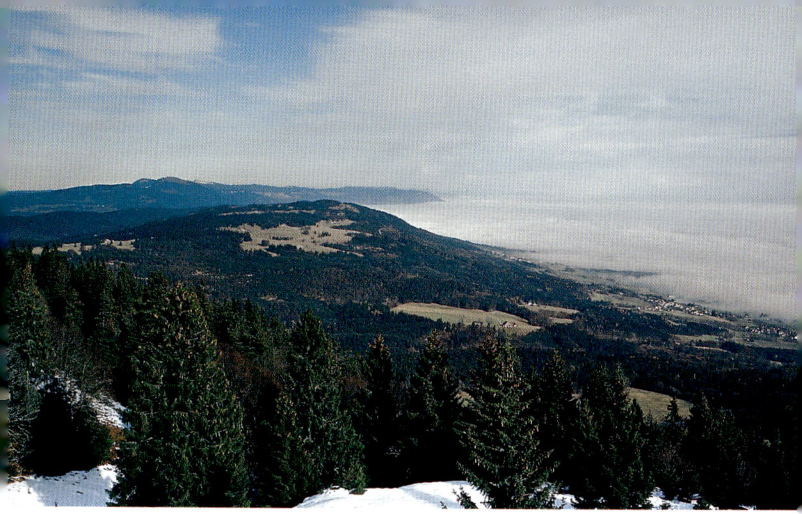

Während das Mittelland im Winterhalbjahr oft unter einer Nebeldecke liegt, genießen die Höhenzüge des Jura die Sonnenwärme.

mäßig ist der Jura der übrigen Schweiz also häufig voraus (manche sagen, das gelte ebenso für politische Ideen ...): Die Wolken vom Atlantik treffen im Westen zuerst ein, dafür klart es dort aber auch zuerst wieder auf.

Der Jura kennt aber auch typische Wetterlagen, in denen sich die Region deutlich vom Mittelland unterscheidet. Während weite Teile der Schweiz im Winterhalbjahr wochenlang unter einer Nebeldecke liegen können, scheint zur selben Zeit im Jura die Sonne und es herrscht wundervolle Fernsicht. Die Nebelfreiheit macht den Jura deshalb gerade im Winter zu einem hervorragenden (Ski-)Wanderziel.

Rekordverdächtig sind auch die Tiefsttemperaturen, die im Jura regelmäßig gemessen werden. Landesweit berühmt geworden ist der kleine Ort La Brévine. Minus 40 °C sind hier im Winter keine Seltenheit, an anderen, unbewohnten Punkten sinkt das Thermometer auch schon mal auf –45 °C. Dies wohlverstanden nicht auf den Gipfeln, sondern auf den Talsohlen, denn hier bilden sich in klaren Winternächten sogenannte Kaltluftseen, in denen die Temperatur deutlich tiefer ist als in höher gelegenen Regionen.

Ein weiteres Wetterphänomen sind die für den Jurasüdfuß typischen Fallwinde. An warmen Sommertagen steigt die aufgewärmte Luft an den steilen Hängen der südlichsten Jurakette auf. Am Abend kühlen sich die Luftmassen dann wieder ab und sinken mit enormen Geschwindigkeiten als Fallwinde wieder zurück, was zu lokal und zeitlich beschränkten kleinen Stürmen führen kann.

Kantone im Schweizer Jura

Zürich und Aargau

Rund ein Sechstel der Landesbevölkerung lebt im Großraum Zürich. Dass man in diesem dicht besiedelten Gebiet noch naturnahe Landschaften findet, würde man kaum erwarten. Und doch gibt es sie: Überall ragen aus den Siedlungszonen bewaldete Hügelzüge empor, die den Charakter von kleinen Oasen haben. Dazu zählt beispielsweise die Lägeren, die als östlichster Ausläufer des Juragebirges gilt. Der Berg gehört zum Naherholungsgebiet von Zürich und beheimatet auf seinem bewaldeten Rücken eine einzigartige Pflanzengemeinschaft, weshalb hier ein Waldreservat geschaffen wurde. Obwohl vor den Toren Zürichs gelegen, gehört die Lägeren rund zur Hälfte zum Territorium des Kantons Aargau.

Der Aargau erhält seinen Namen von der Aare, doch die Bezeichnung »Flussgau« wäre genauso zutreffend. Nicht weniger als vier große Ströme fließen durch den Kanton. Flusslandschaften sind somit ein wichtiges Element des Aargaus. Im Süden reicht das Kantonsgebiet bis fast an den Vierwaldstätter See, im Norden gehören selbst Ortschaften vor den Toren Basels noch zum Aargau. Ländliche Regionen im Süden, dicht bebaute, von Industrie und Wohnsiedlungen dominierte Regionen im Zentrum, grüne, bewaldete, dünn besiedelte Hügellandschaften des östlichen Jura und die wiederum stark industriell geprägten Südufer des Rheins vor Basel setzen sich zu einem nicht nur in landschaftlicher Hinsicht vielfältigen Kanton zusammen.

Solothurn und Basel-Landschaft

Der Grenzverlauf des Kantons Solothurn ist verwirrend und sein Territorium extrem verstreut. Das unzusammenhängende Gebiet entstand im 14. bis 16. Jahrhundert, als die Stadt Solothurn nach und nach Grundbesitz aufkaufte und zum eigenwilligen Puzzle zusammenfügte, das heute den Kanton ausmacht. Solothurn trat 1481 der Eidgenossenschaft bei. Als die Eidgenossen im 16. Jahrhundert den »ewigen« Frieden mit Frankreich schlossen, richtete das Königreich seine Botschaft nicht in Bern, sondern im damals bedeutenderen Solothurn ein. 260 Jahre lang war »Soleure« Verbindungsglied zwischen der französischen Krone und der Eidgenossenschaft, eine Stellung, welche die Stadt erst mit der Eroberung des eidgenössischen Territoriums durch die Armeen Napoleons verlor.

Solothurn hat eine bedeutende Industriegeschichte, doch siedelten sich die Industriebetriebe hauptsächlich im Mittelland an. Die Jurahöhen waren schwer zugänglich und blieben so von der industriellen Entwicklung weitgehend verschont. Noch heute sind die von ausgedehnten Weiden und Wäldern bedeckten Bergrücken eine Domäne der Landwirtschaft geblieben, die hier ein eher karges Auskommen findet. Auf vielen Bauernhöfen wird neben-

her noch eine Wirtsstube betrieben und so lässt sich's gemütlichst von Hof zu Hof wandern und dazwischen immer mal wieder einkehren.
Im Norden des Kantons Solothurn schliesst sich der Kanton Basel-Landschaft an, dessen Territorium ebenfalls zu einem großen Teil von den Jurahöhen geprägt ist. Er gehört zu den am dichtesten besiedelten Gebieten der Schweiz, wobei sich die Bevölkerung im Wesentlichen auf die Talböden entlang der Flüsse Birs und Ergolz sowie auf die Agglomeration der Stadt Basel konzentriert. Die Jurahöhen dagegen sind weitgehend ländlich geprägt und bilden einen sehr grünen Kontrast zum Basler Ballungsgebiet am Dreiländereck. Bekannt ist der Kanton nicht zuletzt durch die Vielzahl an Kirschbäumen, die Wanderungen besonders im Frühling sehr reizvoll machen.

Kanton Jura und Berner Jura

Der heutige Kanton Jura und der französischsprachige Berner Jura gehörten früher zum Fürstbistum Basel, das auf dem Wiener Kongress von 1815 den Bernern zugesprochen wurde. Daraufhin begannen die Bestrebungen zur Unabhängigkeit des Jura. Ein langer Weg, der erst 1974 in eine Volksbefragung mündete, in der sich die französischsprachigen Bezirke des Berner Jura für die Schaffung eines eigenen Kantons aussprachen. Vier Jahre später erteilte dann die Gesamtbevölkerung der Schweiz dem neuen Kanton Jura mit großer Mehrheit ihren Segen. So entstand der Kanton Jura, der 23. Kanton der Schweiz.
Landschaftlich kennt der Kanton drei wichtige Regionen: die Ajoie, das ist jener Zipfel nördlich von St-Ursanne, der fast vollständig von Frankreich um-

In Saignelégier ist das Touristen-Informationsbüro in einem alten, behäbigen Herrschaftshaus untergebracht, das heute auch als Verwaltungsgebäude dient (Tour 24).

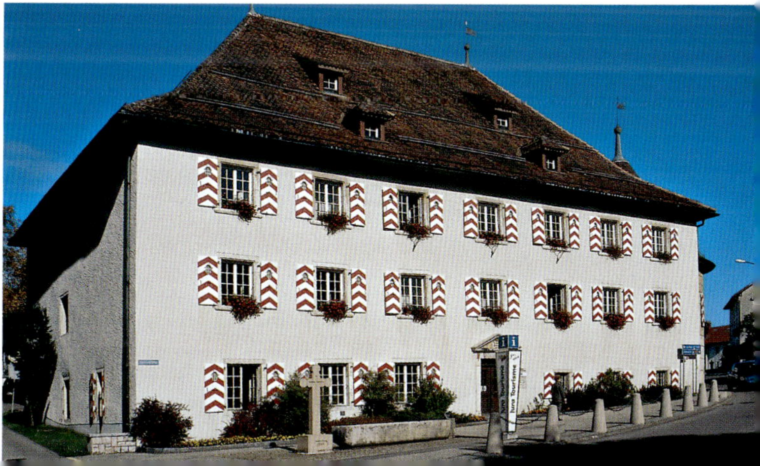

geben und sehr frankophon ist. Hier gedeiht im Sommer der Weizen und die blühenden Rapsfelder leuchten golden. Das Zentrum der Ajoie ist die Stadt Porrentruy, deren alte Häuser enge Gassen säumen. Ein wichtiges Landschaftselement ist auch der Doubs, der auf weite Strecken durch eine cañonartige Schlucht fließt und dabei mal Trägheit, mal Wildheit zur Schau stellt, wobei der Mensch da und dort dem Fluss seinen Willen aufgezwungen hat. Die Franches Montagnes schließlich sind jenes von Wäldern und Weiden geprägte Hochplateau, das sich zwischen Doubs und der Berner Kantonsgrenze ausbreitet. Die Franches Montagnes gehören den Pferden, genau gesagt der Rasse der Freiberger, die hier seit dem 16. Jahrhundert gezüchtet werden.
Einige französischsprachige Gemeinden im Jura gehören immer noch zum Kanton Bern. Sie umfassen Talschaften wie das Vallon de St-Imier, das Val de Tavannes und die Hochebene der Montagne de Diesse, über der sich der Chasseral erhebt. Hügelzüge wie Montoz, Moron und Montagne de Droit ragen zwischen den von Osten nach Westen verlaufenden Tälern auf und laden zu wundervollen Wanderungen über aussichtsreiche Höhen ein. Aufgrund der Ergebnisse einer Volksbefragung wird sich das bernische Moutier per 1.1.2026 ebenfalls dem Kanton Jura anschließen.

Neuchâtel

Der Kanton Neuenburg ist neben dem Kanton Jura der Jurakanton schlechthin. Zwischen dem Grenzfluss Doubs im Norden und dem Lac de Neuchâtel im Süden gelegen, besteht er fast ausschließlich aus Tälern, Hochplateaus und Höhenzügen der westlichen Juraketten. Während aber die Juragegenden den größten Teil der Kantonsfläche einnehmen, leben die meisten Bewohnerinnen und Bewohner in den Orten am Ufer des Lac de Neuchâtel. Letzterer ist der größte, ganz auf Schweizer Gebiet gelegene See, er bildet eine Wasserfläche, die oft einen Hauch von Küstenatmosphäre vermittelt. Man spricht denn auch von Neuchâtel »du bas«, meint damit die Ufergegend am See und assoziiert das Ganze mit französischer Großzügigkeit, Wärme und südlichem Flair, während das Neuchâtel »du haut« mehr mit kalten Wintern, kargen Tälern, Viehwirtschaft, aber auch mit den beiden Städten Le Locle und La Chaux-de-Fonds in Verbindung gebracht wird.

Lebendige Geschichte: Stadttor von Waldenburg (Tour 6).

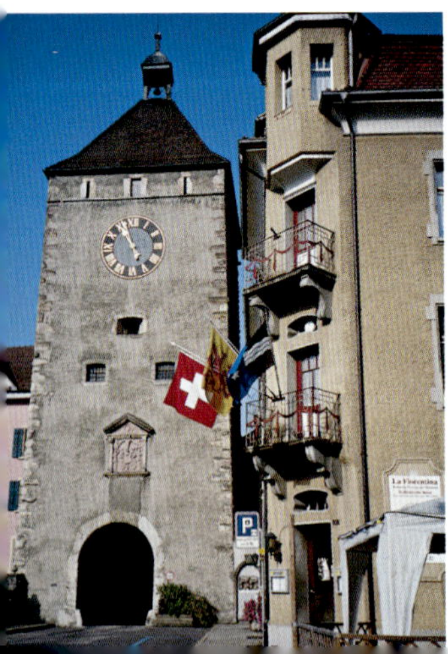

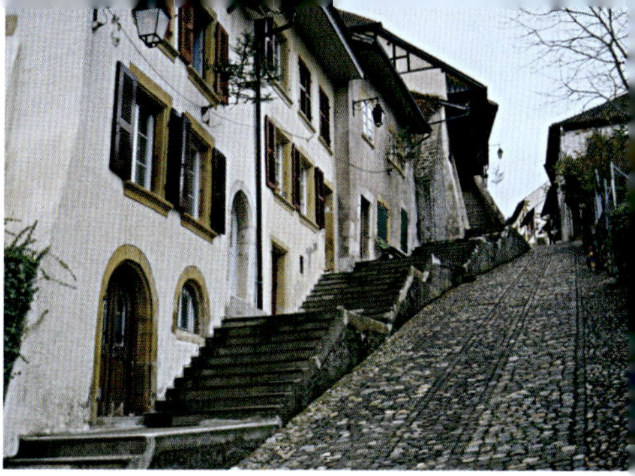

Gemütliche Gassen in mittelalterlichen Städtchen: Erlach am Bielersee (Tour 32).

Diese beiden Städte haben gemeinsam, dass sie vom Ingenieur Charles-Henri Junod neu geplant wurden, nachdem sie 1794 (La Chaux-de-Fonds) respektive 1833 (Le Locle) abgebrannt waren. Beide Städte sind mit der Uhrenindustrie eng verbunden, und es stellt sich die Frage, weshalb sich die Uhrenmanufakturen ausgerechnet hier entwickelt haben. Die Erklärung liegt ausgerechnet in der Kargheit der Juralandschaft, welche die Menschen nie richtig zu ernähren vermochte, weshalb die Jurassier nach einer Nebenbeschäftigung suchten und dabei hohes handwerkliches Können und Erfindergeist entwickelten. So entstand im Jurabogen eine Präzisionsindustrie, die nicht nur Uhren, sondern auch Musikdosen und Automaten herstellt.

Waadt

Die Waadt – französisch »Le Vaud« – ist mit einer Fläche von fast 30.000 km^2 einer der größten Kantone der Schweiz. Die Waadt war einst Untertanengebiet des mächtigen Bern; dort sagt man phonetisch »Waud« wenn man vom Wald spricht. Die Ähnlichkeit ist nicht zufällig. Waadtland heißt nichts anderes als Waldland und dieser Bezeichnung wird der Kanton nirgends besser gerecht als in seinem nördlichen Teil. Im Hintergrund des Genfersees ragen die lang gestreckten, weitgehend von Wald bewachsenen Juraketten in den Himmel und türmen sich just hier zu den höchsten Punkten des ganzen Gebirges auf – zumindest in der Schweiz. Höchster Gipfel des Juragebirges ist die in Frankreich gelegene Crêt de la Neige, 1720 m; mit 1679 Metern ist der Mont Tendre der höchste Juragipfel der Schweiz und auch nicht wesentlich weniger hoch.
Hinter dem Mont Tendre liegt das Hochtal Vallée de Joux mit seinem gleichnamigen See. In diesem Tal wähnt man sich in den hohen Norden versetzt: mit den von dichtem Wald bedeckten Hügelzügen, die das Tal auf beiden Seiten einrahmen, und mit dem See als fjordähnlichem Element mittendrin. Interessanterweise haben sich zahlreiche edle Uhrenfabriken wie Jaeger Le Coultre oder Audemars Piguet in diesem abgeschiedenen Seitental niedergelassen und exportieren von hier ihre Erzeugnisse in alle Welt.

Seite 30/31: Blühende Frühlingswiese im Aufstieg zum Calabri (Tour 20).

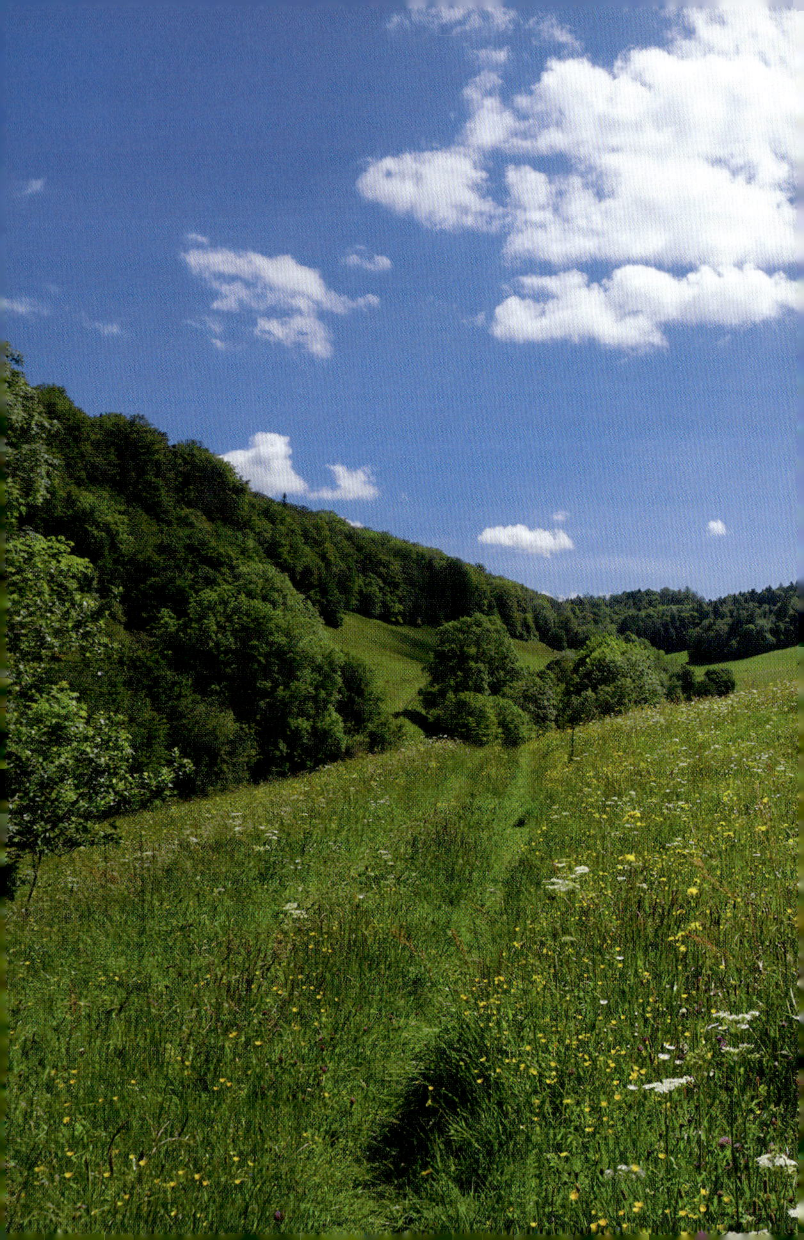

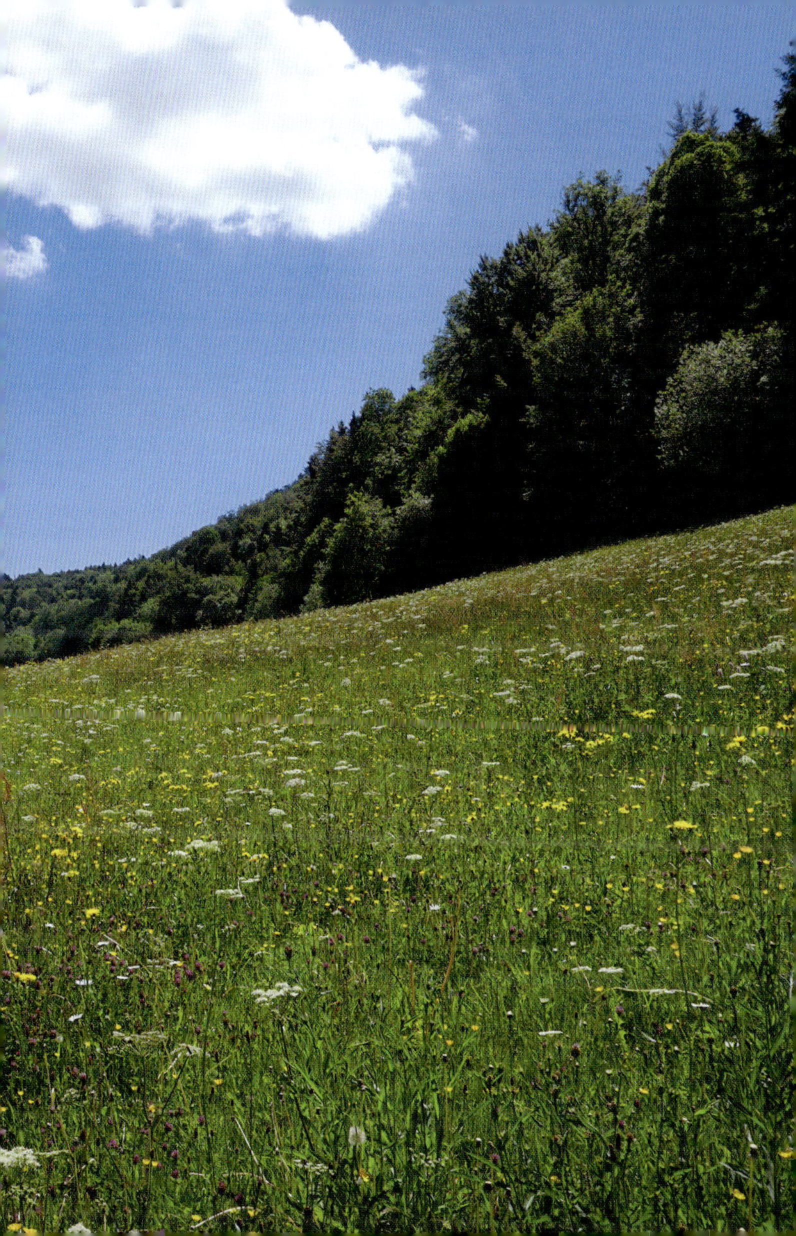

TOP

1 Lägeren, 859 m

7.00 Std.

Abenteuerliche Wanderung über den östlichsten Juraausläufer

Die Lägeren gilt als östlichste Erhebung des Faltenjura. Sie ist bekannt für ihre Versteinerungen, treten in ihrem Kalk doch versteinerte Lebewesen wie Ammoniten, Belemniten und Muscheln zutage. Noch bedeutender ist die Lägeren allerdings wegen der Flora: Am Südhang mit seinem humusarmen Boden gedeiht ein lichter Wald aus niedrigen, krumm gewachsenen Hainbuchen, Linden und Eichen. Eine Vielfalt von wärme- und kalkliebenden Pflanzen findet in der kargen Umgebung ein Auskommen. Dank der Einmaligkeit dieser Pflanzengemeinschaft ist die Lägeren zu einem Waldreservat erklärt worden. Das schon südlich anmutende Klima auf dem Berg bekommt aber auch Reptilienarten wie Mauereidechsen oder Schlingnattern äußerst gut.

Ausgangspunkt: Bahnhof von Otelfingen, 427 m. S-Bahn ab Zürich Hauptbahnhof respektive Baden. Anfahrt per Auto von Regensdorf oder von Wettingen. Parkmöglichkeiten beim Bahnhof oder im Dorf.
Höhenunterschied: 810 m.
Anforderungen: Forststraßen und Fußwege. Der Lägerengrat verlangt Trittsicherheit und ist bei Nässe unangenehm.
Einkehr: In Otelfingen; Rest. Lägern Hochwacht (✆ +41 44 853 11 48, laegern-hochwacht.ch); Regensberg: Café Kurt, (✆ +41 44 853 10 20, kurt-regensberg.ch), Rest. Krone (✆ +41 44 855 20 20, kroneregensberg.com); Boppelsen: Rest. Lägernstübli (✆ +41 44 845 29 29, laegernstuebli.ch).
Variante: Mit der S-Bahn ab Otelfingen nach Baden und von dort auf dem Jurahöhenweg über die Lägeren nach Regensberg und weiter nach Otelfingen.
Karte: WK 1:50.000, Blatt 215T Baden.

Vom Bahnhof **Otelfingen (1)** gehen wir zuerst durch die Bahnhofstrasse, dann durch die Vorderdorfstrasse bis zum Restaurant Brauerei, dort links und gleich wieder rechts. Dank der vielen stattlichen Riegelhäuser verfügt Otelfingen über ein sehr schönes Dorfbild.

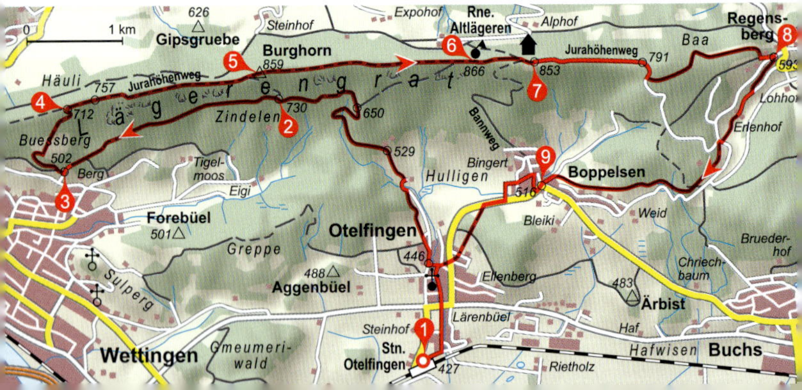

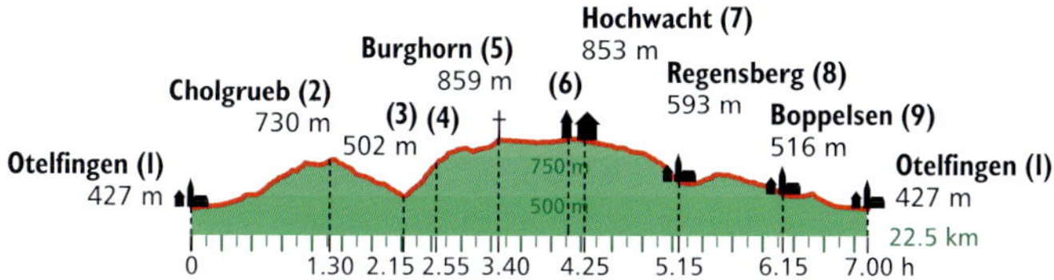

Der Weg führt nach der alten Brauerei durch ein Randviertel, dann an einem kleinen Rebberg vorbei zum Waldrand und hin zu einem Sträßchen, dem wir nach links durch die Kurve folgen. Nun den steilen Weg hinauf und in den Wald hinein. In mehreren Kehren schraubt sich die Forststraße empor und bei den nächsten Weggabelungen folgen wir den Wegweisern in Richtung Hochwacht. Erst wo wir unterhalb des Burghorns auf die Verzweigung **Cholgrueb (2)** stoßen, gehen wir geradeaus in Richtung Wettingen. Nun folgt ein rund 2,5 km langes, leicht abfallendes Wegstück durch den Wald bis an den Rand von **Wettingen (3)**. Beim Beginn einer geteerten Straße nach rechts und bei nächster Gelegenheit ebenfalls wieder rechts. Hier hat der steile Weg über den Buessberg hinauf zum Lägerengrat seinen Anfang.

Auf dem **Lägerengrat (4)** angekommen ist die weitere Wegrichtung klar, denn wir wandern auf dem schmalen Pfad, der dem stellenweise fast messerscharfen Bergrücken folgt, in Richtung Osten und gelangen so auf das **Burghorn (5)**, 859 m, den Gipfel der Lägeren. Weiter auf dem nach und nach breiter werdenden Bergrücken zur **Ruine Altlägeren (6)**. Die Burg entstand 1244 im Auftrag der Freiherren von Regensberg, wurde aber vermutlich bereits wenige Jahrzehnte später wieder zerstört. Bis zur **Hochwacht (7)** sind es nun nur noch wenige Schritte. Der Name Hochwacht hat seinen Ursprung im militärischen Alarmsystem, das im 17. Jh. betrieben wurde und eine Reihe von Beobachtungsposten auf aussichtsreichen Punkten umfasste.

Der Weiterweg nach **Regensberg (8)** ist ausgeschildert. Das Städtchen wurde im 13. Jh. erbaut, um die Handelsstraße Zürich – Zurzach zu bewachen. Wahrzeichen des Orts ist der Rundturm, der gegen eine geringe Gebühr bestiegen werden kann. Kurz vor Erreichen des Städtchens betreten wir die Straße und gehen wenige Meter in Richtung Regensberg, dann zweigt der Weiterweg scharf nach rechts ab. Nun wandern wir zuerst durch Rebberge zum Erlenhof, dann leicht ansteigend zurück zur Straße, die wir queren. Anschließend führt uns der Weg den Waldrand entlang und über eine ausladende Kurve hinab ins hübsche Dörfchen **Boppelsen (9)**. Auch dieser Ort fällt durch gut erhaltene Fachwerkhäuser auf. Beim Dorfplatz betreten wir kurz die Hauptstraße, dann leiten uns die gelben Wegmarkierungen auf Nebenstraßen durch das Dorf. Außerhalb von Boppelsen queren wir die Hauptstraße, folgen ihr für ein kurzes Stück und wandern dann durch den Wald des Hügels Breitlen nach Otelfingen und zurück zum Ausgangspunkt am Bahnhof **Otelfingen (1)**.

2 Gisliflue, 772 m

5.00 Std.

Auf den wohl schönsten Aussichtspunkt des Kantons Aargau

Die 772 m hohe Gisliflue ist ein schmaler Bergrücken, der sich zwischen Wildegg und Biberstein hoch über den Fluss Aare erhebt. Sein bewaldeter Gipfel gilt als schönster Aussichtspunkt des Kantons Aargau. Lohnenswert vor oder nach der Tour ist ein Besuch von Schloss Wildegg. Diese um das Jahr 1200 gebaute Festung gehörte einst ins Lager der Habsburger, wurde dann aber nach deren Niederlage in der Schlacht von Sempach von den Bernern übernommen. Eine Besonderheit ist der Nutzgarten, der zum Flanieren, Riechen und Staunen einlädt. Hier werden unter anderem selten gewordene Nutzpflanzen angebaut. Auffällig in der Nachbarschaft von Wildegg sind auch die riesigen Steinbrüche der hier ansässigen Zementfabriken. Wildeggs Nachbardorf Holderbank lieh einem der größten Zementkonzerne der Welt, der Holderbank Gruppe (heute Holcim), den Namen.

Ausgangspunkt: Bahnhof Wildegg, 354 m. Regionalzüge ab Aarau und Brugg.
Höhenunterschied: 460 m.
Anforderungen: Einfacher Auf- und Abstieg auf guten Wegen zur Gisliflue, danach flache Wanderung entlang der Aare zurück zum Ausgangspunkt.
Einkehr: In Wildegg und Biberstein.
Karte: WK 1:50.000, Blatt 224T, Olten.

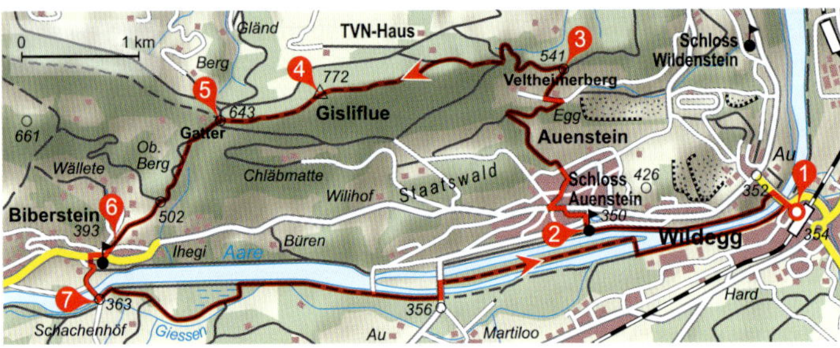

Durch die Unterführung gelangen wir auf die Nordseite des Bahnhof von **Wildegg (1)** und gehen weiter bis zur Aare, die wir überqueren. Unmittelbar nach der Brücke gehen wir nach links hinab zum Flussufer und folgen diesem flussaufwärts bis zum **Schloss Auenstein (2)**.
Nun nach rechts und ins Dorf Auenstein. Die Wegweiser leiten uns sicher zwischen den Häusern hindurch und hinauf zum oberen Dorfrand. Auf Fußwegen und Forststraßen wandern wir weiter aufwärts, bis wir schließlich ein geteertes Sträßchen erreichen, auf dem wir nach links zum Hof auf dem Velt-

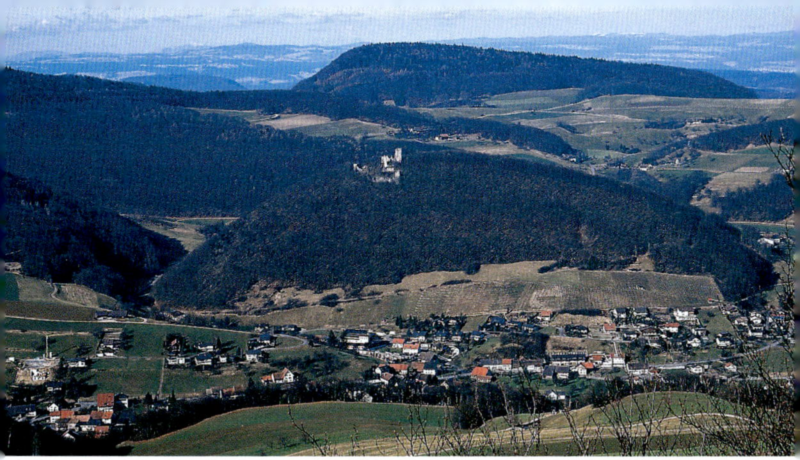

Beim Aufstieg zur Gisliflue: Thalheim, über dem die Ruine Schenkenberg thront.

heimerberg gelangen. An diesem vorbei, dann nach rechts bergauf zum **Waldrand (3)**, wo wir nach links in Richtung Westen wandern. Kurz nach einer Wegkreuzung weisen die gelben Schilder nach rechts weg vom breiten Feldweg und leiten uns auf einen Pfad, der nun den Grat hinauf zum Gipfel der **Gisliflue (4)**, 772 m, führt. Vom höchsten Punkt genießen wir einen freien Blick über die Weite des Mittellandes.

Weiter den Grat entlang hinab zu einem Sattel, der **Gatter (5)** genannt wird und auf dem mehrere Wege zusammentreffen. Von hier wandern wir auf direktem Weg die Südflanke des Höhenzuges hinab ins Dorf von **Biberstein (6)**. Vorbei an einem Schloss steigen wir einen Fußweg hinab zur Straße, die über die **Aare (7)** führt. Wir queren den Fluss und biegen am Südufer von der Straße nach links ab. Der markierte Wanderweg leitet uns zuerst vom Fluss weg und durchstreift das Auengebiet südlich der Aare, kehrt später aber wieder ans Flussufer zurück, dem wir nun bis zum Kraftwerk folgen. Rund 500 m nach dem Kraftwerk queren wir die Aare nach links und gelangen so auf die Insel zwischen den beiden Flussarmen. Auf dieser weiter flussabwärts bis zum Ende der Insel. Hier steht eine neue Hängebrücke, die im Zuge der Renaturierung des Aarelaufs gebaut wurde. Auf dieser wieder zurück ans rechte Ufer und weiter flussabwärts bis zur Brücke in Wildegg, über die wir zu Beginn der Tour gewandert sind. Hier nach rechts zum Bahnhof **Wildegg (1)** zurück.

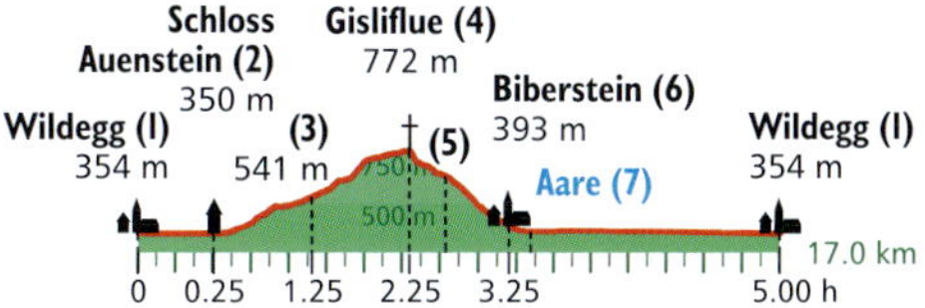

3 Geissflue, 963 m

5.00 Std.

Höhenwanderung vor den Toren Aaraus

Nicht der Rhein, sondern die Aare ist der größte Fluss der Schweiz – jedenfalls in Bezug auf die transportierte Wassermenge. Wo sich die beiden Flüsse vereinigen, trägt die Aare nämlich mehr Wasser zu dem Strom bei, der danach als Rhein in Richtung Nordsee fließt. So oder so hat die Aare zumindest dem ganzen Kanton Aargau zum Namen verholfen und damit auch zu dessen Kantonshauptstadt Aarau. Um 1250 vom Geschlecht der Kyburger an einem wichtigen Flussübergang gegründet, konnte Aarau viel von seinem mittelalterlichen Stadtbild in die moderne Zeit retten. Die Wanderung führt über Hügelzüge vor den Toren Aaraus und bietet schöne Ausblicke auf die industriell geprägte Landschaft am Aareufer im Süden und über die deutlich ländlicheren Regionen in der nördlichen Himmelsrichtung.

Ausgangspunkt: Haltestelle Obererlinsbach-Breitmis, 473 m. Busverbindung ab Bahnhof Aarau (Bus Nr. 2 in Richtung Klinik Barmelweid). Keine Parkmöglichkeiten. Entweder in Obererlinsbach parken (Busstation Oberdorf, zugleich Wendeplatz für den Bus) und von dort nach Breitmis wandern (ca. 15 Min.) oder die Salhöhe als Ausgangs- und Endpunkt wählen (Busstation derselben Linie und genügend Parkmöglichkeiten).
Höhenunterschied: 680 m.
Anforderungen: Forststraßen und Fußwege; kurze Abschnitte auf Hartbelag zu Beginn und am Ende der Tour.
Einkehr: Waldgasthaus Chalet Salhöhe (✆+41 62 844 10 14, chalet-saalhoehe.ch), Restaurant Barmelhof (✆ +41 62 844 22 71, barmelhof.ch), Naturfreundehaus Schafmatt (nur sonntags, schafmatt.ch).
Karte: WK 1:50.000, Blatt 224T, Olten.

Von der Bushaltestelle **Breitmis (1)** folgen wir dem kleinen Sträßchen, das dem Bach entlang in Richtung Hard führt. Bei der ersten Verzweigung bleiben wir dem Teerband treu und gelangen so zum Krankenheim Laurenzenbad. Hier geradeaus auf eine Schotterstraße, die nun durch ein idyllisches Tal bergauf führt. Wo wir die Hauptstraße erreichen, gehen wir gleich nach rechts und folgen einem Pfad, der in zahlreichen Kehren, am Hardmännliloch (erkennbar an einer Gruppe origineller Zwerge) vorbei zur **Ramsflue (2)**, 710 m, hinaufklettert. Weiter auf gut bezeichnetem Weg zum Gehöft von **Hard (3)**, wo wir nach rechts, unmittelbar danach wieder nach links gehen und den Schildern folgen, die uns sicher zum hervorragenden Aussichtspunkt **Wasserflue (4)**, 844 m, hinaufleiten.

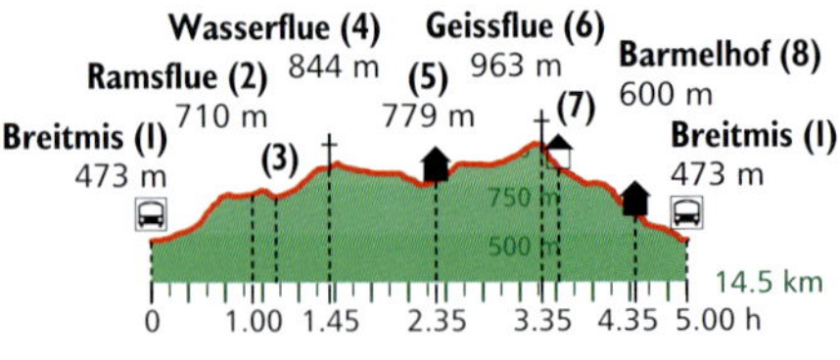

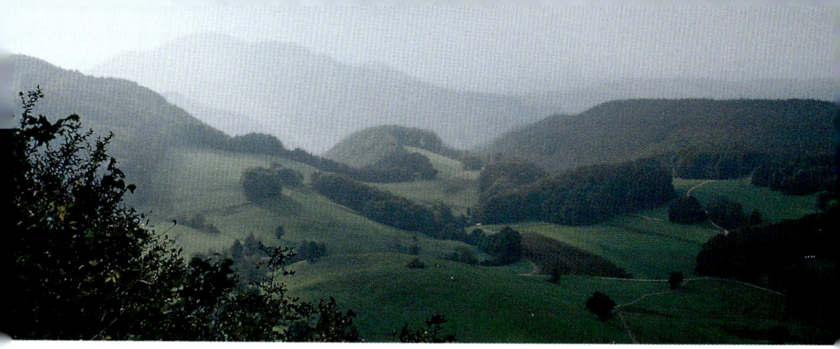

Von der Rohrerplatte öffnet sich der Blick über die Weiden oberhalb von Rohr.

Von der Wasserflue wandern wir auf dem Grat des Bergs weiter, zuerst in Richtung Bänkerjoch, dann, wo der Weg rechts nach Bänkerjoch abzweigt, weiter geradeaus auf dem Kamm zum bewaldeten Passübergang der **Salhöhe (5)**, 779 m. Oberhalb des Restaurants beginnt die Fortsetzung des markierten Höhenwegs. Meist im Schatten des Walds und mit einem möglichen Umweg via Rohrerplatte (guter Ausblick) gelangen wir zum Gipfel der **Geissflue (6)**, 963 m, die nach Norden steil abfällt und daher gute Sicht in diese Richtung gewährt. Der Abstieg führt uns zum Naturfreundehaus **Schafmatt (7)** und weiter abwärts auf ein Sträßchen, dem wir nach links folgen und bis zu einer Haarnadelkurve treu bleiben. Hier führt unser Weg nach links von der Straße weg und quert durch schönen Buchenwald hinüber zur Rosmaregg. Nun über die Weide, dann die weglose Rinne hinab, an einer stattlichen Linde vorbei und weiter abwärts bis zum **Barmelhof (8)**. Zum Ausgangspunkt folgen wir dem Zufahrtssträßchen hinab nach **Breitmis (1)**.

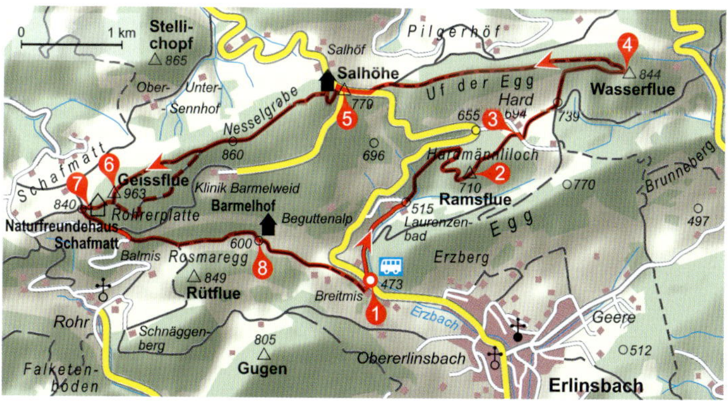

4 Aarau – Aarburg

5.00 Std.

Über aussichtsreiche, bewaldete Höhen zwischen zwei Aarestädten

Von Westen betrachtet erinnert der Anblick des Städtchens Aarburg an einen mächtigen Ozeandampfer, der durch die Wogen des Meers pflügt. Dieser Vergleich ist nicht vollständig abwegig, liegt Aarburg doch am Fuße eines großen Felssporns, der von Osten her wie ein Schiffsbug in den Fluss Aare ragt. Auf dem Felsen thront eine mächtige Festung, weitherum sichtbar überragt sie das Städtchen und die neugotische Stadtkirche mit ihren zwei Türmen, die ebenfalls etwas erhöht über den Dächern der alten Bürgerhäuser steht. Bei Aarburg beschreibt die Aare ein Knie, denn der Felssporn, auf dem Aarburg liegt, zwingt das Gewässer zu einer Richtungsänderung. An gleicher Stelle mündet ein Bach in den Fluss, der aber einen der Aare entgegengesetzten Lauf hat. So entsteht in der Mündungsregion eine Kreisbewegung im Flusslauf der Aare, eine sogenannte Walze, die in Aarburg »d'Woog« (die Waage) genannt wird. Hier lag in früheren Zeiten auch ein – nicht unbedeutender – Hafen für die Flussschifffahrt. Die große Festung Aarburgs wurde im 12. Jh. errichtet und später unter Berner Herrschaft wesentlich erweitert. Die Berner kontrollierten und schützten an diesem strategisch hervorragend gelegenen Ort den Verkehrsweg nach Zürich. Heute ist in der Festung ein Jugendheim für Nacherziehung untergebracht.

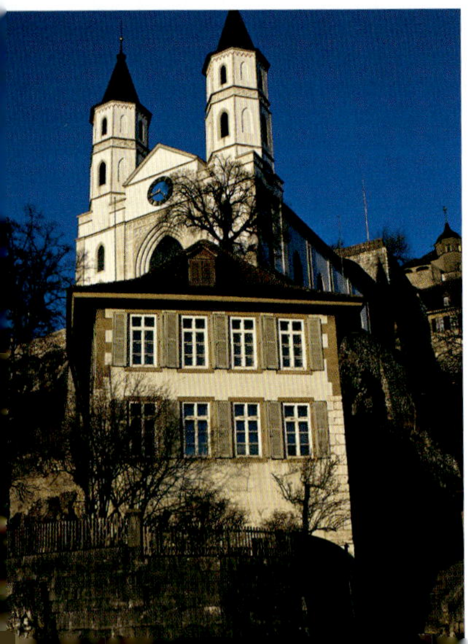

Ausgangspunkt: Bahnhof Aarau, 383 m. Direkte Schnellzüge ab Bern, Basel und Zürich. Rückfahrt nach Aarau per Regionalzug nach Olten, dort umsteigen in den Schnellzug nach Aarau.
Höhenunterschied: 460 m.
Anforderungen: Einfache Wanderung, zumeist ungeteerte Forstraßen.
Einkehr: In Aarau und Aarburg sowie unterwegs im Restaurant Engelberg (✆ +41 62 559 04 49, gasthof-eberg.ch).
Karte: WK 1:50.000, Blatt 224T, Olten.

Vom Bahnhof in **Aarau (1)** durch die Unterführung nach Süden zur Bachstrasse, der wir für 200 m nach rechts folgen, dann nehmen wir den Siebenmannweg zur Straße Obere Altstadt. Hier nach rechts zum Krei-

Die reformierte Stadtkirche in Aarburg.

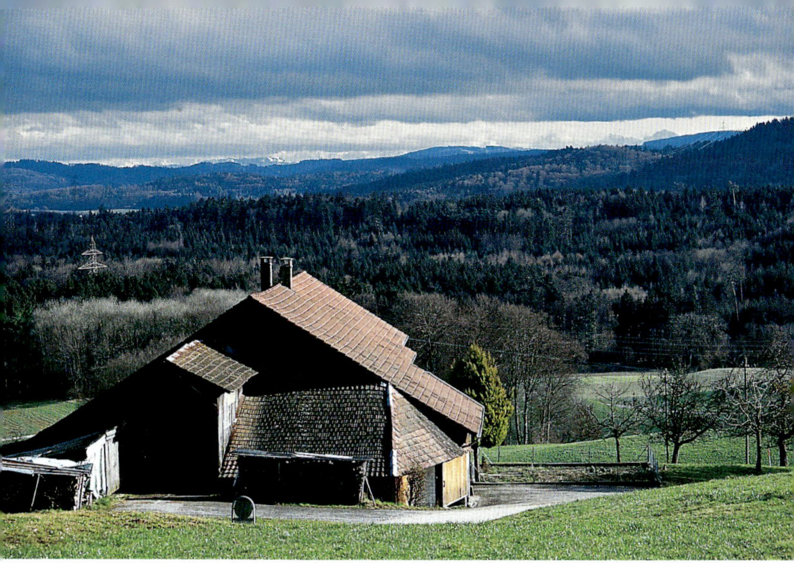

Unterwegs von Aarau nach Aarburg: Ausblicke zu den verschneiten Alpengipfeln.

sel, dann in den Rosengartenweg, der schließlich zur Pestalozzistraße wird. Wo diese in die Oberholzstrasse mündet, wenden wir uns nach links und wandern weiter stadtauswärts. Bald endet der Teerbelag, und nach den letzten Häusern steigt der Weg ein wenig an und erreicht bald eine Verzweigung. Hier schlagen wir den linken Weg ein, umgehen den Buckel des **Hasebergs** und beginnen eine lange Wanderung auf Forststraßen und schmalen Fußwegen durch den Wald. Anfangs öffnet sich noch der Blick über die Stadt Aarau, dann nehmen uns die Bäume die Fernsicht, doch dafür genießen wir den Schatten des Walddachs und erfreuen uns am Grün der Pflanzen. Außerdem wurde an dieser Wegstrecke ein Planetenweg eingerichtet; die Entfernungen zwischen den Planeten sind im Maßstab eins zu einer Milliarde verkleinert worden.

Etwa anderthalb Stunden nach Abmarsch gelangen wir an einen Punkt, an dem fünf Wanderwege zusammentreffen **(2)**. Wir gehen geradeaus und be-

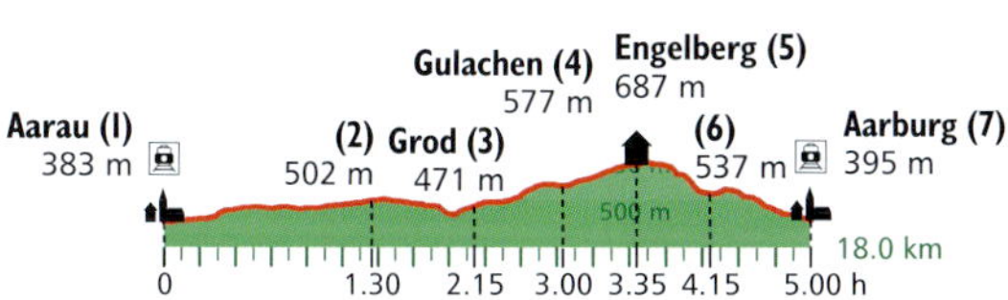

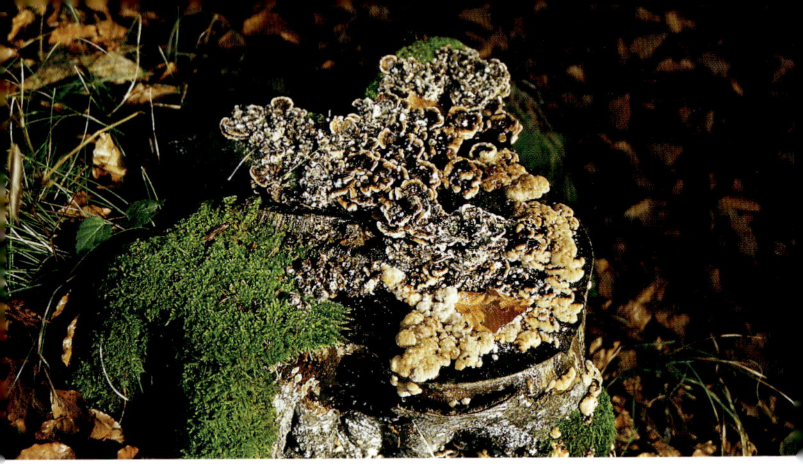

Unzählige Details am Wegrand lassen jede Jurawanderung zum Erlebnis werden.

treten den sogenannten **Pfaffentann**. Der Weg verläuft entlang der Grenze zwischen den Kantonen Aargau und Solothurn, und eine Reihe von alten Grenzsteinen bezeichnet diese unsichtbare Linie.

Schließlich fällt der Weg ab und leitet uns zu einer Straße, die wir queren. Abwärts zum Bach Wissbächli, dann auf einem Sträßchen nach links und unmittelbar danach wieder nach rechts. Nun steigen wir an zum Weiler **Grod (3)**, wo wir erneut die Straße betreten, der wir nun bis zum Gehöft von **Höli** folgen, wobei der Fußweg stellenweise parallel zur geteerten Piste verläuft. Von Höli wandern wir in gerader Linie einen Hügel hinauf und nach der Überquerung dieses bewaldeten Buckels gelangen wir nach **Gulachen (4)**, ebenfalls eine kleine Ansammlung von Bauernhäusern. Nach wenigen Metern auf einer Straße queren wir die Wiese bis zu einer weiteren Straße, die am Waldrand verläuft und folgen dort dem Teerband nach rechts, bis uns Wegweiser auf einen Trampelpfad den Berg hinauf schicken. Bald erreichen wir den Kamm des Engelbergs. Vom höchsten Punkt dieser Erhebung, 690 m, fällt der Weg zum Weiler **Engelberg (5)** mit seinem Gasthof ab. Dieser beliebte Ausflugsort bietet eine schöne Rundsicht auf die Berge des Jura und über das Mittelland hinweg bis zu den Alpen.

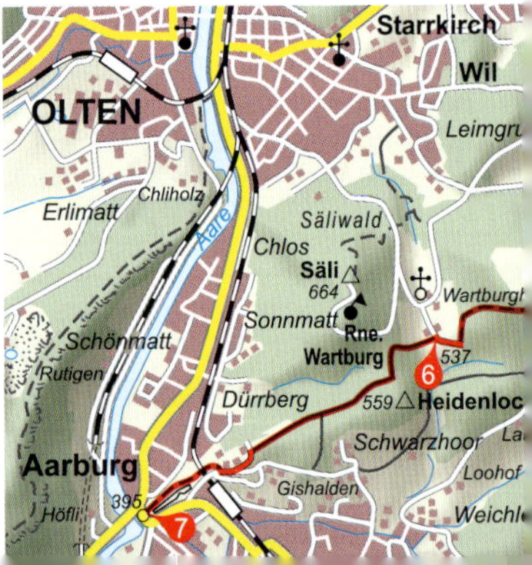

Vom Gasthof wandern wir in Richtung der gut sichtbaren Antenne, die wir passieren, um anschließend auf einem Weg, dem wir nach rechts folgen, den Wald hinabzusteigen. Eine große Linde steht mitten auf diesem offenen Feld und wir wandern an diesem stattlichen Baum vorbei, hinüber zum Wald und zu einem Rastplatz, der auf dem Kamm des Hügelzugs liegt. Es lohnt sich, die Grenzsteine etwas näher anzuschauen, stammt die älteste dieser Markierungen doch aus dem Jahr 1616! Auf den meisten sind auch gut die Wappen der Kantone zu erkennen, deren Territorien sich hier berühren. Nicht wundern darf man sich über das Berner Wappen, herrschte Bern doch bis ins Jahr 1798 über den heutigen Kanton Aargau.

Der Weg folgt dem Bergrücken, mündet dann in eine Forststraße, wobei nach einem kurzen Stück auf dieser Straße die Abzweigung nach links nicht verpasst werden darf. So erreichen wir eine Straße, der wir nach rechts folgen bis zu den Häusern der **Wartburghöf (6)**. Dort nach links und bei der nächsten Verzweigung wieder links. Von hier wandern wir auf dem Grat des Bergs, der über Aarburg den langen, schmalen Felssporn bildet, auf dessen Spitze die Feste von **Aarburg (7)** gebaut wurde. Der Bahnhof liegt etwas außerhalb des Städtchens am Südportal eines Tunnels, der unter der Festung durchführt. Der Weg zum Bahnhof ist gut ausgeschildert.

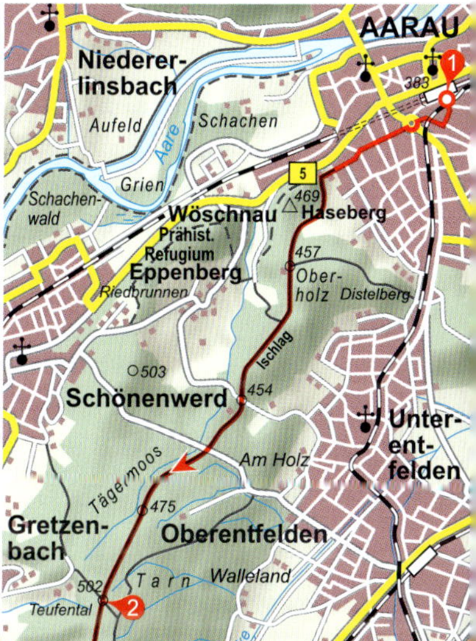

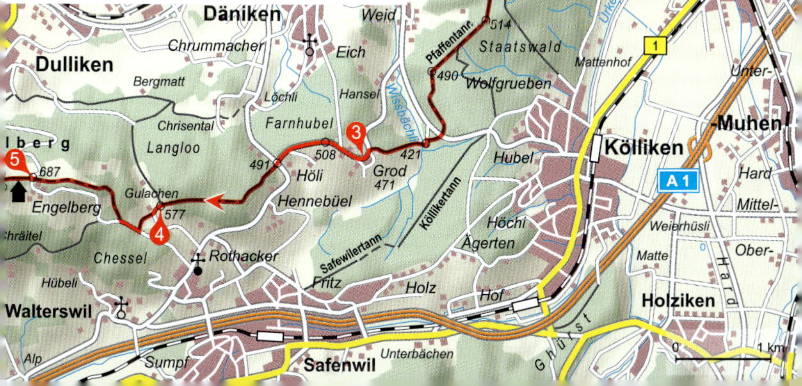

5 Rheinwanderung

5.30 Std.

Aussichtsreiche Höhentour und Flussuferwanderung

Vor dem Bau des Flusskraftwerks, das den Rhein gezähmt und über weite Strecken in einen ruhigen See verwandelt hat, lag bei Laufenburg eine Schlucht mit gefürchteten Stromschnellen. Laufenburg ist eine Gründung der Habsburger, die über dem Städtchen einst eine mächtige Festung bauten, von der heute nur noch der Bergfried erhalten ist. Vermutlich stand zuvor an derselben Stelle bereits ein römischer Wachturm. Der Ort ist äußerst sehenswert und hat im Jahre 1985 eine Auszeichnung für die vorbildliche Erhaltung des Stadtbilds erhalten.

Ausgangspunkt: Laufenburg, 318 m. Anfahrt von Basel oder Zürich/Baden auf der A 3 bis Ausfahrt Eiken, dann auf der Kantonsstraße nach Laufenburg. Ab Basel im Regionalzug, ab Zürich mit IR bis Brugg oder Frick, dann Bus bis Laufenburg.
Höhenunterschied: 450 m.
Anforderungen: Forststraßen und Fußwege, einige Abschnitte auf Hartbelag.
Einkehr: Restaurant Rütihof, Heuberg (✆ +41 62 874 13 21, rütihof-kaisten.ch), Restaurant Pinte an der Hauptstraße in Sisseln (✆ +41 62 873 12 70, pinte-sisseln.ch) sowie Restaurants in Laufenburg, Kaisten und Eiken.
Karte: WK 1:50.000, Blatt 214T, Liestal.

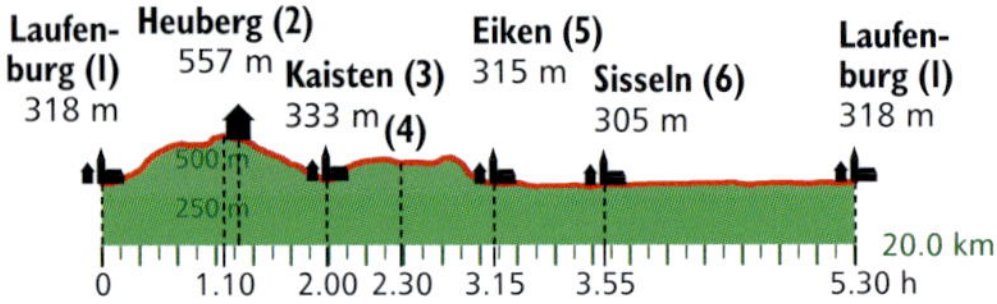

Vom Bahnhof **Laufenburg (1)** gehen wir nach rechts, queren die Gleise und wandern durch ein Vorortviertel und weiter auf einem Sträßchen den Waldrand entlang. Bald verlassen wir dieses und steigen zum Antennenmast auf, der über Laufenburg aus dem Wald ragt. Nunmehr flacher durch den Wald bis zum letzten Aufschwung, der uns zum **Heuberg (2)**, 557 m, hinaufbringt. Über die Wiesen auf dem Gipfelkopf abwärts zu einem Gebäude, dann um die oberste Schlaufe einer Straße bis zum nächsten Wegweiser. Wer im Restaurant Rütihof eine Pause machen möchte, geht hier geradeaus weiter und um die nächste Kurve, wo das Gasthaus steht. Ansonsten leiten uns die Markierungen über Fußpfade oberhalb eines schmalen Weinbergs und später an einem Friedhof vorbei hinab nach **Kaisten (3)**.
Über die Dorfkreuzung und geradeaus in Richtung Mühle/Schulhaus (Wegweiser) verlassen wir Kaisten und steigen hinauf an den Rand eines Tafelbergs, der nach Norden steil in die am Rheinufer liegende, bewaldete Ebene der Hard abfällt. Zuerst wandern wir auf einem Sträßchen bis zum Gehöft von **Warthöf (4)**, dann auf Fußwegen über Wiesen und durch Wald, bis wir kurz vor **Eiken (5)** die Autobahn A 3 erreicht haben. Wer das Dorf besuchen will,

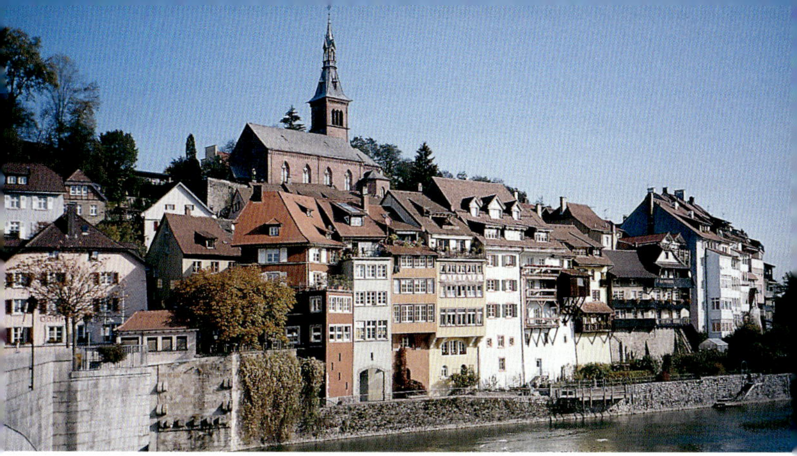

Farbenfrohe Fassaden prägen das Habsburger Städtchen Laufenburg am Rhein.

geht geradeaus über die Brücke, welche die lärmende Straßentrasse überspannt. Für eine Fortsetzung der Tour ohne Abstecher nach Eiken spazieren wir einen kurzen Abschnitt parallel zur A 3, dann beschreibt der Weg eine scharfe Rechtskurve und bringt uns zum Areal einer Kiesgrube und wenig später ans Ufer der Sissele. Dieses Bächlein ist von nun an unser Begleiter, bis es bei **Sisseln (6)** in den Rhein mündet. Hier wenden wir uns nach rechts und wandern auf schmalem Pfad durchs Ufergehölz zurück nach **Laufenburg (1)**.

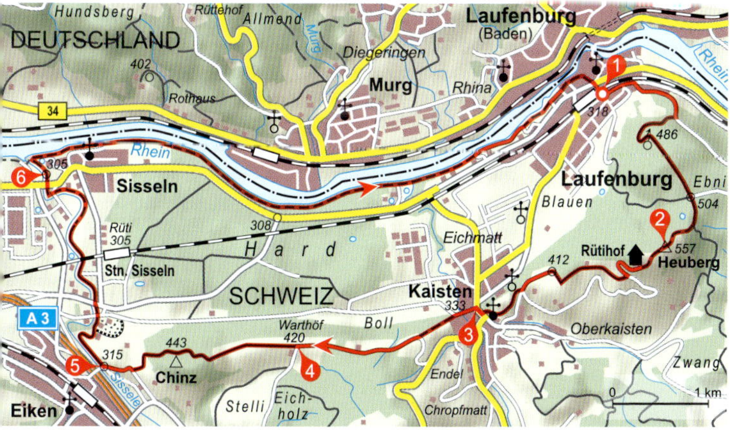

6 *Liestal – Waldenburg*

5.15 Std.

Streckenwanderung ins mittelalterliche Waldenburg

Das Städtchen Waldenburg liegt in einem engen Durchlass, den sich die Frenke zwischen den Gebirgsrücken der Richtiflue und der Gerstelflue geschaffen hat. Wie zwei Arme ragen diese beiden schmalen Bergkämme in das Waldenburgertal und bilden eine Art natürliche Schleuse, ein Tor zum Passübergang des Hauensteins, den schon die Römer für ihren Nord-Süd-Verkehr genutzt haben. Die Grafen von Froburg erkannten das wirtschaftliche Potenzial dieses Ortes, der am kürzesten Weg vom Gotthard nach Basel lag, und gründeten im 13. Jh. den Ort Waldenburg, über dem selbstverständlich die schützende Burg zur Kontrolle des Durchgangs nicht fehlen durfte. Noch heute wacht die Feste über dem geschlossenen Ortsbild des gut erhaltenen, mittelalterlich wirkenden Städtchens.

Ausgangspunkt: Bahnhof Liestal, 327 m. Schnellzüge ab Basel, Zürich, Aarau, Olten. Rückkehr nach Liestal mit direkten Regionalzügen.
Höhenunterschied: 590 m im Auf-, und 390 m im Abstieg.
Anforderungen: Einfache Streckenwanderung, nur wenige Abschnitte auf Hartbelag.
Einkehr: In Liestal und Waldenburg. Unterwegs: Restaurant Fuchsfarm (✆ 061 961 93 64, Mo.–Mi. Ruhetag) kurz vor Waldenburg.
Karten: WK 1:50.000, Blatt 214T, Liestal und Blatt 224T, Olten.

Auf dem Platz vor dem Bahnhof **Liestal (1)** gehen wir nach rechts (in Richtung Südosten) durch die Poststrasse bis zu einer Brücke, die über die Gleise führt. Auf der anderen Seite der Brücke gehen wir gleich nach links und wandern auf Straßen und Wegen in unmittelbarer Nähe der Eisenbahnlinie weiter gegen Südosten. Wir queren die Frenke und bei der Haltestelle Altmarkt auch die schmale Trasse der Waldenburgerbahn. Wer den Weg durch Liestal bis hierher meiden möchte, fährt diesen Abschnitt mit dem Bähnlein (eine Station nach Abfahrt in Liestal).
Weiter die Gleise der SBB (Schweizerische Bundesbahnen) entlang, bis ein Sträßchen nach rechts abbiegt **(2)**. Dieses wandern wir bergauf, am Reitsportzentrum Galms vorbei in den Wald. Der Galms ist ein bewaldeter Bu-

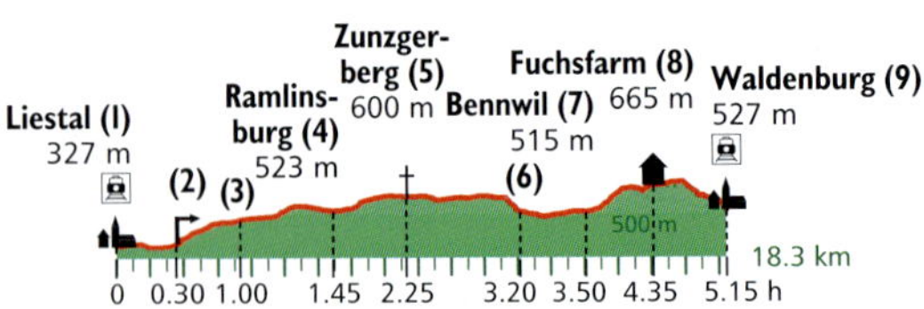

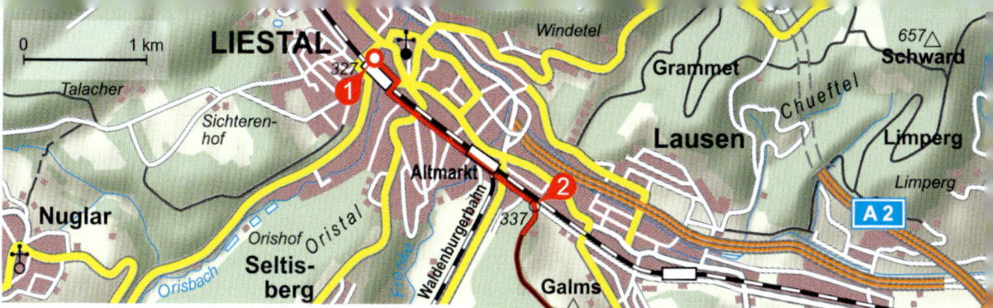

ckel, dessen nördliche Flanke wir nun queren, bis wir einen Sattel mit dem Namen **Räckholderweid (3)** erreichen. Dann wechselt der Weg auf die Südflanke des Hügelzugs Landschachen. Wo wir an den Waldrand kommen, treffen wir auf einen Picknickplatz mit Bänken und Feuerstellen, danach führt uns der Weg über Wiesland an den Dorfrand von **Ramlinsburg (4)**. Bei den ersten Häusern des Dorfs zweigen wir nach links ab, passieren einen Friedhof mit Kapelle und queren eine Hauptstraße. Anschließend wandern wir auf einem Sträßchen auf den Wald zu. Der offizielle Wanderweg verlässt das Sträßchen kurz nach Erreichen des Waldes und verläuft für ein Stück parallel, kehrt dann aber zum Sträßchen zurück. Bei der nächsten Verzweigung gehen wir nach rechts, wobei der Forstweg, auf dem wir nun wandern, einen verwirrenden 180-Grad-Bogen beschreibt, bevor uns die Wegweiser erneut nach rechts schicken. Bald danach entlässt uns der Wald und wir treten auf die offenen Felder des **Zunzgerbergs (5)**, 600 m.

Nun auf einem Sträßchen bis zu einer T-Kreuzung, dort nach rechts und weiter auf Teerbelag, den wir rund 300 m nach Passieren des Hofes Lägerts verlassen können. Meist am Rande von Waldwuchs schlän-

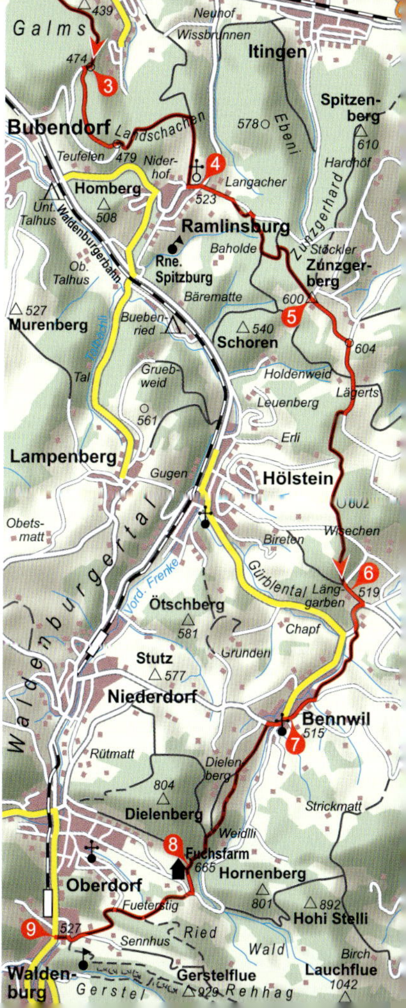

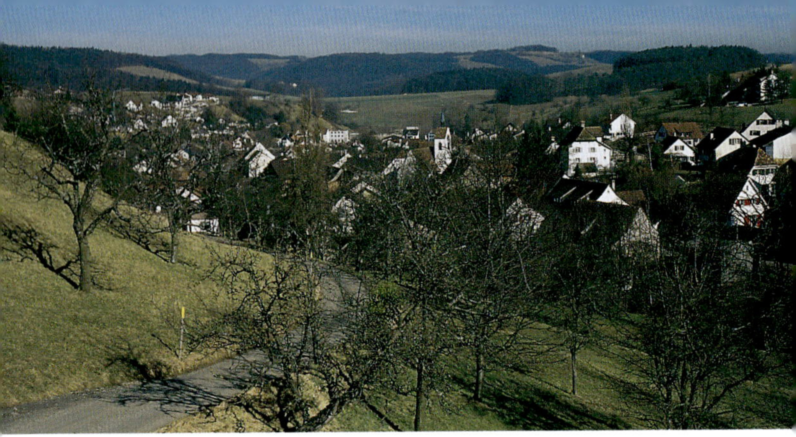

Lädt zur Rast: das hübsche Dorf Bennwil.

gelt sich der Weg nun über den Rücken des zwischen Waldenburger- und Diegtertal gelegenen Höhenzugs. Nach einem steilen Abstieg kommen wir am Hof **Länggarben (6)** vorbei und erreichen wenig später eine Hauptstraße, der wir für rund 400 m bergab folgen (unmarkiert). Dann können wir dieses etwas unangenehme Stück hinter uns lassen und spazieren durchs liebliche kleine Gürblental ins hübsche Dörfchen **Bennwil (7)**, das wir vor uns sehen können. Das malerisch am Bach gelegene Dorf ist eine Pause wert.
Die Wegmarkierungen leiten in Bennwil auf der Hauptstraße durchs Dorf; bevor die letzten Häuser erreicht sind und nachdem die Straße eine Kurve beschreibt, zweigen wir nach links ab und traversieren anfänglich über Weiden, später wieder im Wald, den Nordhang des Dielenbergs. Hoch über dem stetig enger werdenden Talende verläuft der Weg bis zu einem Sattel auf dem Südkamm des Dielenbergs, wo wir auf eine Wegkreuzung treffen. Von hier ist ein Abstecher zum aussichtsreichen **Dielenberg**, 804 m, gut möglich. An der Kreuzung trennen uns nur noch wenige Schritte vom Gasthof **Fuchsfarm (8)**.
Nach der Fuchsfarm queren wir eine Wiese, überschreiten eine Geländerippe und gelangen dann in eine lang gezogene Geländemulde, über der sich die Gerstelflue erhebt. An deren westlichem Ausläufer klebt die Festung von Waldenburg, die über dem gleichnamigen Städtchen thront. Der Besuch des Schlosses ist mit einem erneuten Aufstieg verbunden; wer sich dies sparen will, wandert über Dorfstraßen und eine Treppe hinab zur Hauptstraße. Wo wir auf diese treffen gehen wir nach links, um **Waldenburg (9)** zu besichtigen oder in die entgegengesetzte Richtung, um zum Bahnhof zu gelangen.

Der Kanton Basel Land ist bekannt für seine Kirschbäume.

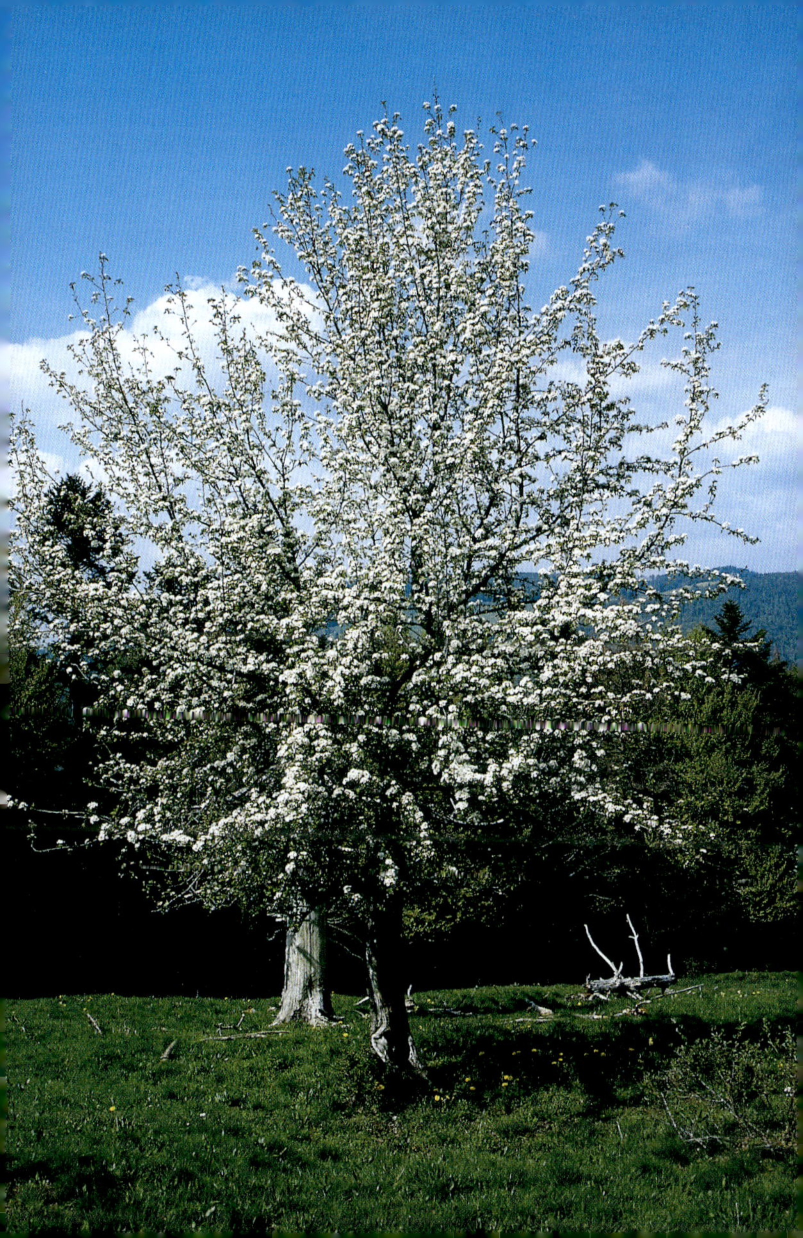

TOP 7 Wisenberg, 1002 m, und Bad Ramsach

5.45 Std.

Über einen Aussichtsberg zu einem historischen Heilbad

Unser Ausgangspunkt Rümlingen erstaunt mit einem Bahnviadukt, das seit der Wiederaufnahme des Läufelfingerlis erneut ein wichtiges Glied in der Nord-Süd-Verbindung darstellt.

Ausgangspunkt: Bahnhof von Rümlingen, 439 m. Anreise von Olten (A 2) in Richtung Basel, Ausfahrt Diegten; auf der Hauptstraße in Richtung Buckten und Rümlingen. S-Bahn ab Olten.
Höhenunterschied: 840 m.

Anforderungen: Einfache Wanderung auf guten, aber nicht immer markierten Wegen.
Einkehr: Kurhotel Bad Ramsach (✆ +41 62 285 15 15, badramsach.ch). Restaurants in Rümlingen und Läufelfingen.
Karte: WK 1:50.000, Blatt 224T, Olten.

Hinter dem Bahnhofsgebäude von **Rümlingen (1)** gehen wir die Straße zum Kirchplatz hinunter. Hier biegen wir nicht wie der Wegweiser anzeigt nach links, sondern nach rechts ab, um nach zirka 50 m links abzubiegen und die Straße zu überqueren. Wir umrunden das Kirchenareal gegen den Uhrzeigersinn und sehen direkt vor respektive über uns das Bahnviadukt. Gleich nach dem Viadukt führt der Weg rechts den Hang hoch zur Bahntrasse. Unsere Route mündet in einen Feldweg, den wir nach 50 m wieder nach links verlassen. Nun führt ein schmaler Weg durch den Wald hoch. Beim Weiler **Horn** stehen zahlreiche Kirschbäume, die im Juni mit ihren roten Früchten die ohnehin schon malerische Landschaft dekorieren. Rund 400 m nach Horn erreichen wir eine **Weggabelung (2)** wo wir den linken Wegast wählen. Schon bald ist das Dorf **Häfelfingen (3)** erreicht. Wir durchschreiten das Dorf in seiner ganzen Länge und wandern in Richtung Zeglingen nach **Egg (4)**, das sich mit seinen beiden Ruhebänken und der Rundsicht für einen ersten Halt geradezu anbietet. Nun beginnt der sanfte Aufstieg zum Wisenberg durch sonnendurchflutete Buchen- und Föhrenwälder. Etwa nach der Hälfte des Aufstiegs kommen wir an einem hübschen Brunnen vorbei, Sinnbild für die Quellen, die seit Jahrhunderten in Bad Ramsach als heilendes Badewasser und als

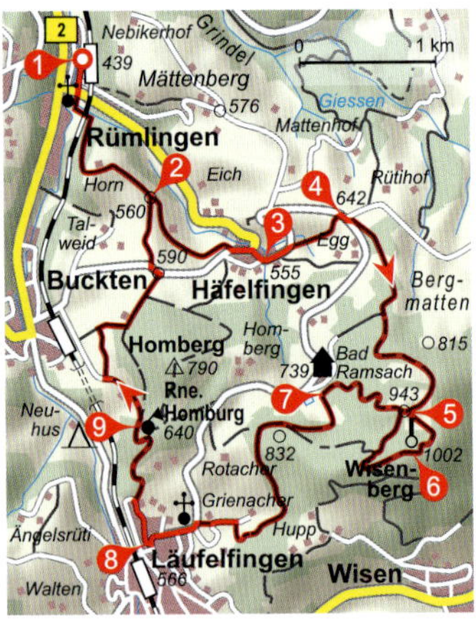

wohlschmeckendes Trinkwasser genutzt werden. **Wisenbergmatte (5)**, das wir nach 1 Std. Aufstieg erreichen, erstaunt mit prächtigen Magerwiesen. Von der

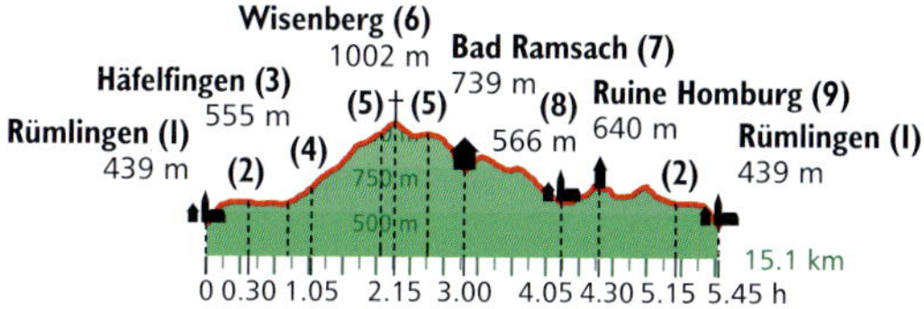

Wegkreuzung auf der Wisenbergmatte gehen wir über die Weide und durch den Wald hinauf zum Gipfel des **Wisenberg (6)**, 1002 m, der als aussichtsreichster Punkt im Oberbaselbiet gilt. Die oberste Plattform des 1923 erbauten Aussichtsturms erhebt sich über die Wipfel der Bäume. Der Wisenberg befindet sich am Nordrand des Faltenjura, welcher hier über den Tafeljura geschoben wurde. Die Felsen bestehen aus Haupt- und Muschelkalk, der bei der Überschiebung in mehrere Kleinfalten gestaucht wurde.

Vom Gipfel gehen wir weiter Richtung Läufelfingen, bei der nächsten Wegverzweigung wandern wir jedoch Richtung Hasmatt; auf diesem Forstweg gelangen wir zurück zur **Wisenbergmatte (5)**. Nun folgen wir den Wegweisern über Tüfelschuchi nach Bad Ramsach. Ein Pfad führt in den Wald und hinüber zu einem Felsvorsprung, auf dem ein alter Bunker steht. Dann fällt der Weg steil ab. Wo wir einen Stechpalmenbestand erreichen, sehen wir bald rechts vom Weg ein tiefes Loch im Berg klaffen: die Tüfelschuchi (Teufelsküche). Der Abstieg bleibt bis **Bad Ramsach (7)** steil. Am Ententeich zweigt der Weiterweg nach links ab. Etwas bergauf wandern wir über die Winterhalde zurück in den Wald. Werfen Sie einen Blick zurück: Hier wurde der ganze Hang ausgehöhlt und diente als Bunkeranlage. Die Bunkeröffnung ist deutlich zu sehen.

Der Weg nach **Läufelfingen (8)** ist gut gekennzeichnet. Von Läufelfingen bis zur **Burgruine Homburg (9)** ist es ein kurzer Anstieg. Nach der Besichtigung der Burgruine gehen wir außen an den Burgmauern vorbei in Richtung Buckten. Bevor wir aus dem Wald treten, biegen wir nach rechts auf einen Forstweg ab. Bei der nächsten Verzweigung halten wir uns links, und wandern bis an den Waldrand, wo wir auf den von links aus Buckten heraufkommenden Wanderweg treffen. Nun weiter in Richtung Häfelfingen, das wir bald rechts von uns sehen. Nach Überqueren der Straße von Buckten nach Häfelfingen gelangen wir wieder zur **Weggabelung (2)** und auf bekanntem Weg zurück nach **Rümlingen (1)**.

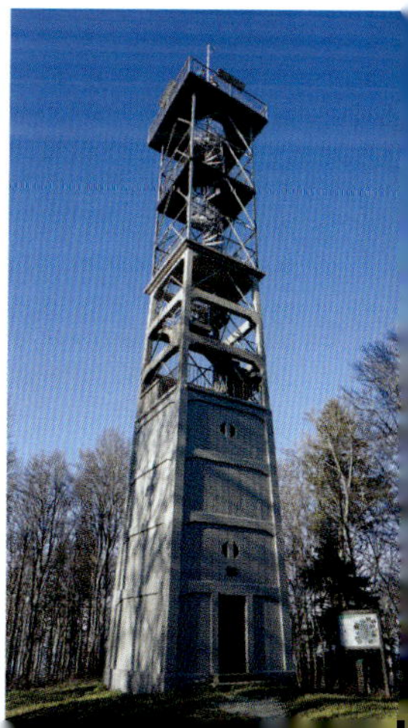

Der Aussichtsturm auf dem bewaldeten Wisenberg bietet freie Sicht in alle Richtungen.

8 Ziefen

4.45 Std.

Über sanfte Höhen der Baselbieter Landschaft

Die Wanderung führt von Liestal, dem Hauptort des Kantons Baselland, durch ländliche Regionen nach Ziefen, einem an der Hinteren Frenke gelegenen, kleinen Ort, dessen Häuser mit ihren charakteristischen, steilen Dächern sich eng aneinander schmiegen. Ziefen war schon in römischer Zeit besiedelt, erstmals in neuerer Zeit erwähnt wurde es 1226, damals noch bekannt unter dem Namen »Civenne«.

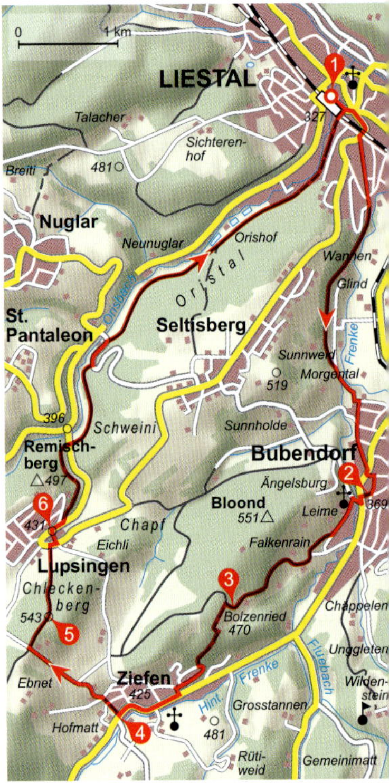

Ausgangspunkt: Bahnhof Liestal, 327 m. Schnellzüge ab Basel, Zürich, Aarau, Olten.
Höhenunterschied: 350 m.
Anforderungen: Forststraßen, Fußwege und Sträßchen. Längere Abschnitte auf Hartbelag.
Einkehr: In Liestal und Bubendorf. Ziefen: Rest. Tanne (✆ +41 61 931 18 58, restauranttanne-ziefen.ch), Lupsingen: Wirtschaft zum Rössli, (✆ +41 61 535 33 50, roessli-lupsingen.ch).
Karten: WK 1:50.000, Blatt 214T, Liestal, Blatt 224T, Olten, Blatt 223T, Delémont und Blatt 213T, Basel.

Vom Bahnhof **Liestal (1)** gehen wir rund 300 m den Gleisen entlang talaufwärts, dann queren wir die Schienen über die Brücke und auf der Gartenstrasse folgen wir weiter der Eisenbahn, bis die Langhagstraße schräg nach rechts abzweigt. Nun haben wir richtig eingefädelt und wandern auf einem Naturpfad zum Hof Morgental. Hier stehen wir bereits am Rand des stattlichen Baselbieter Dorfs **Bubendorf (2)**, in dessen Zentrum wir nun hineinwandern. Auf der linken Talseite – rechts von uns aus betrachtet – sehen wir die über dem Dorf thronende Kirche, zu der uns die Wegweiser hinaufleiten. Durch die Kirchstrasse setzen wir unsere Wanderung fort, bis wir die Straße nach rechts verlassen

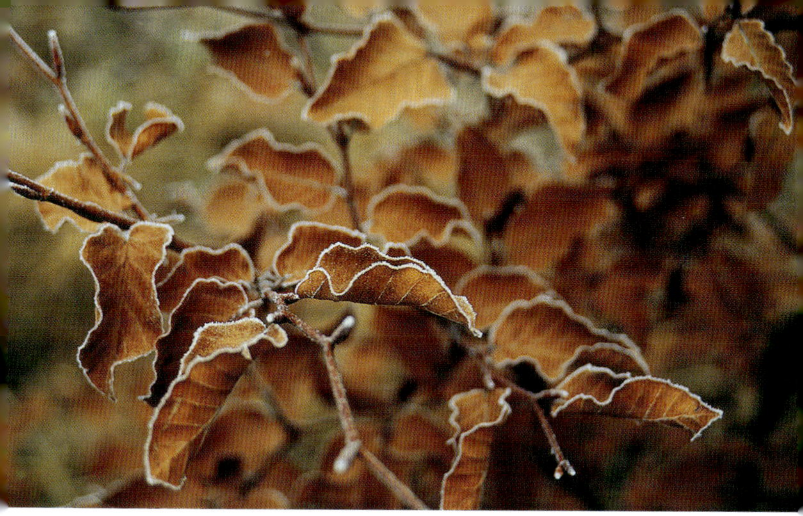

Die Bergrücken des Jura sind in den tieferen Lagen vielerorts von Buchen bewachsen. Dies gilt auch für weite Strecken der Wanderung von Liestal nach Ziefen.

und auf einem Sträßchen zum Hof von **Bolzenried (3)** ansteigen. Bald danach erreichen wir eine Verzweigung, wo wir uns für den linken Weg entscheiden. Durch den Wald spazieren wir nach **Ziefen (4)**, wo wir kurz vor dem alten Dorfkern die Hauptstraße betreten. Wir durchqueren das die Straße entlang gebaute Ziefen, bis wir uns vor dem Ortsteil Hofmatt nach rechts wenden, um auf einem Fußweg, der bald in ein Sträßchen übergeht, zu einer Wegkreuzung zu wandern. Nach Lupsingen geht es nach rechts. Durch den Wald des **Chleckenbergs (5)** gelangen wir kurz danach in dieses Dorf.
In **Lupsingen (6)** beschreibt die Kantonsstraße eine scharfe S-Kurve, die wir jedoch abkürzen können, indem wir durch die Schulgasse gehen. Diese führt uns direkt zum Gemeindehaus, wo wir nach rechts der Hauptstraße folgend in Richtung Liestal wandern. Vom Teerband verabschieden wir uns nach den letzten Häusern des kleinen Orts. Wir wandern um den Remischberg herum ins winzige Tal des Orisbachs, dem wir nun in gebührendem Abstand zurück nach **Liestal (1)** folgen.

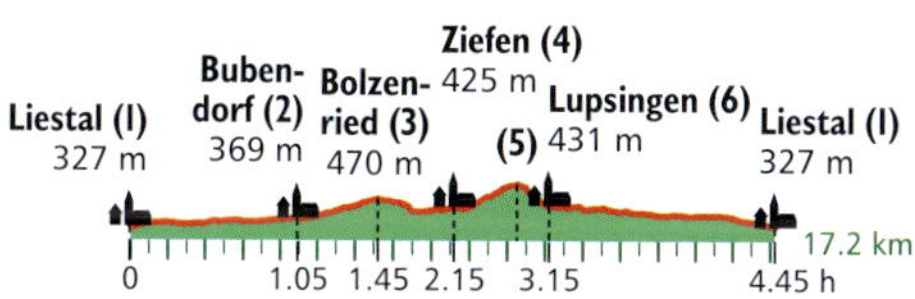

9 Liestal – Rheinfelden

4.30 Std.

Reizvolle Hügellandschaft, besonders zur Kirschbaumblüte

Kirschbäume sind ein wichtiges Landschaftselement des Baselbieter Jura und Kirschschnaps ist eine bekannte lokale Spezialität.

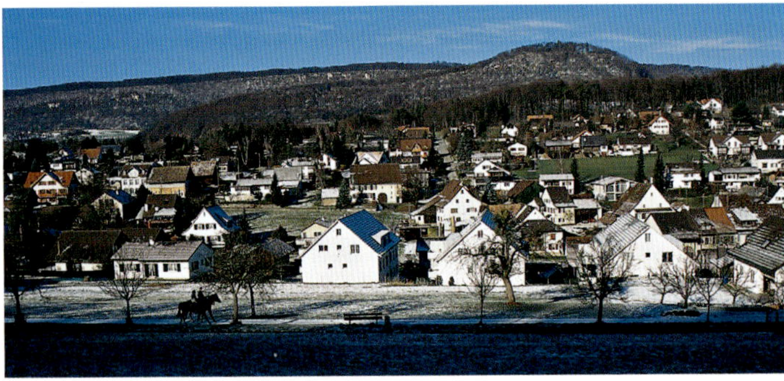

Olsberg – eingebettet ins sanfte Violental.

Ausgangspunkt: Bahnhof Liestal, 327 m. Schnellzüge ab Basel, Zürich, Aarau und Olten. Von Rheinfelden Schnellzüge nach Basel und Zürich.
Rückkehr nach Liestal mit Regionalzügen via Pratteln oder Schnellzügen via Basel.
Höhenunterschied: 450 m im Aufstieg, 500 m im Abstieg.
Anforderungen: Einfache Streckenwanderung; wenige Abschnitte auf Hartbelag.
Einkehr: Restaurants in Liestal und Rheinfelden. Restaurant Schützenstube in Hersberg (✆ +41 61 921 12 88).
Karte: WK 1:50.000, Blatt 214T, Liestal.

Vom Bahnhof **Liestal (1)** leiten uns die Wegweiser am nördlichen Rand der Altstadt vorbei, zuerst durch die Allee den Orisbach entlang zur Brauerei Ziegelhof, dann hinab zur Gerbergasse und zu einer Kreuzung. Dort wenden wir uns nach links und überqueren den Fluss Ergolz. Nun in die Erzenbergstrasse, die wir nach wenigen Schritten nach rechts verlassen und einen steilen Weg hinaufwandern. Bald endet der Hartbelag und wir erreichen den Wald und damit auch den eigentlichen Wanderweg. Am Rand des steilen Abbruchs des Schleifenbergs leitet uns der Pfad zum **Alti Stell (2)**, 606 m, mit seinem Aussichtsturm.

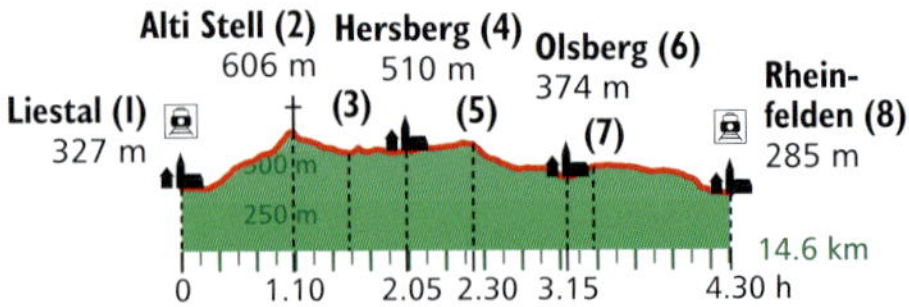

Der Abstieg verläuft sanft durch die Südostflanke des bewaldeten Bergrückens und wir erreichen den Scheitel des Passes **Stächpalmenhegli (3)**, auch als Windentalhöchi bekannt, auf 497 m. Wir folgen kurz der Straße Richtung Hersberg, queren dann links in den Wald und wandern über einen gestuften Weg steil abwärts in die Mulde eines Talabschlusses. Rund 15 Min. später gelangen wir ins »Kirschendorf« **Hersberg (4)**. Wo die Dorfstraße eine scharfe Rechtskurve beschreibt, zweigen wir nach links ab und wandern die Straße hinauf Richtung Waldrand, dem wir nun gegen Nordosten folgen. Am Waldrand überschreiten wir einen unscheinbaren **Sattel (5)** und gelangen wenige Meter danach zu einem Wegweiser. Der Jurahöhenweg (Zugang) zweigt hier nach rechts ab. Wir gehen geradeaus und spazieren bald über offene Weiden gegen Olsberg. Oberhalb des Dorfes queren wir eine Straße und wandern danach bei erster Gelegenheit nach rechts hinab nach **Olsberg (6)**.

Vom Dorfzentrum Olsbergs eine Straße hinauf bis zu einer T-Kreuzung, dort links an einer Weide mit Lamas vorbei und bei der zweiten Abzweigung nach rechts. Über einen sanften **Hügelrücken (7)** gelangen wir zum Waldrand, wo sich unser Interregio-Weg wieder mit dem Jurahöhenweg vereinigt. Nun auf angenehmen Pfaden durch den Wald, bis wir an den Rand der steilen Bergflanke gelangen, an deren Füßen die Autobahn Zürich – Basel verläuft. Den bewaldeten Hang hinab, über die Autobahn und durch Wohnviertel direkt zum Bahnhof in **Rheinfelden (8)**.

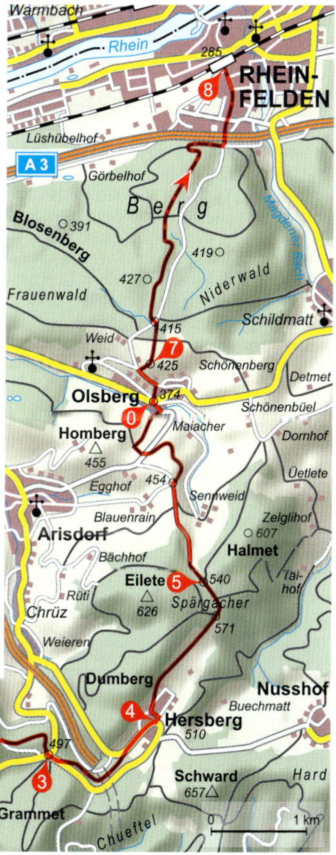

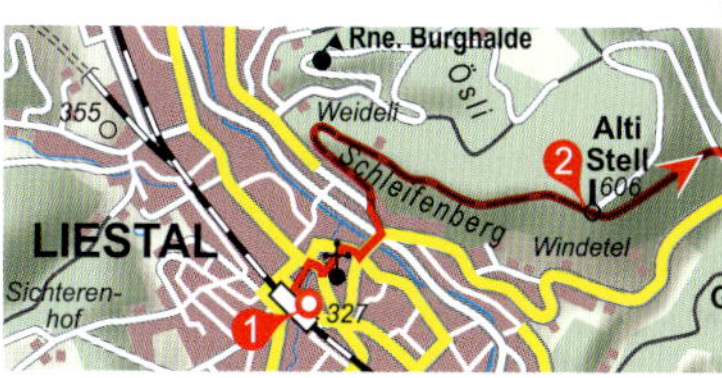

10 *Flueberg, 935 m*

6.45 Std.

Abwechslungsreiche Wanderung durch den Solothurner Jura

Der Jura überrascht durch die schroffe Art, in der sich das Gebirge unvermittelt über die flache Zone des Mittellands erhebt. So deutlich wie die Geografie kontrastiert auch die Besiedelung zwischen dem Mittelland und dem Jura: hier die mit Wohnhäusern, Industrieanlagen und Verkehrssträngen verbaute Region, dort die landwirtschaftlich geprägten, idyllischen Hügelzüge des Jura. Die Wanderung verläuft vor den Toren von Olten in dieser Grenz- bzw. Übergangszone.

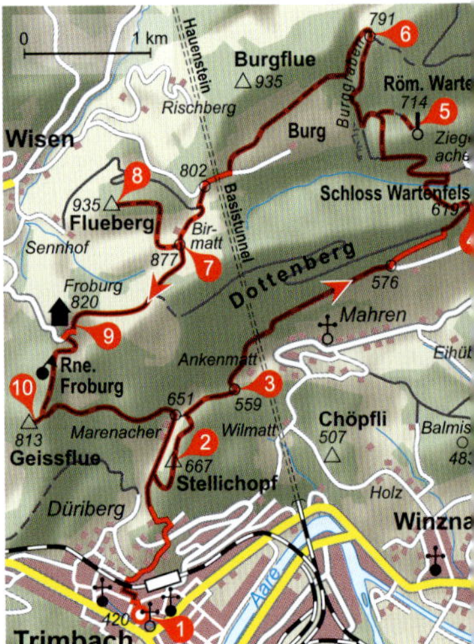

Ausgangspunkt: Post von Trimbach (Solothurn), 420 m. Anreise ab Bahnhof Olten per Bus (Fahrtrichtung Wisen) bis Haltestelle Post. Mit dem Auto von Olten in Richtung Hauenstein, Parkmöglichkeiten im Dorf. Per Zug ab Olten oder aus Norden von Sissach; von der Haltestelle Trimbach folgt man den Gleisen in Fahrtrichtung Sissach bis zur Fußgängerbrücke, wo man auf den aus dem Dorfzentrum heraufführenden Weg trifft.
Höhenunterschied: 860 m.
Anforderungen: Zumeist gute Wege, nur wenige Abschnitte auf Hartbelag.
Einkehr: Restaurants in Trimbach. Unterwegs das Restaurant Froburg (✆ +41 62 293 50 16, froburg-restaurant.ch).
Karte: WK 1:50.000, Blatt 224T, Olten.

Von der Post im Dorfzentrum von **Trimbach (1)** folgen wir den Wegweisern in Richtung Bad Lostorf. Nach Überqueren der Eisenbahnlinie schreiten wir steil bergauf und erreichen die hoch über dem Dorf gelegenen Einfamilienhausviertel von Trimbach. Nach dem letzten Haus endet der Teerbelag und wir wandern ins kleine Tälchen von Marenacher. Bald weist ein handgeschriebener, gelber Wegweiser nach rechts und wir folgen dem schmalen Pfad hinauf zum **Stellichopf (2)**, 667 m. Wo wir das Ende einer Forststraße betreten, gehen wir nach links und folgen dem Gratweg über den Stellichopf; der Pfad ist stellenweise überwuchert und verläuft manchmal nahe am Abgrund eines Felskragens, der gegen Norden abfällt. Am Ende des Gratwegs verlassen wir den Wald. Nun hinüber zum Wegweiser (Aufschrift: »Wanderweg«); hier dem rauen Fahrweg folgen, der entlang eines Zauns über die Weide und dann die

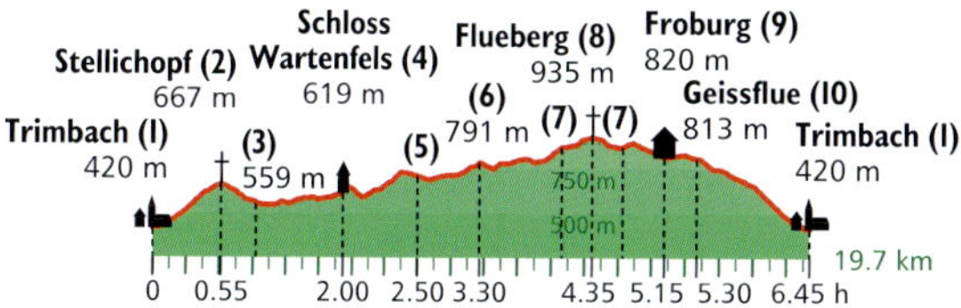

Geländerinne bergab führt (also nicht den Fahrweg nehmen, welcher am Waldrand verläuft). Bei der nächsten Verzweigung bei **Ankenmatt (3)** nach links; nun queren wir hoch über dem Weiler Mahren die Südflanke des Dottenbergs und erreichen schließlich **Schloss Wartenfels (4)**, das wegen seines schönen französischen Gartens bekannt ist.

Ein dunkler Durchgang eines Anbaus entlässt uns auf die Nordseite des Schlosses und wir tauchen hinab in ein enges Tal. Beim Hof Ziegelacher gehen wir scharf nach links und beginnen einen Anstieg; bald weisen Schilder nach rechts und wir folgen der Richtung Römische Warte (auch Chastel genannt). Dieser Weg umkreist einen bewaldeten Hügel, auf dem einst ein römischer Wachposten eingerichtet war. Ein Seitenweg führt auf den Hügel zur **Römischen Warte (5)** hinauf.

Wir wandern weiter, bis wir vom Wegweiser in Richtung Burggraben (Punkt 791) geschickt werden. Unterhalb einer kleinen Felswand steigen wir die Forststraße hinauf, die wir in einer Kurve verlassen, um den Trampelpfad aufzunehmen, der geradeaus bis zum **Punkt 791 (6)** emporklettert. Hier treffen wir auf den Jurahöhenweg und folgen den Markierungen in Richtung Froburg. Kurz nach dem Hof von **Birmatt (7)** erwartet uns der Abstecher zum aussichtsreichen **Flueberg (8)**, mit 935 m der höchste Punkt der Tour. Danach sind es nur noch wenige Gehminuten bis **Froburg (9)**.

Der Weiterweg fällt steil gegen Süden ab, wobei uns nur kurz nach Verlassen von Froburg die Wahl gelassen wird zwischen dem direkten Abstieg nach Trimbach und dem empfehlenswerten Umweg über die **Ruine Froburg**. Nur wenige Meter nach der Ruine erwartet uns der dritte Gipfel des Tages, die **Geissflue (10)**, 813 m, ein Abstecher von wenigen Minuten. Anschließend wandern wir auf Forststraßen abwärts und stoßen oberhalb des Hofs von Marenacher auf vertrautes Gelände. Die geteerte Straße hinab und dann auf bekanntem Weg zurück nach **Trimbach (1)**.

Blick von der Ruine Froburg auf Olten.

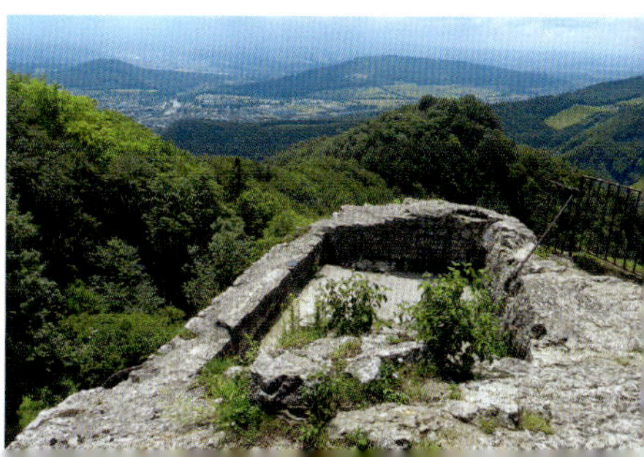

11 Belchenflue, 1099 m

6.00 Std.

Zum schönsten Aussichtspunkt des Kantons Solothurn

Die Wanderung auf die Belchenflue ist ein Ausflug in die Schweizer Militärgeschichte. Zu Beginn des Ersten Weltkriegs errichtete die Schweiz an drei Punkten große Festungsanlagen, die entlang möglicher Einfallsachsen aus Nord, West und Süd lagen. So entstanden zahlreiche Bunker und kilometerlange Schützengräben. Am Hauenstein, zu dessen Gebiet die Belchenflue gehört, wurden 40 Kilometer Gräben und Unterkünfte für über 40.000 Soldaten gebaut. Interessant dabei ist, dass der Oberbefehlshaber der Armee, General Ulrich Wille, gegen diese landschaftszerstörenden Bauten war, während der Generalstabschef die Konstruktion der Fortifikationen vorantrieb und hierfür vom Bundesrat (der Regierung) die nötigen Mittel zugesprochen erhielt. Nach dem Krieg wurden viele Gräben und Bunker eingeebnet oder gesprengt. Dennoch sind die Überreste der damaligen Festungsbauten heute noch gut erkennbar.

Ausgangspunkt: Bahnhof Olten, 396 m. Direkte Schnellzüge ab Bern, Basel und Zürich. Von Hägendorf Rückfahrt nach Olten per Regionalzug oder mit Bussen.
Höhenunterschied: 840 m im Auf- und Abstieg.
Anforderungen: Nur kurze Abschnitte auf Hartbelag.
Einkehr: Restaurants in Olten und in Hägendorf. Unterwegs: Bergrestaurant Chambersberg (✆ +41 62 216 31 23; südlich vom Weg); in Allerheiligenberg: Schäferstube (✆ +41 62 216 11 42).
Karte: WK 1:50.000, Blatt 224T, Olten.

Wir verlassen den Bahnhof **Olten (1)** auf der dem Fluss Aare zugewandten Seite, queren das Gewässer über die Bahnhofsbrücke und wenden uns an-

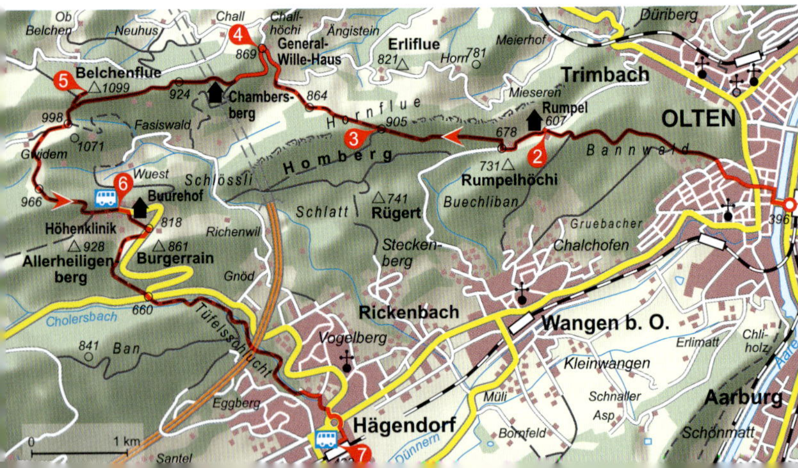

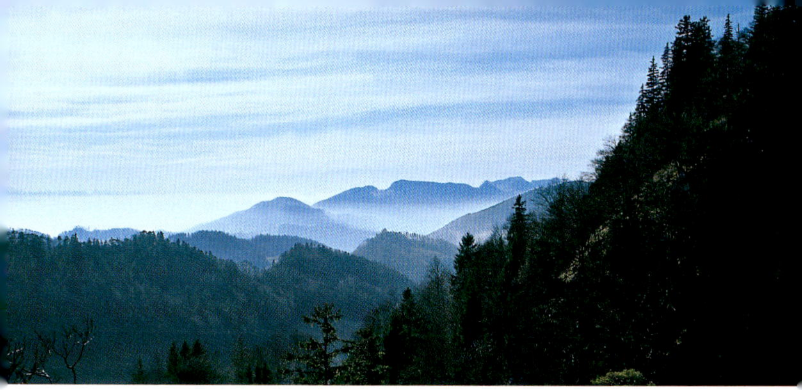

Die Höhenzüge des Faltenjura sind von der Belchenflue sehr schön sichtbar.

schließend nach rechts. Nun bei der zweiten Straße nach links durch die Belchenstrasse, dann kreuzen wir die große Baslerstrasse, gehen bei dieser zuerst nach links und wenige Schritte danach setzen wir unsere Wanderung nach rechts fort durch den Friedhofweg. Dieser Weg bringt uns schließlich an den Stadtrand. An einer Siedlung aus großen Wohnhäusern vorbei betreten wir den Wald und folgen den gelben Markierungen, die uns die Bergflanke hinauf leiten. Der immer steiler werdende Weg mündet schließlich in ein ungeteertes Sträßchen, das von Wangen heraufzieht. Nun gehen wir auf dem Sträßchen nach rechts und gelangen durch eine Scharte im Grat in ein kleines Tal mit dem Namen Rumpelweide, auf dessen Grund das **Restaurant Rumpel (2)** liegt.

Am Restaurant vorbei wandern wir nun die das Tal bildende Rinne hinauf. Der breite Weg bringt uns zu einer Kreuzung, bei der wir nach rechts gehen, um gleich danach wieder nach links abzuzweigen. Auf schmalem Pfad erklimmen wir durch schönen Buchenwald den Rücken des lang gezogenen, schmalen Hombergs, auf dessen Grat wir auf 905 m einen Sattel – die **Homberglücke (3)** – finden, über den wir ins benachbarte Tal absteigen. Wo wir den Wald verlassen, queren wir Wiesen und erreichen schließlich ein geteertes Sträßchen, dem wir folgen. Diese Gegend dient der Armee als Übungsgelände und bald kommen wir am **General-Wille-Haus (4)** vorbei, das 1917 als Soldatenhaus gebaut wurde. Das 1950 neu erstellte Gebäude dient im Sommer dem Militär, während es im Winter von einer Sek-

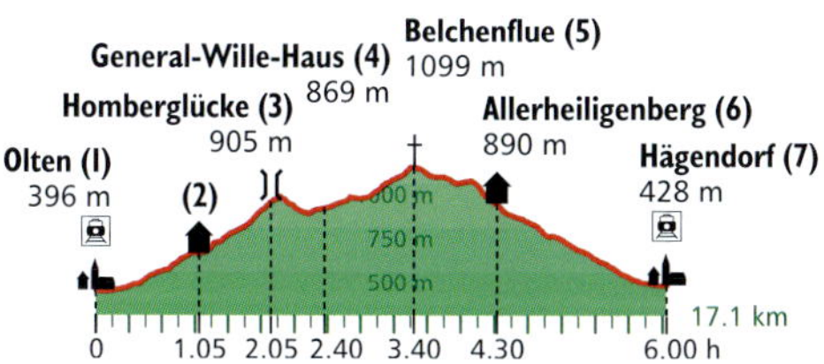

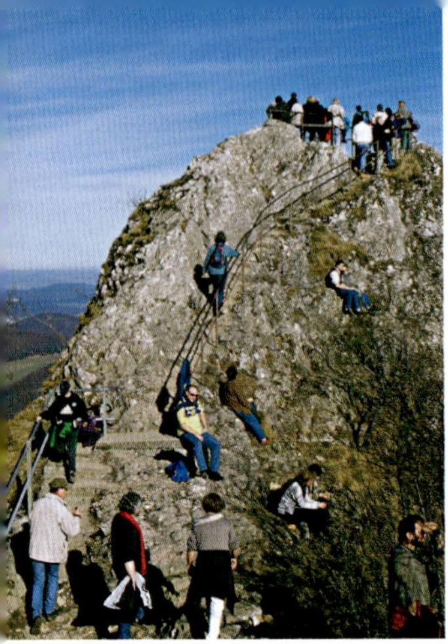

Die Belchenflue – aufgrund der einmaligen Aussicht ein beliebtes Ausflugsziel.

tion des SAC bewirtschaftet wird. Kurz nach dem General-Wille-Haus gehen wir scharf nach links und wandern weiter auf einem geteerten Sträßchen. Noch bevor wir das **Bergrestaurant Chambersberg** erreichen, zeigen die Wegweiser zur Belchenflue nach rechts. Nun schlängelt sich der Weg auf oder unmittelbar unterhalb des Bergkammes, der zur Belchenflue hinaufzieht. Die Geschichte lässt uns nicht ganz los, wurde die breite, aber ungeteerte Straße doch ebenfalls im Ersten Weltkrieg vom Militär ausgebaut. Die Wappen und Embleme der involvierten Truppeneinheiten erinnern an diese Zeit.
Unterhalb des Gipfels der Belchenflue erreichen wir eine Wegkreuzung. Ab hier setzt sich unsere Wanderung nach links fort, doch den Abstecher auf die **Belchenflue (5)**, 1099 m, lassen wir uns nicht entgehen. Ein steiler Weg führt teilweise über Treppenstufen zur Felskanzel hinauf. Die Aussicht von hier oben ist einmalig. Im Norden breitet sich die Hügellandschaft des Baselbietes aus, wobei der Blick bis zum Schwarzwald und den Vogesen reicht. Im Süden liegt das weite Mittelland mit den Alpen am Horizont, im Westen und Osten ziehen sich die schmalen Rücken des Juragebirges dahin.
Zurück an der oben erwähnten Verzweigung steigen wir auf dem guten Pfad die steile Wiese hinab auf einen Sattel, dort weiter nach rechts, bis wir kurz vor einem Gebäude eine Verzweigung erreichen, bei der wir den linken Arm nehmen. Durch Wald, über eine recht sumpfige Wiese und wieder durch Wald entlang einer steilen Flanke leitet uns dieser Weg zur Höhenklinik **Allerheiligenberg (6)**, von wo eine Busverbindung nach Hägendorf besteht.
Am Restaurant vorbei die Wiese hinab zur Straße, der wir für ein Stück abwärts folgen, dann verlassen wir das Teerband und wandern auf gutem Weg in das enger werdende Tal. Die Wanderung führt durch eine der im Jura zahlreichen Schluchten, die hier »Klusen« genannt werden, wobei die Klamm, die vor uns liegt, den vielsagenden Namen »Tüfelsschlucht« (Teufelsschlucht) trägt. Entlang des Bachs auf gut ausgebautem, teis gesichertem Weg gelangen wir abschließend nach **Hägendorf (7).** Die Bushaltestelle für die Rückfahrt nach Olten befindet sich an der Hauptstraße im Dorfzentrum, der Bahnhof liegt am südlichen Dorfrand und ist gut ausgeschildert.

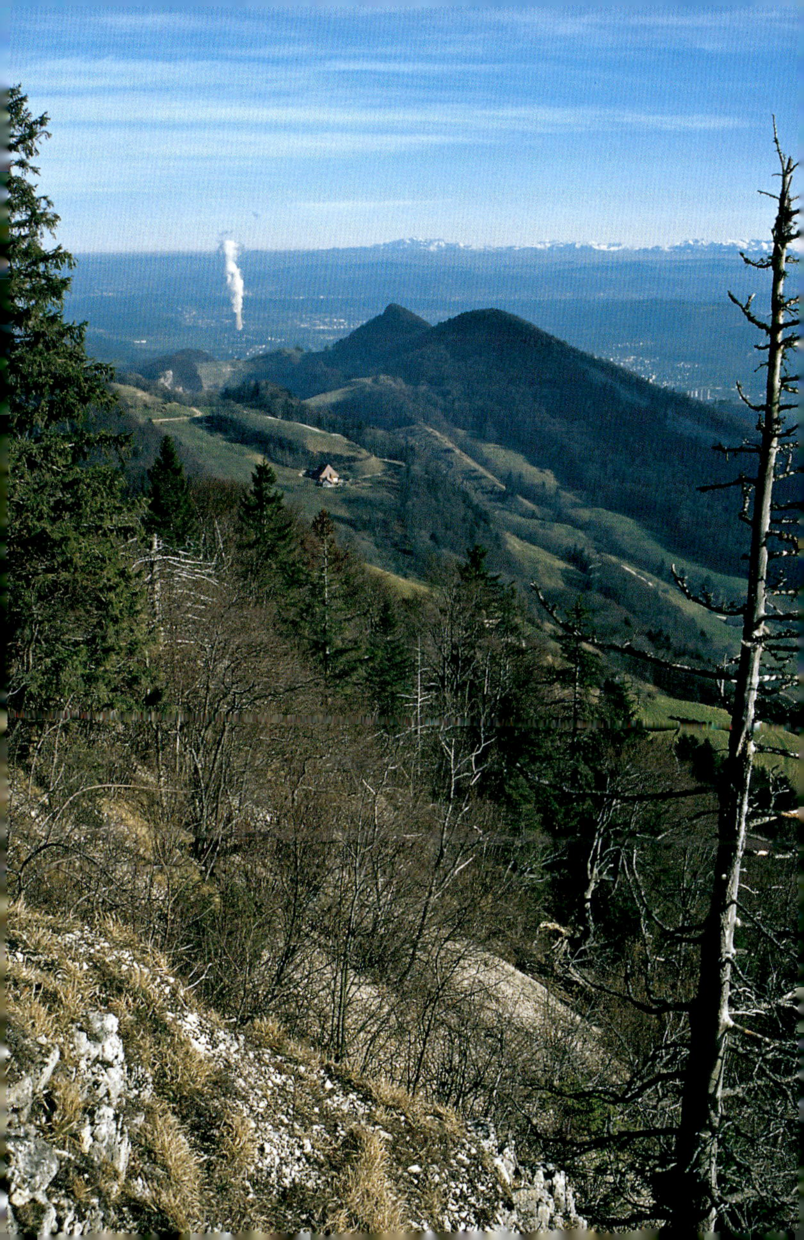

12 Balsthal – Weissenstein

7.15 Std.

Lange Gratwanderung auf den Hausberg von Solothurn

Schroff erhebt sich der Weissenstein im Hintergrund von Solothurn, er dominiert die Kulisse der Stadt und gilt damit sicher zu Recht als Solothurns Hausberg. Der Berg besteht aus weißlich gefärbtem Kalk aus der Zeit des Oberen Malm, was den Namen »Weissenstein« erklärt. Schon von weitem gut sichtbar ist das große Kurhaus, das etwas westlich des Röti, dem höchsten Punkt des Weissensteins, erbaut wurde. Die Geschichte des Kurhauses geht zurück ins 19. Jh., als das touristische Interesse an den Bergen erwachte. Mit dem Aufkommen der ersten Bergwanderer bot eine Sennerei auf dem Weissenstein Molkekuren an. Molke ist ein Nebenprodukt aus der Käseherstellung. Weil der Stallgeruch als besonders gesund galt, lagen die Gästezimmer

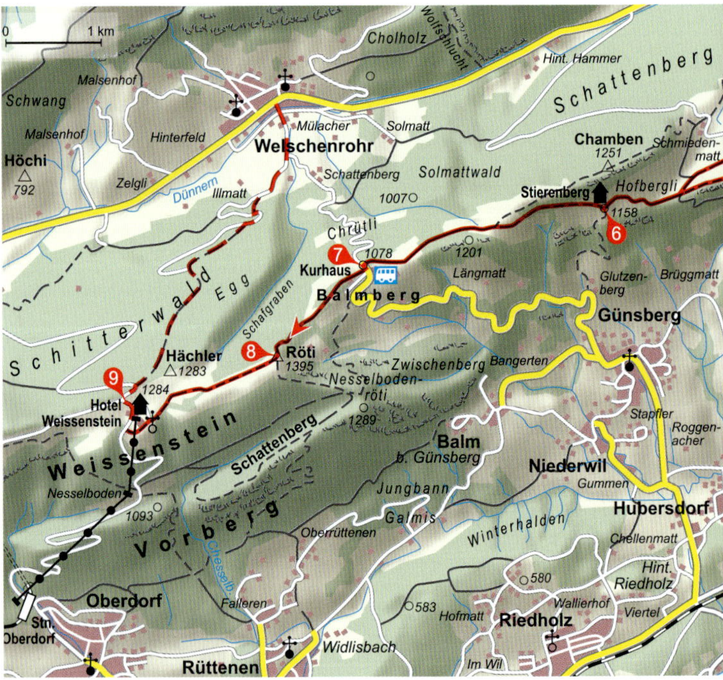

über dem Kuhstall. 1828 entstand dann ein erstes Gasthaus, das in mehreren Etappen zum heutigen Kurhaus ausgebaut wurde. Ganz in der Nähe gibt es einen botanischen Garten, in dem typische Jurapflanzen zu sehen sind.

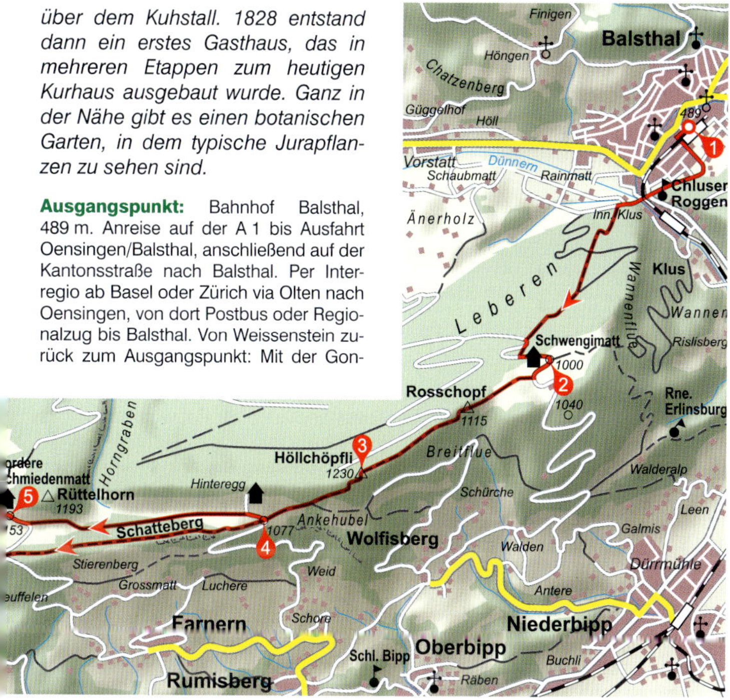

delbahn (seilbahn-weissenstein.ch) hinab zum Bahnhof Oberdorf. Von dort mit dem Regionalzug nach Gänsbrunnen und weiter per Postbus nach Balsthal.

Ausgangspunkt: Bahnhof Balsthal, 489 m. Anreise auf der A 1 bis Ausfahrt Oensingen/Balsthal, anschließend auf der Kantonsstraße nach Balsthal. Per Interregio ab Basel oder Zürich via Olten nach Oensingen, von dort Postbus oder Regionalzug bis Balsthal. Von Weissenstein zurück zum Ausgangspunkt: Mit der Gondelbahn (seilbahn-weissenstein.ch) hinab zum Bahnhof Oberdorf. Von dort mit dem Regionalzug nach Gänsbrunnen und weiter per Postbus nach Balsthal.

Höhenunterschied: 1350 m im Aufstieg, 560 m im Abstieg.

Anforderungen: Lange Wanderung auf schmalen Graten und breiten Wegen.

Einkehr: Restaurants in Balsthal. Unterwegs die Restaurants Schwengimatt (✆ +41 62 391 11 49), Hinteregg (✆ +41 32 636 32 72, hinteregg-rumisberg.ch; etwas abseits des Weges), Vordere Schmiedenmatt (✆ +41 32 636 27 04, vordere-schmiedenmatt.ch), Stierenberg (✆ +41 32 637 25 17) und das Hotel Weissenstein (✆ +41 32 530 17 17, hotelweissenstein.ch).

Variante: Abstieg vom Weissenstein in Richtung Norden nach Welschenrohr (1 Std.). Von dort Rückkehr nach Balsthal mit dem Postbus.

Karte: WK 1:50.000, Blatt 223T, Delémont.

Vom Bahnhof **Balsthal (1)** überschreiten wir die Gleise und wandern durch ein Wohnhausviertel hinüber zum Fuß des Chluser Roggen, dem wir dann nach Westen bis zur Klus folgen, wo wir Straße und Bahnlinie queren. Weiter

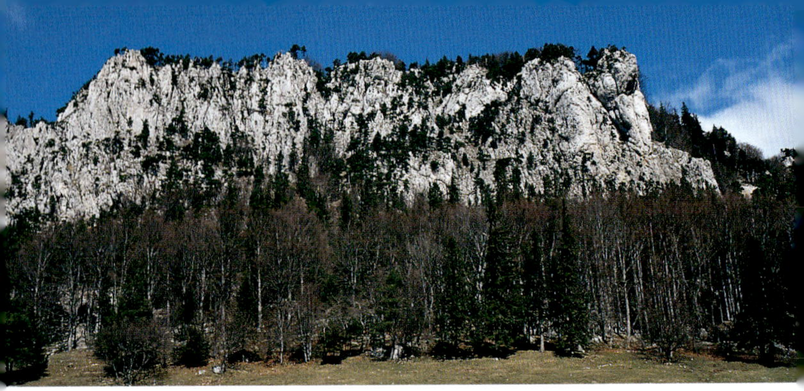

Mächtige Wände aus Kalkstein – das Gestein, aus dem der Jura hauptsächlich besteht – prägen den Westgrat des Höllchöpfli.

auf geteertem Sträßchen, bis ein zunächst unmarkierter Fußweg nach links abzweigt und der steile Anstieg in vielen Kehren beginnt, der uns die bewaldete Flanke des Leberen auf die Alp von **Schwengimatt (2)** hinaufbringt. Am Restaurant vorbei verlassen wir bald den Fahrweg, der die Schwengimatt mit dem Tal verbindet, und wandern auf einem Pfad zum Rosschopf, 1115 m, wo die schmale Grattour hinüber zum **Höllchöpfli (3)**, 1230 m, beginnt. Hier oben befindet sich auch eine eingezäunte Anlage, die militärischen Zwecken dient.
Ein steiler Abstieg bringt uns hinab auf die Weide von **Hinderegg (4)**, einer langen Talmulde, die zwischen zwei Hügelzügen eingebettet liegt (das Restaurant Hinteregg liegt ca. 400 m nördlich). Eine bald folgende Verzweigung erlaubt die Wahl zwischen der spannenderen, aber langsameren und strengeren Variante über den Grat des **Schattebergs** und der gemütlicheren Wanderung auf (zumeist ungeteerten) Fahrwegen über die **Schmidenmatt (5)**. Nach dem Restaurant Vordere Schmidenmatt führt der Weg über eine Weide sanft aufwärts auf den Grat des auslaufenden Schattebergs, wo sich die zwei Alternativen vereinigen. Rund eine Viertelstunde später stehen wir vor der nächsten Einkehrmöglichkeit, dem **Restaurant Stierenberg (6)**. Eine

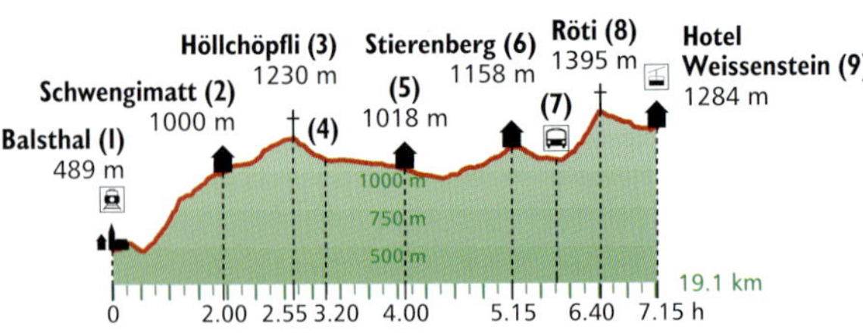

schöne Traverse der steilen Matten zu Füßen des Chamben folgt, dessen felsiger Gipfel sich über unseren Köpfen erhebt. Der Pfad mündet auf dem Bergkamm in eine Forststraße und bald gelangen wir zum **Balmberg (7)**, von wo aus eine Postautoverbindung mit Solothurn besteht.

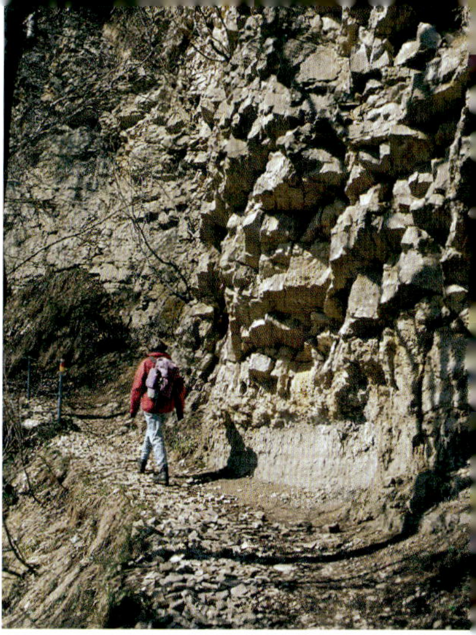

Stellenweise musste der Jurahöhenweg auch in den Fels gemeißelt werden.

Der offizielle Jurahöhenweg wählt ab Balmberg die einfachere Route durch den steilen Schafgraben, um zum Kurhaus Weissenstein zu gelangen. Interessanter ist die Variante über den Röti: Hierfür wandern wir ein kurzes Stück auf der Straße, die den Balmberg überquert, nach links und verlassen das Teerband wenig danach, um über die steile Geländerippe auf den **Röti (8),** 1395 m, zu steigen. Die Aussicht von hier oben ist grandios, weshalb der Röti einst sogar Herrgottskanzel genannt wurde. Selbstverständlich ist auch das **Hotel Weissenstein (9)**, unser Ziel, gut sichtbar, das wir ab Röti in weniger als einer halben Stunde erreichen.

Hochlandrinder fühlen sich auch im Schweizer Jura wohl, nicht nur in Schottland.

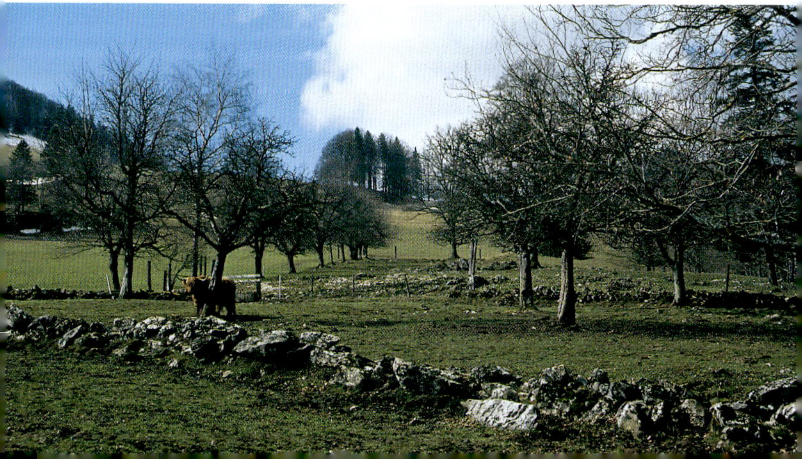

13 Balsthal – Passwang – Reigoldswil

7.00 Std.

Streckenwanderung über einen der schönsten Aussichtspunkte des Jura

Der Passwang ist ein Ausflugsziel ersten Ranges im Gebiet des oberen Hauensteins. Bei günstiger Witterung reicht die Sicht über das gesamte schweizerische Mittelland, den Alpenkamm von den bayerischen bis zu den Savoyer Alpen, sowie über die Vogesen und den Schwarzwald. Früher war der Passwang ein häufig begangener Verbindungsweg zwischen Balsthal und der Region Basel.

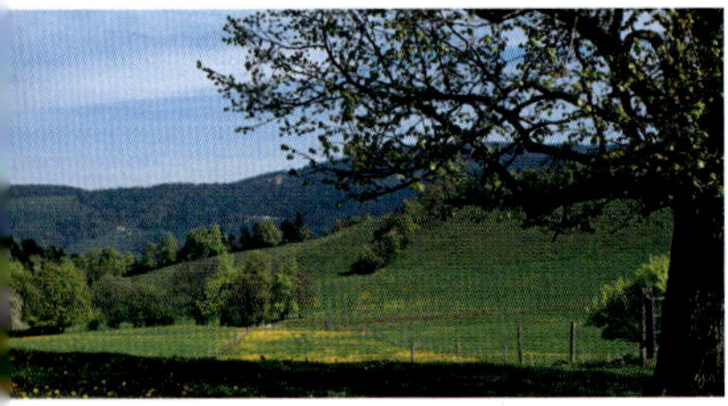

Blumenwiese am Weg zum Passwang.

Ausgangspunkt: Bhf. Balsthal, 489 m; Anreise siehe Tour 12. Rückkehr von Reigoldswil zum Ausgangspunkt: per Bus nach Liestal, weiter per Bahn via Olten bis Oensingen, von dort Postbus oder Regionalzug nach Balsthal.
Höhenunterschied: 1050 m.
Anforderungen: Einfache, mit rund 18 km jedoch relativ lange Wanderung auf guten, durchwegs markierten Wegen.
Einkehr: Balsthal und Reigoldswil. Unterwegs die Restaurants Bremgarten (✆ +41 62 391 32 78, bergwirtschaft-bremgarten.ch), Alpenblick (✆ +41 62 391 33 13, alpenblick-passwang.ch) und Vogelberg (✆ +41 61 941 10 84, bergrestaurant-vogelberg.ch).
Variante: Um die Wanderung abzukürzen, ab Balsthal per Bus nach Ramiswil, Haltestelle Post.
Karte: WK 1:50.000, Blatt 223T, Delémont.

Unsere Wanderung beginnt beim Bahnhof von **Balsthal (1)**. Wir folgen den gelben Wegweisern in Richtung Bremgarten, die uns über die Hauptstraße und anschließend durch ein Viertel mit Einfamilienhäusern an den nordwestlichen Dorfrand führen. Auf breitem Fahrweg wandern wir die Flanke des bewaldeten Hügels hinauf und erreichen schließlich ein geteertes Sträßchen, das wir queren, um einen schmalen Fußweg aufzunehmen, der uns den Sunnenberg hinaufführt. Bald gelangen wir zu einer Verzweigung, welche uns die Wahl zwischen zwei Wegen mit Ziel Bremgarten lässt. Wir nehmen den rechten Arm, der uns an den Waldrand bringt, wo wir freie Sicht auf Balsthal und die weitere Umgebung genießen. Der Hof von **Bremgarten (2)** ist nach rund 1.45 Std.

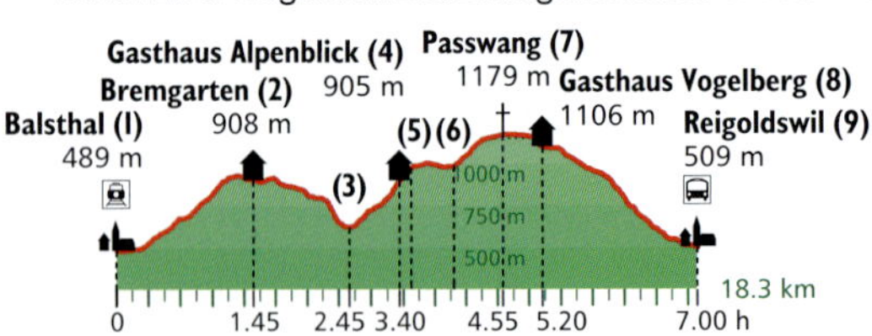

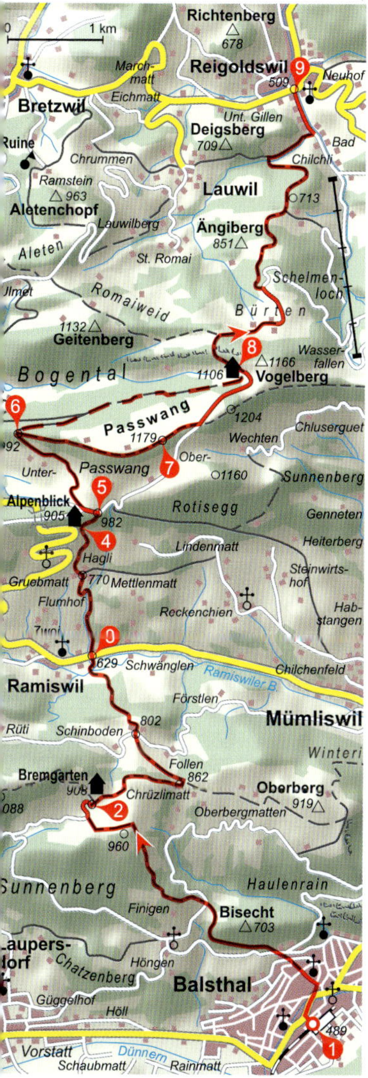

erreicht. Wir passieren den Hof auf dessen Talseite und wandern eine schmale Gasse zwischen zwei Zäunen abwärts auf den Grund einer Senke. Dort wenden wir uns nach links und steigen den Hang hinauf bis zu einem Wegweiser, der uns um einen Hügel zur nächsten Verzweigung leitet. Hier gehen wir nach links und folgen den Wegmarkierungen nach **Ramiswil (3)**. Wir queren die Hauptstraße und wandern einen Weg hinauf, der an 14 Kreuzen vorbeiführt, auf denen die letzten Stationen im Leben von Jesus festgehalten sind. Das 14. Kreuz steht in einer Grotte (Grotte von Lourdes). Nun folgt ein steiler Aufstieg über Weiden zum schon von weitem sichtbaren **Gasthaus Alpenblick (4)**, das direkt an der Passwangstraße steht. Bei der großen Antenne gleich neben dem Parkplatz des Gasthauses steigen wir eine sehr steile Treppe hinauf und erreichen so den **Punkt 982 (5)** am Fuße des steilen Rückens des Passwangs, den wir nun vor uns sehen. Wir gehen nach links zu einem Gatter und dort nach rechts. Der breite Weg bringt uns auf den **Kamm des Passwangs (6)**. Bei der nächsten Verzweigung haben wir die Wahl, auf direktem Wege oder über den höchsten Punkt des **Passwangs (7)** zum **Gasthaus Vogelberg (8)** zu wandern.

Hier bleiben wir auf dem mit der Routennummer 470 markierten Wasserfallen-Rundweg bis zur nächsten Verzweigung. Von dort weisen uns Wegschilder entweder auf direktem Weg oder über Wasserfallen (Gondelbahn, region-wasserfallen.ch) nach **Reigoldswil (9)**.

TOP 14

Welschenrohr – Balsthal

6.00 Std.

Aussichtsreiche Höhenwanderung mit vielen Einkehrmöglichkeiten

Welschenrohr und Balsthal liegen in einem Tal, das durch eine enge Klus mit dem Mittelland verbunden ist. Die Klus ist ein wenig attraktives Industriegebiet, das durch die Fabriken des ehemaligen Stahlkonzerns Von Roll landesweit bekannt geworden ist. Die übrige Talschaft ist jedoch weitgehend der Landwirtschaft überlassen und ist heute ein Naturpark (naturparkthal.ch). Balsthal hat als Ort viel von der Industrie profitiert und gleichzeitig sein hübsches Dorfbild bewahren können. Der kleine Dorfkern mit den behäbigen Bürgerhäusern und Gaststätten zeugt von altem Wohlstand, den Balsthal seiner Lage am Fuße des Passwangs zu verdanken hatte. Der Ort war auch von strategischer Bedeutung, wie die zwei Burgen Alt und Neu Falkenstein bei Balsthal und über der Klus beweisen. Die Burgen hatten eine wechselvolle Geschichte und beschieden ihren Besitzern im Spätmittelalter trotz der Lage keinen Wohlstand mehr. Der letzte Herr von Neu Falkenstein, Junker Henmann von Bechburg, versuchte sich gar als Raubritter. Ein erfolgreicher, aber dreister Raubzug auf einen Warentransport mit Ziel Basel führte zu einem Vergeltungsschlag und zur völligen Verarmung des Ritters. Die Burg wurde 1798 angezündet und ist seither eine Ruine – ein romantischer, wundervoll gelegener Zeuge aus längst vergangener Zeit.

Eine uralte Kulturlandschaft: die von der Landwirtschaft geprägten Höhenzüge des Solothurner Jura. Hof unterhalb von Chli Brunnersberg.

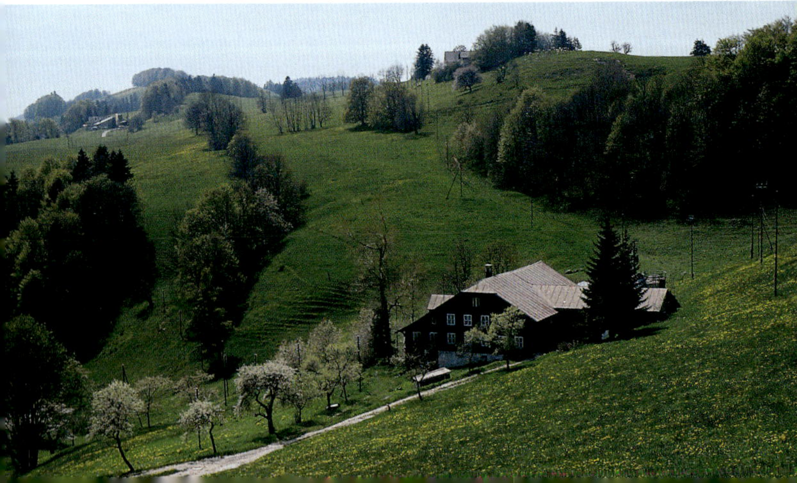

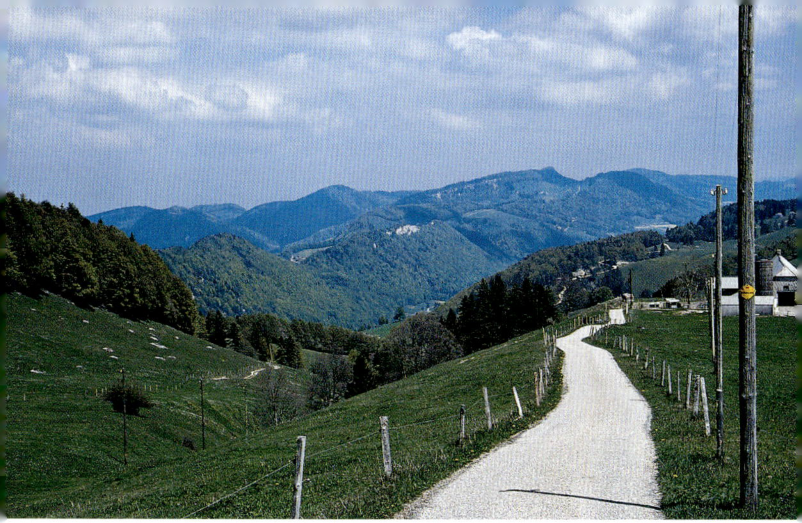

Der Passwang dominiert das Panorama zwischen Güggel und Brunnersberg.

Ausgangspunkt: Welschenrohr, Haltestelle Wolfsschlucht, 600 m. Anreise mit Pkw oder Bahn wie bei Tour 12 nach Balsthal. Von dort fährt man am besten mit dem Postbus bis zur Haltestelle Wolfsschlucht kurz vor Welschenrohr.
Höhenunterschied: 690 m im Aufstieg, 800 m im Abstieg.
Anforderungen: Gute, markierte Wege. Ein Zwischenstück von ca. 5 km Länge leider auf Hartbelag.

Einkehr: In Balsthal und Welschenrohr. Unterwegs die Bergrestaurants Obere Tannmatt (✆ +41 62 394 12 21), Güggel (✆ +41 62 394 11 73, bergwirtschaft-gueggel.ch), Alpenblick auf Brunnersberg (✆ +41 62 394 11 78, alpenblick-brunnersberg.com), Matzendorfer Stierenberg (✆ +41 62 394 12 49, matzendoerferstierenberg.ch) und Bremgarten (✆ +41 62 391 32 78, bergwirtschaft-bremgarten.ch).
Karte: WK 1:50.000, Blatt 223T, Delémont.

Von der Haltestelle **Wolfsschlucht (1)** gehen wir ein Stück zurück und starten beim Wegweiser unsere Wanderung, die mit dem Aufstieg durch die enge Wolfsschlucht beginnt. Über uns ragen hohe Felswände auf, zwischen

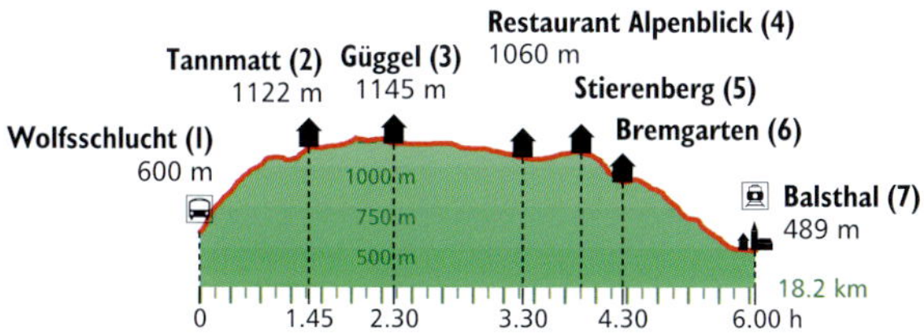

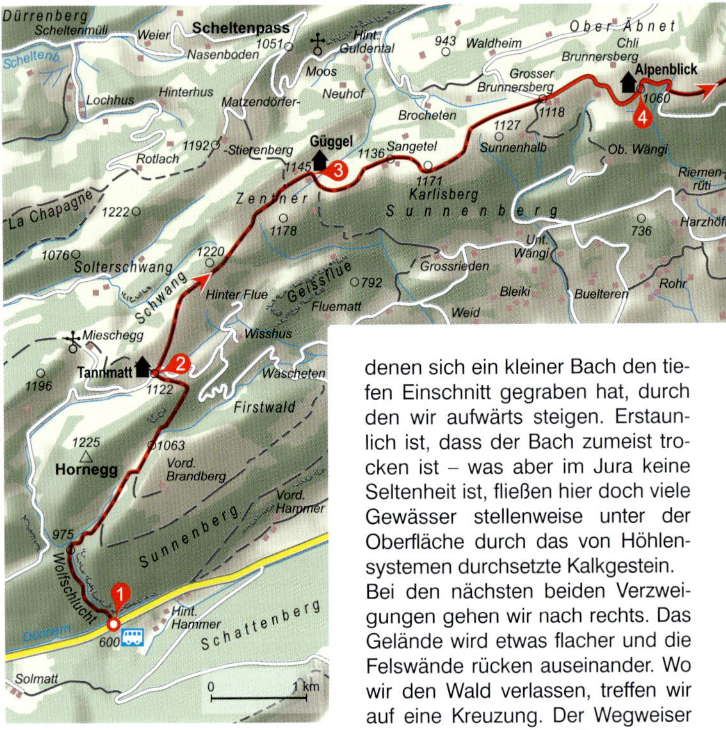

denen sich ein kleiner Bach den tiefen Einschnitt gegraben hat, durch den wir aufwärts steigen. Erstaunlich ist, dass der Bach zumeist trocken ist – was aber im Jura keine Seltenheit ist, fließen hier doch viele Gewässer stellenweise unter der Oberfläche durch das von Höhlensystemen durchsetzte Kalkgestein.
Bei den nächsten beiden Verzweigungen gehen wir nach rechts. Das Gelände wird etwas flacher und die Felswände rücken auseinander. Wo wir den Wald verlassen, treffen wir auf eine Kreuzung. Der Wegweiser geradeaus zeigt nach Tannmatt, zu unserem ersten Zwischenziel. Über Weiden, auf denen – typisch für den Jura – große Einzelbäume wachsen, erreichen wir einen Sattel. Anschließend traversieren wir die linke Flanke eines Kammes, den wir übersteigen und so das muldenförmige, breite Tal erreichen, wo die **Tannmatt (2)**, 1122 m, liegt.
Wir queren ein Sträßchen und folgen dann dem Schotterweg, der zu einem einsamen Stall führt. Rechts von uns liegt eine Weide, die bei geeigneten Wetterverhältnissen als Startplatz für Drachen- und Gleitschirmflieger dient. Am Stall vorbei gelangen wir zum Kamm des vor uns liegenden Bergrückens, zweigen aber nach rechts ab, bevor die Schotterstraße ins benachbarte Seehoftal abtaucht. Nun wandern wir über eine Wiese, auf der im Frühling viele Blumen wie Schlüsselblumen, Enzian und Knabenkraut blühen. Der angenehme Weg führt uns auf eine Ebene mit dem Namen Zentner, an einem Hof vorbei und gleich danach auf ein Sträßchen, dem wir nach rechts folgen. Die

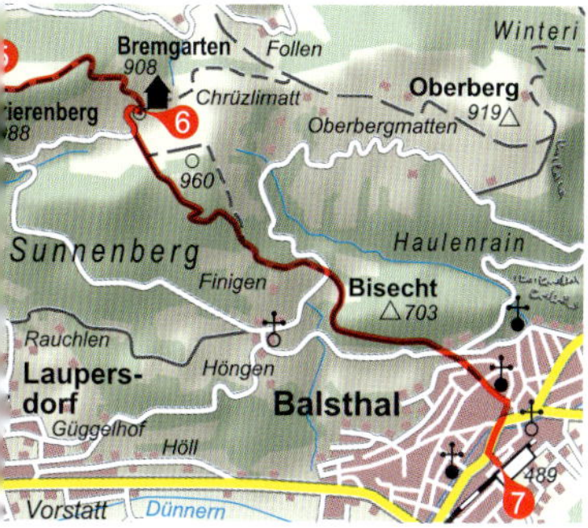

Bergwirtschaft **Güggel (3)**, 1145 m, was Hahn bedeutet, ist von hier nicht mehr weit entfernt.
Nach dem Gasthof Güggel wandern wir weiter auf der Straße, bis der Wanderweg nach rechts einen Bogen macht, über Wiesen zum vor uns liegenden Hügel klettert, dann aber zum Teerband zurückkehrt. Wenig später, nach einem weiteren Bauernhof, wiederholt sich dieser seltsame Wegverlauf. Man kann auch auf der Straße bleiben, doch sind die beiden Umwege durchaus willkommen, um vom ermüdenden Hartbelag wegzukommen. Kurz vor dem Gehöft **Grosser Brunnersberg** betreten wir das Sträßchen erneut und bleiben ihm nun für die nächsten 4,5 km treu. Die Aussicht zu den Alpen im Süden und zum Häusermeer des Großraums Basel im Norden ist auf diesem Wegabschnitt ungehindert und sehr lohnend. Etwa 300 m nach dem **Restaurant Alpenblick (4)** zweigen wir nach links ab und wandern auf dem Zufahrtsweg zum Hof **Stierenberg (5)**, ebenfalls mit Einkehrmöglichkeit.
Nun über Wiesen und durch den Wald, immer auf dem Kamm des Laupersdörfer Stierenbergs, 1088 m, bis zum Hof **Bremgarten (6)**, der fünften und letzten Möglichkeit, auf dieser Wanderung ein Gasthaus zu besuchen. Vor dem Hof steht ein Wegweiser: Nach rechts und nach links weisen die Schilder nach Balsthal. Wir gehen nach rechts, auf der Schotterstraße um das Hirschzuchtgehege und bei der nächsten Verzweigung geradeaus. Durch Wald und über Wiesen gelangen wir hinunter nach **Balsthal (7)** und damit ans Ziel der Tour.

Eng rücken die Wände der Wolfsschlucht zusammen.

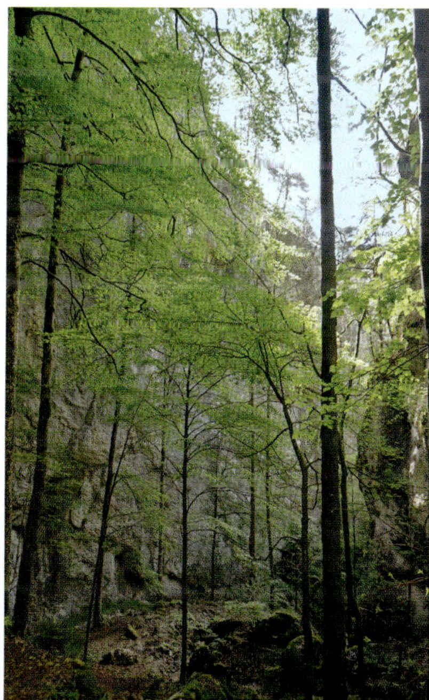

15 Weissenstein mit Röti, 1395 m

6.45 Std.

Aus dem Zentrum von Solothurn direkt auf dessen Hausberg

Der Weissenstein gehört zu Solothurn wie das Matterhorn zu Zermatt. So liegt es nahe, die Wanderung auf den Weissenstein im Zentrum des sehr sehenswerten Solothurns zu beginnen. Die an architektonischen Schönheiten reiche Stadt hat ein sehr gut erhaltenes, aus der Barockzeit stammendes Ortsbild.

Ausgangspunkt: Bahnhof von Solothurn, 432 m. Direkte Züge ab Olten, Zürich und Biel. Mit dem Auto auf der A 1 bis Ausfahrt Solothurn.
Rückkehr von Oberdorf nach Solothurn mit direkten Regionalzügen.
Höhenunterschied: 1060 m im Aufstieg, 830 m im Abstieg.
Anforderungen: Mittelschwere Gebirgstour mit steilen Auf- und Abstiegspassagen. Bis zum Weiler Falleren meist auf Hartbelag.
Einkehr: Restaurants in Solothurn und in Rüttenen. Hotel Weissenstein (✆ +41 32 530 17 17, hotelweissenstein.ch), Restaurant Hinter Weissenstein (✆ +41 32 639 13 07, hinterweissenstein.ch).
Variante: Mit der Gondelbahn (seilbahn-weissenstein.ch) hinab zur Station Oberdorf.
Karten: WK 1:50.000, Blatt 233T, Solothurn und Blatt 223T, Delémont.

Vom Bahnhof in **Solothurn (1)** gehen wir durch die Rötistrasse und über die Rötibrücke auf die Nordseite der Aare und genießen dabei den Blick auf die malerischen Häuser der Altstadt, deren behäbige Fassaden den Fluss säumen. Es folgt ein Abschnitt von knapp 2 km durch die Viertel von Solothurn, bis wir im Ortsteil St. Niklaus von den Wegweisern in die Verenaschlucht geleitet werden. Durch das kleine Tal gelangen wir zur **Einsiedelei (2)** und anschließend nach **Rüttenen (3)**. Im Dorf führt der Weg ein gutes Stück (ca. 1 km) an der Hauptstraße entlang (Gehsteig) zum Weiler **Falleren (4)**, wo wir das Teerband verlassen. Nun geht es eine sanft ansteigende Forststraße aufwärts durch den Leewald, bis wir auf einen Fußweg geleitet werden, der zusehends an Steilheit gewinnt. Um nach Nesselboden zu gelangen, müssen wir den schroff nach Süden abfallenden Vorberg überwinden. Im Zickzack klettert der Pfad am Rand der felsigen Klamm empor, die der Chesselbach in den weißen Kalkstein gefressen hat. Nach diesem schweißtreibenden Aufstieg wandern wir durch ein zwischen Vorberg und Weissenstein eingebettetes Tälchen nach **Nesselboden (5)**, der Zwischenstation der stillgelegten

Die Martinskapelle in der Verenaschlucht.

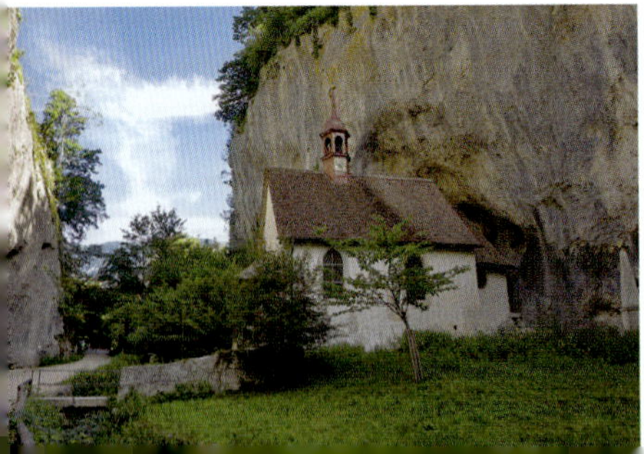

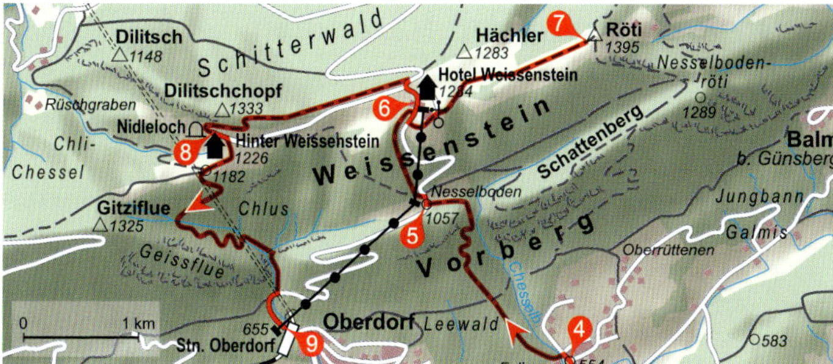

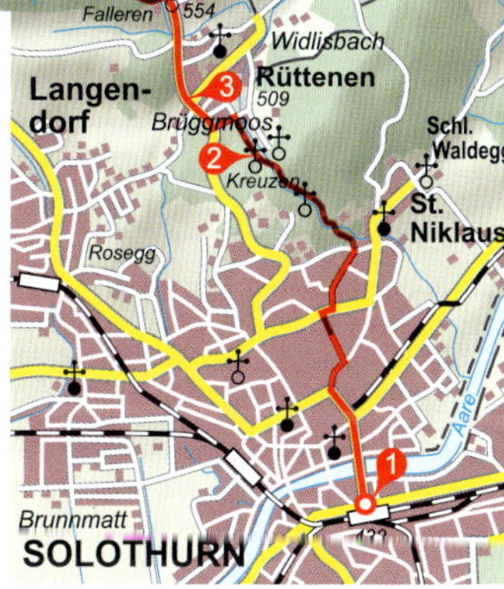

Sesselbahn Oberdorf – Weissenstein. Der Fußweg führt von hier einen Geländegraben hinauf und endet beim **Hotel Weissenstein (6)**, das man schon von Solothurn aus gut sehen konnte. Der Abstecher zum **Röti (7)**, 1395 m, dem höchsten Punkt des Weissensteins, dauert etwa 1 Std. Nach der Rückkehr zum **Hotel Weissenstein (6)** wandern wir auf dem mit der Routennummer 5 markierten Jurahöhenweg auf einem Fahrweg zum Hinter Weissenstein. Hier in der Nähe liegt der Eingang zum Nidleloch, einem der größten Höhlensysteme der Schweiz. Kurz vor Erreichen des Restaurants **Hinter Weissenstein (8)** zweigt ein Sträßchen nach links ab und führt zu einem Gehöft, wo der Fußweg hinab zur **Station Oberdorf (9)** beginnt. In der Nähe dieser Bahnhaltestelle, wo sich auch die Talstation der Gondelbahn befindet, lassen sich die versteinerten Spuren einer Herde Brachiosaurier bewundern, die vor 145 Millionen Jahren durch diese Gegend gewandert sind. Die bis zu 50 Tonnen schweren Tiere bewegten sich damals am Strand des Jurameers, das sich zu jener Zeit an dieser Stelle ausgedehnt hat.

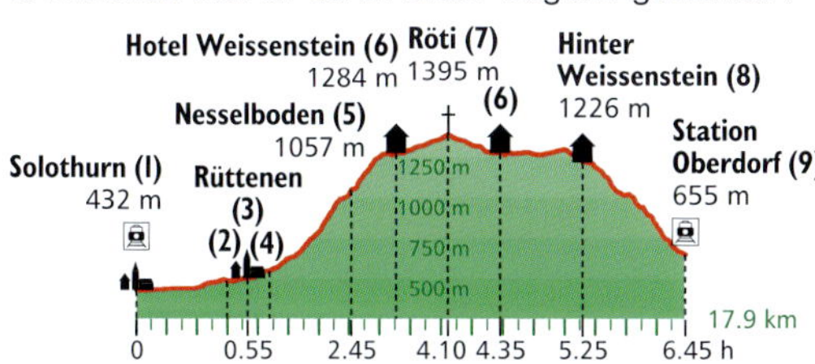

TOP **16**

Grenchenberg und Hasenmatt, 1445 m

7.15 Std.

In luftigen Höhen von Wirtschaft zu Wirtschaft mit großartigen Tiefblicken entlang des Felsabgrundes

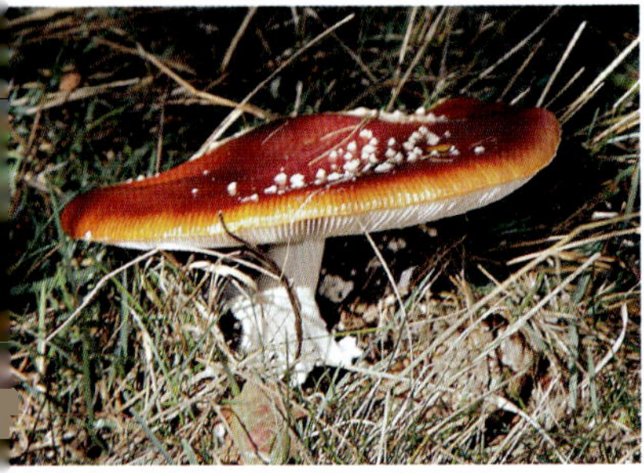

Der Grenchenberg ist eine westlich des Weissensteins gelegene Hochebene, welche abrupt und schroff nach Süden hin abfällt. Aus der Stadt Grenchen betrachtet wirkt der Felskragen dieses Abbruchs fast unüberwindbar, tatsächlich aber führen verschiedene gut begehbare Wege, wie dieser hier vorgestellte, auf dieses recht aussichtsreiche Hochplateau.

Giftig, aber schön: ein Fliegenpilz.

Ausgangspunkt: Bahnhof Grenchen Süd, 440 m. Anreise auf der A 5, Ausfahrt Grenchen. Mit der Bahn ab Basel oder Zürich via Olten nach Grenchen Süd. Rückkehr von Weissenstein nach Grenchen: Mit der Gondelbahn (seilbahn-weissenstein.ch) hinab zum Bahnhof Oberdorf. Von dort Regionalzug nach Solothurn, dort umsteigen nach Grenchen.
Höhenunterschied: 1390 m im Aufstieg, 540 m im Abstieg.
Anforderungen: Steiler Aufstieg, aber auf guten Wegen. Vorsicht an den Felsabgründen.

Einkehr: In Grenchen. Unterwegs die Restaurants Stierenberg (✆ +41 32 652 16 44, restaurant-stierenberg.ch), Untergrenchenberg (✆+41 32 652 16 43, untergrenchenberg.ch), Obergrenchenberg (✆ +41 32 652 16 42, erlebnisgrenchenberg.ch), Hinter Weissenstein (✆ +41 32 639 13 07, hinterweissenstein.ch), Hotel Weissenstein (✆ +41 32 530 17 17, hotelweissenstein.ch).
Variante: Abstieg ab Hinter Weissenstein nach Oberdorf (ca. 1 Std.).
Karten: WK 1:50.000, Blatt 233T, Solothurn, und Blatt 223T, Delémont.

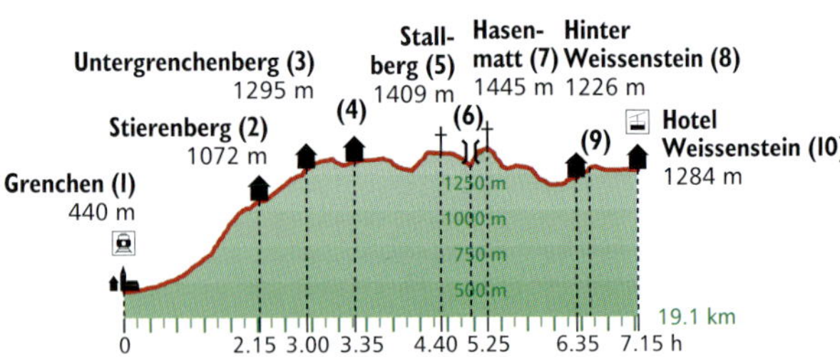

Schroffe Kalksteinwände bilden die Südflanke des Grenchenbergs.

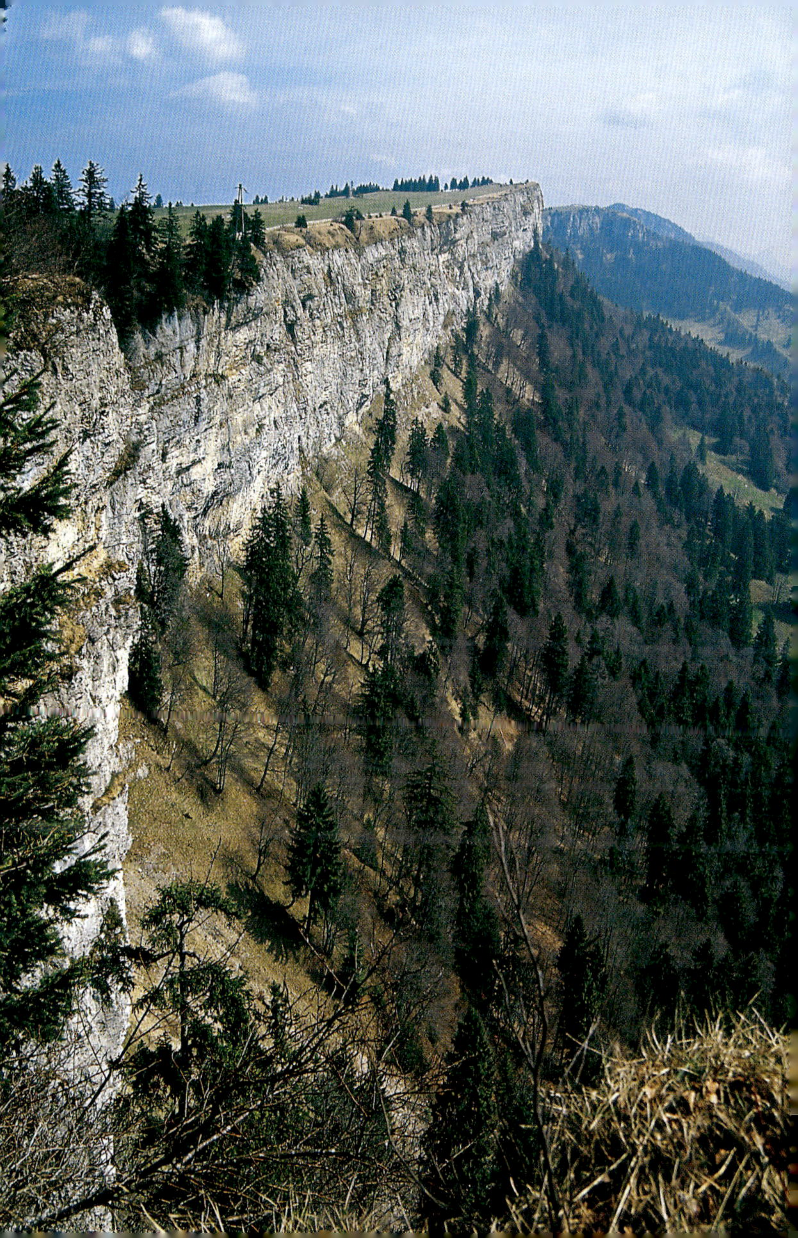

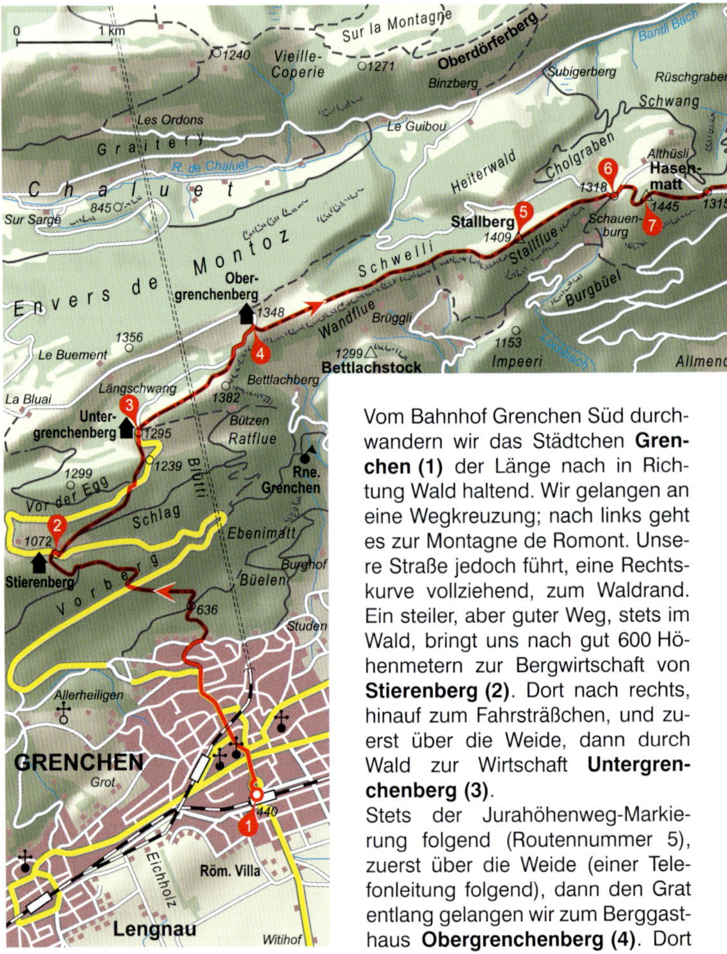

Vom Bahnhof Grenchen Süd durchwandern wir das Städtchen **Grenchen (1)** der Länge nach in Richtung Wald haltend. Wir gelangen an eine Wegkreuzung; nach links geht es zur Montagne de Romont. Unsere Straße jedoch führt, eine Rechtskurve vollziehend, zum Waldrand. Ein steiler, aber guter Weg, stets im Wald, bringt uns nach gut 600 Höhenmetern zur Bergwirtschaft von **Stierenberg (2)**. Dort nach rechts, hinauf zum Fahrsträßchen, und zuerst über die Weide, dann durch Wald zur Wirtschaft **Untergrenchenberg (3)**.

Stets der Jurahöhenweg-Markierung folgend (Routennummer 5), zuerst über die Weide (einer Telefonleitung folgend), dann den Grat entlang gelangen wir zum Berggasthaus **Obergrenchenberg (4)**. Dort geht es ein kurzes Stück über die Weide bis zum bewaldeten Grat der Wandflue; dann folgen über 1,5 km Weideland, wobei wir uns aber immer hart am Rand des Abgrundes der Stallflue halten. Welch eine prächtige Aussicht ins Mittelland, in die Alpen und den Berner Jura! Ein kurzer Abstieg vom **Stallberg (5)** bringt uns auf den Sattel

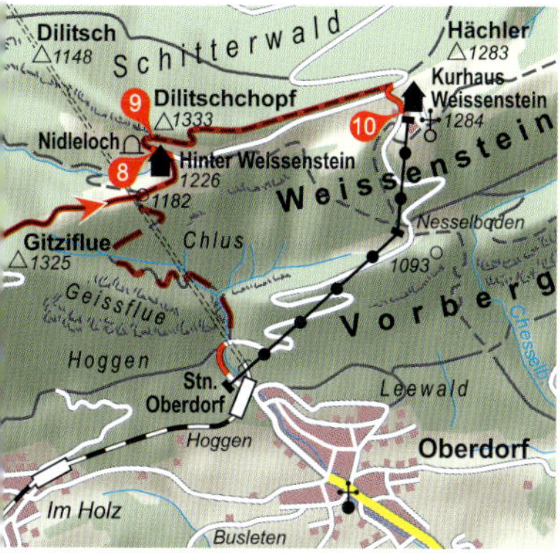

Müren (6), dann steigen wir ein kurzes, steiniges und steiles Stück zur **Hasenmatt (7)**, 1445 m, hinauf und wir befinden uns auf der höchsten Erhebung im Solothurner Jura! Eine einmalige Rundsicht bietet sich hier! Anschließend gehen wir den Hang hinunter auf den Wald zu. Wir folgen weiterhin der Jurahöhenweg-Markierung, zuerst durch Wald, dann über eine Weide auf den Fahrweg zur Wirtschaft **Hinter Weissenstein (8)**. Hier befindet sich der Einstieg zum bekannten Nidleloch, eine über 1,5 km lange Höhle! Das Kur- und Seminarhaus Weissenstein ist bereits zu sehen, doch gilt es noch ein kurzes Stück unter die Füße zu nehmen! Der direkte Weg nach Weissenstein führt der asphaltierten Fahrstraße entlang, wir wählen den unmarkierten Weg über den **Dilitschchopf (9)**, die letzte Steigung auf unserer Tour, um bequemen Fußes das **Hotel Weissenstein (10)** zu erreichen. Bei klarem Wetter lässt sich hier die Sicht auf die Alpenkette und bis zum Mont Blanc genießen!

Alpine Pflanzen wie die Silberdistel gehören zur vielfältigen Flora des Jura.

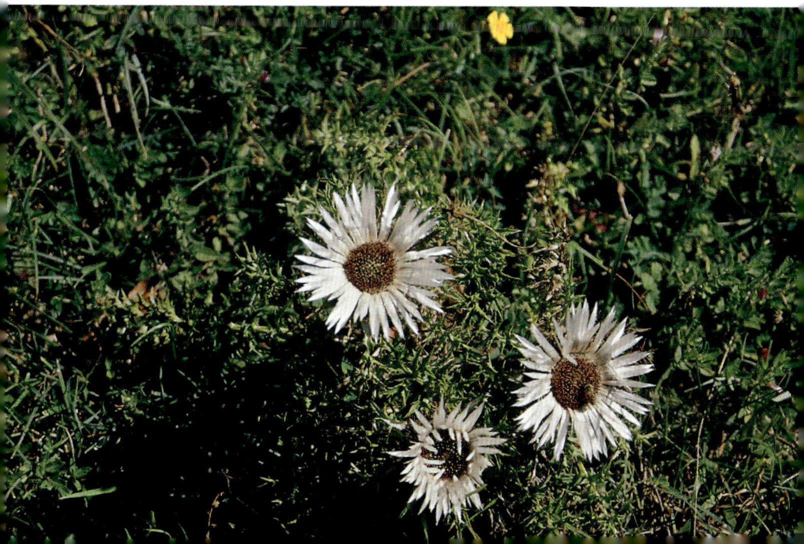

17 Hohe Winde, 1204 m

4.45 Std.

Aussichtsberg im solothurnischen Schwarzbubenland

Idyllisch liegt das Kloster Beinwil zu Füßen der Hohen Winde im malerischen Lüsseltal im solothurnischen Schwarzbubenland. Um das Jahr 1100 als Benediktinerabtei gegründet, wurde Beinwil im Spätmittelalter zeitweise als sogenanntes Doppelkloster betrieben. Das bedeutete, dass Männer und Frauen am selben Ort und unter einem gemeinsamen Oberen in geistlicher Gemeinschaft lebten. 1648 verlegte der damalige Abt das Benediktinerkloster von Beinwil nach Mariastein. In der Anlage von Beinwil lebt heute eine kleine Zahl von katholischen und evangelischen Christen. Das Kloster nennt sich »Haus der Stille und der ökumenischen Begegnung« – durchaus eine neue Art von Doppelkloster also, wenn auch in einem anderen Sinne als vor 800 Jahren.

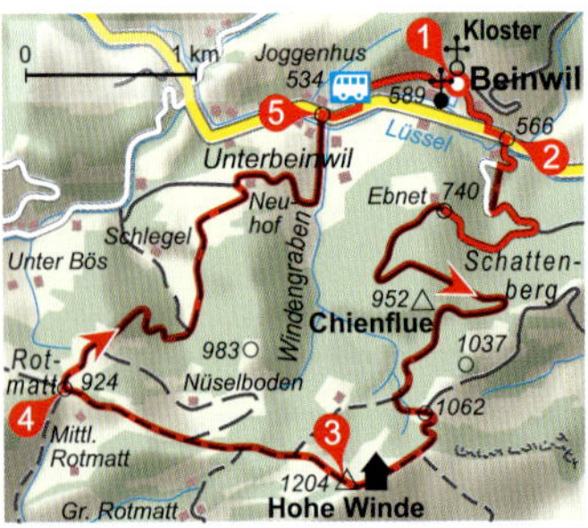

Ausgangspunkt: Kloster Beinwil (SO), 589 m. Anfahrt mit dem Postauto ab Laufen/Zwingen oder vom Passwang bis Beinwil, Haltestelle Abzweigung Kloster. Mit dem Pkw auf der Kantonsstraße ab Breitenbach via Erschwil oder vom Passwang bis Beinwil. Die Abzweigung zum Kloster ist ausgeschildert. Parkmöglichkeiten beim Mehrzweckgebäude oder etwas weiter kurz vor den Klostergebäuden.
Höhenunterschied: 750 m.
Anforderungen: Zunächst breite Forststraßen, dann steiler, schmaler Weg. Abstieg auf guten Wegen, zum Schluss Hartbelag.
Einkehr: Zeitweise bewartete Hütte auf der Hohen Winde (skihuette-hohewinde.ch).
Karte: WK 1:50.000, Blatt 223T, Delémont.

Vom **Kloster Beinwil (1)** gehen wir die Straße am Mehrzweckgebäude vorbei hinab zur Hauptstraße, der wir nach links bis zu einer **Brücke (2)** folgen, über die wir die Straße nach rechts verlassen. Hier beginnt ein Fahrweg, den wir benutzen. Nach einer scharfen Rechtskurve haben wir Gelegenheit, auf einem schmalen Trampelpfad abzukürzen. Der Pfad mündet wenig später wieder in die Forststraße, der wir uns wieder anvertrauen. Wir treffen auf verschiedene Abzweigungen, doch wir folgen immer den gelben Wegmarkierungen, die uns sicher bergauf leiten. Nachdem der Fahrweg dem Fuß einer Felswand gefolgt ist, durchbricht er den Kamm einer Geländerippe und fällt schwach ab. Dann erreichen wir einen Wendeplatz. Nun einen rauen Fahrweg hinauf, bis dieser endet. Hier beginnt ein schmaler, stellenweise überwucherter Pfad. Bald treffen wir auf ein hoch in einem Baum hängendes

Schild mit der Aufschrift »Hütte«. Hier gehen wir nach links und folgen diesem schmalen, abenteuerlichen Weglein, das sich den steilen Berg hinaufschraubt. Wo wir eine Lichtung erreichen, folgen wir dem Waldrand, durchqueren dann ein kurzes Waldstück

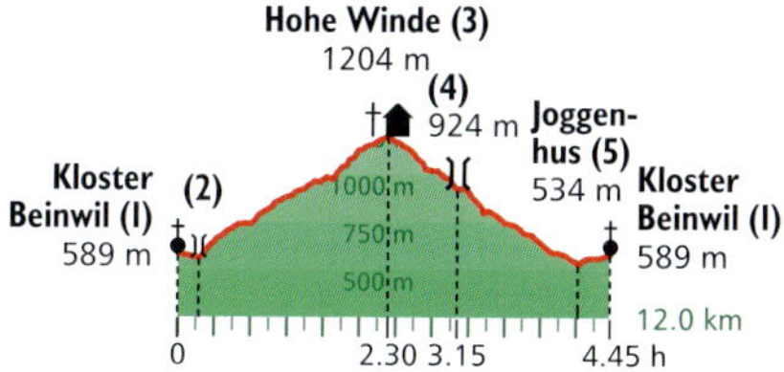

und gelangen so auf den Wanderweg, der vom Passwang auf die Hohe Winde führt. Von hier sind es nur noch wenige Schritte bis zur Skihütte und dem Vermessungspunkt auf der **Hohen Winde (3)**, 1204 m.

Nun gehen wir die Wiese hinab und halten auf den unter uns sichtbaren Stall zu. Ab hier folgen wir den Wegweisern in Richtung Delémont; der Weg verschwindet im Wald und zieht über den Bergrücken hinab bis auf einen **Sattel (4)**, 924 m, über der **Rotmatt**, wo eine Starkstromleitung unsere Route kreuzt. Hier wandern wir nun abwärts in Richtung Beinwil/Joggenhus. Bei der nächsten, etwas unklar bezeichneten Verzweigung gehen wir rechts und queren die buschbewachsene Bergflanke, bevor wir am einsamen Neuhof vorbei hinab nach **Joggenhus (5)** wandern, wo wir die Lüssel queren (Postautohaltestelle). Hier in Joggenhus steht eine alte Mühle, deren Mühlrad von der Lüssel angetrieben wird. Nach der Brücke nach rechts, ein kurzes Stück die Hauptstraße entlang, um einen Felsvorsprung herum, dann folgen wir dem geteerten Sträßchen, das nach links im Wald verschwindet. Leicht ansteigend wandern wir so zum **Kloster Beinwil (1)** zurück.

Das Kloster Beinwil ist heute ein Haus der Stille und der ökumenischen Begegnung.

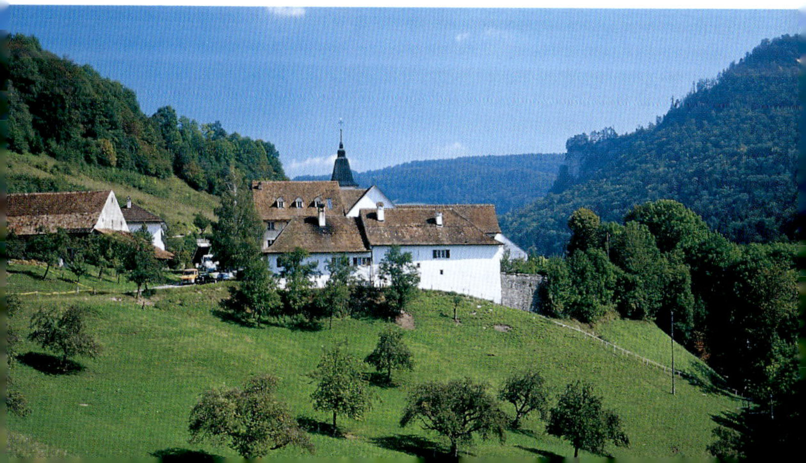

18 Geologischer Lehrpfad Bärschwil

4.45 Std.

Wanderung ans Jurameer

Bärschwil liegt eingebettet in eine idyllisch grüne Mulde zu Füßen des Rechtenbergs, der gegen das Dorf hin steil abfällt und dessen Kamm wie eine Wehrmauer aus einem Felskragen besteht. Der Talkessel bietet einen guten Einblick in die Gewölbe des Faltenjura. Die hier auftretenden Gesteine waren Korallenriffe, Lagunen und Ablagerungen eines Flachmeers, das vor 145 bis 245 Millionen Jahren in dieser Region existierte. Bärschwil ist hervorragend für einen geologischen Lehrpfad geeignet. 15 Schautafeln weisen auf die Besonderheiten des jeweiligen Standorts hin.

Ausgangspunkt: Bärschwil Hölzlirank (Gemeindeteil Wiler), 441 m. Busverbindungen ab Laufen. Mit dem Pkw ab Laufen Richtung Delémont, dann beim Bahnhof Bärschwil Richtung Bärschwil. Rund 200 m nach der Mühle rechts abzweigen. Hier befindet sich die aus Holz gebaute Bushaltestelle Hölzlirank, gleich daneben befindet sich ein öffentlicher Parkplatz.
Die Rückkehr vom Bahnhof Bärschwil zum Ausgangspunkt ist mit öffentlichen Verkehrsmitteln nur über Laufen möglich!
Höhenunterschied: 580 m im Aufstieg, 660 m im Abstieg.

Anforderungen: Gute Fußwege und überwiegend ungeteerte Fahrstraßen; schmale Gratwanderung über den Rechtenberg. Gut ausgeschildert mit den blauen Wegweisern des Geo-Lehrpfads (rockvalley.ch/geologische-wanderung).
Einkehr: Der Hof Wasserberg bietet Getränke an, ebenso der Hof Oberfringeli (auch Übernachtungsmöglichkeit, ✆ +41 61 761 65 55, oberfringeli.ch). Restaurants in Bärschwil. Bistro zur Glashütte am Bahnhof Bärschwil (✆ +41 61 761 55 56).
Karte: WK 1:50.000, Blatt 223T, Delémont.

Vom Parkplatz bei der Bushaltestelle **Hölzlirank (1)** gehen wir das Sträßchen hinauf und zweigen bald nach links ab, um den Weg aufzunehmen, der in den Wald führt. Zuerst auf einem Fahrweg, dann auf einem Fußpfad steigen wir das dunkle Tälchen Regennass empor. Bei der **Bärschwiler Jagdhütte (2)** verlassen wir den Schutz der Bäume und folgen nun den Wegweisern, die in Richtung **Wasserberg (3)** zeigen. Der ungeteerte Fahrweg leitet uns in einer großen Kehre zu diesem Gehöft. Rund 500 m nach Wasserberg treffen wir auf ein gelbes Schild, das

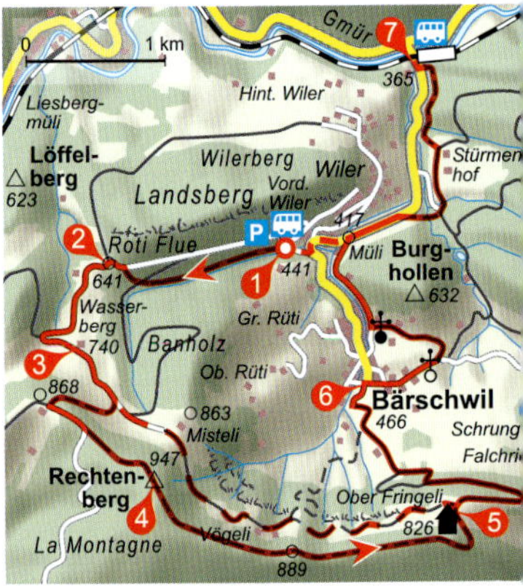

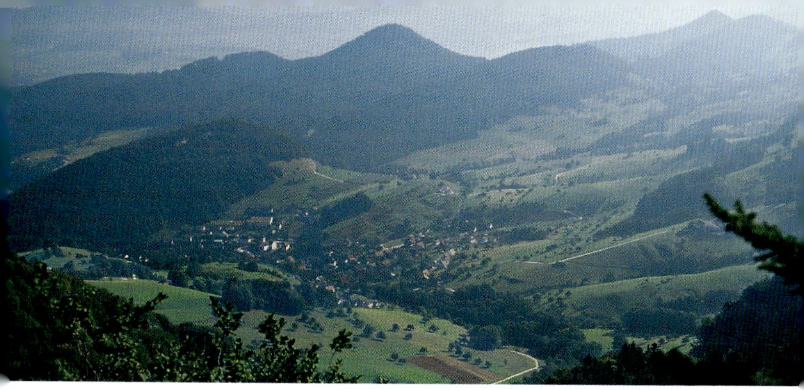

In einer großen Mulde liegt Bärschwil, um das der geologische Lehrpfad herumführt.

zum Rechtenberg weist. Hier haben wir die Wahl: Der Geo-Lehrpfad führt auf dem Fahrweg zum Hof Oberfringeli. Oder wir steigen auf den Rücken des **Rechtenbergs (4)**, 947 m, um über dessen Kamm bis **Ober Fringeli (5)** zu wandern. Diese Variante verläuft zwar weitgehend im Wald, die gelegentlichen Aussichtspunkte sind jedoch spektakulär und der manchmal nahe am Abgrund verlaufende Fußweg ist spannend, verlangt aber auch Aufmerksamkeit! Bei Ober Fringeli wandern wir weiter in Richtung Bärschwil, zweigen aber bei der nächsten Gelegenheit nicht nach links ab, wie dies die Wegweiser vorschlagen, sondern bleiben noch ein kurzes Stück auf dem Fahrweg bis zur nächsten Informationstafel des Lehrpfades. Erst hier folgen wir dem Sträßchen bergab, das uns nach **Bärschwil (6)** führt.
Im Dorf an der Hauptstraße angelangt, folgen wir dieser nach rechts bis zu einer kleinen Kapelle am Straßenrand. Kurz danach leiten uns die Wegweiser nach links, an einem Hof vorbei und dann zurück ins Dorf, das wir beim Schulhaus wieder erreichen. Nun wandern wir durch den engen Talausgang auf einer geteerten Straße, bis ein Schild nach rechts auf einen Fußweg zeigt. Wer sein Auto beim Hölzlirank geparkt hat, kann hier direkt zum Fahrzeug zurückkehren: Die Straße hinab bis zur Mühle, dort nach links und für etwa 500 m die Hauptstraße entlang zum Ausgangspunkt.
Der Geo-Lehrpfad führt hingegen von der Verzweigung durch das schattige Tal zum **Bahnhof Bärschwil (7)**. Wir wandern dabei teilweise auf der Trasse einer ehemaligen Eisenbahn, die für den Gipsabbau gebaut worden war.

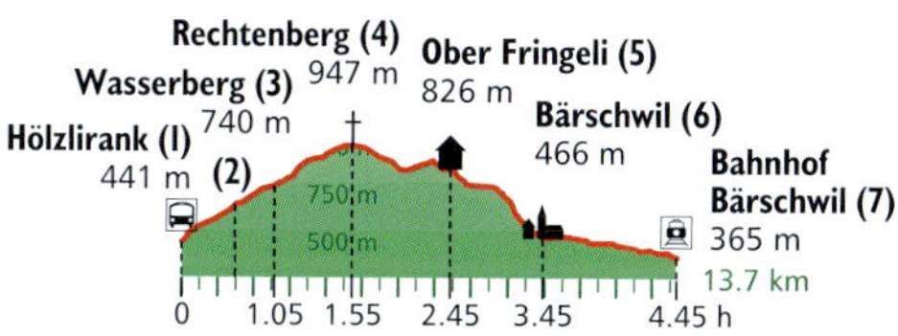

19 *Roc de Courroux, 837 m*

6.00 Std.

Entlang der Sprachgrenze hinauf zu romantischen Höhen

Delémont ist die Hauptstadt des Kantons Jura. Delémonts Altstadt erinnert stark an das mittelalterliche Leben, besitzt es doch noch zwei Stadttore, ein Schloss und eine teilweise erhaltene Stadtmauer. Weitere Bauten und die Figurenbrunnen ergänzen das historische Bild.

Ausgangspunkt: Delémont, 413 m. Anreise mit Auto oder Bahn ab Basel oder Biel.
Höhenunterschied: 650 m.
Anforderungen: Einfache Wanderung auf guten Wegen. Auf dem Rückweg einige unmarkierte Abschnitte.
Einkehr: In Delémont und Courroux. Unterwegs Gasthaus Pierreberg (✆ +41 32 423 09 43, ferme-restaurant-pierreberg.ch), Rétemberg: Châlet du Rétemberg (retemberg.ch), in Courcelon das Restaurant La Couronne (✆ +41 32 422 12 10).
Karte: WK 1:50.000, Blatt 223T, Delémont.

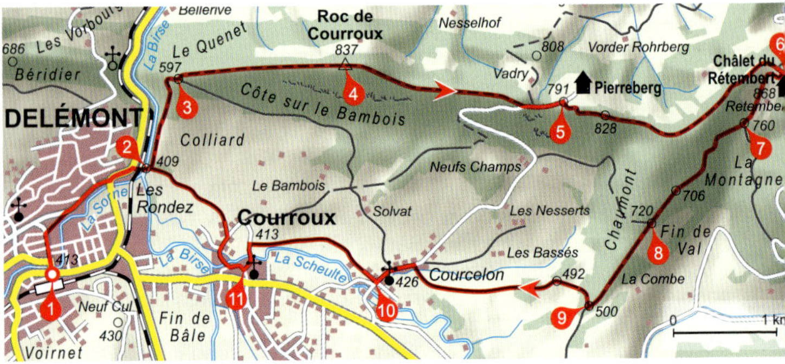

Vom Bahnhof in **Delémont (1)** gehen wir die Avenue de la Gare entlang, biegen rechts in die Route de Bâle und folgen dem Flusslauf der Sorne, die in Delémont in die Birse (Birs) fließt. Der Wegweiser zeigt nach Fringeli und Hohe Winde. Links am Schulhaus vorbei, entlang der Promenade des deux Rivières. Wir passieren das Bahngleis und den **Birssteg (2)**, immer in Richtung Roc de Courroux. Indem wir leicht links haltend den Hang hochschreiten (chemin des crêtes), gelangen wir beim Waldaustritt zur Weide Colliard. Den Waldrand entlang über die Weide, bis unser Weg wieder auf einen schmalen Waldpfad führt und uns auf den Hügelkamm leitet, den wir bei **Punkt 597 (3)** erreichen. Durch schönen Hochwald mit Ausblicken nach Süden und Norden erreichen wir den **Roc de Courroux (4)**, 837 m, einen markanten Felskopf. Wir folgen nun dem Kamm bis nach **Pierreberg (5)**. Kurz

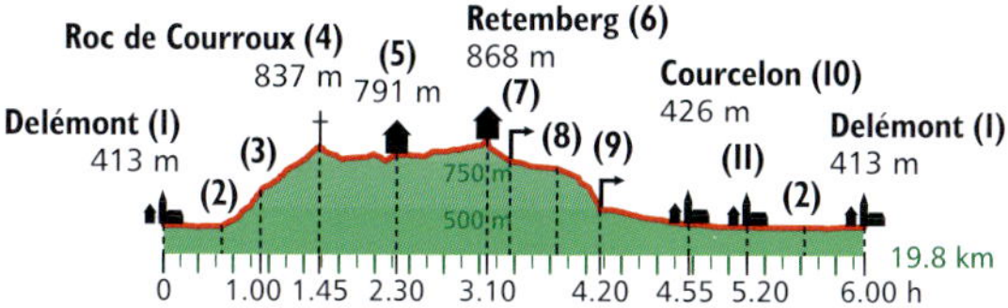

vor Pierreberg müssen wir uns entscheiden, ob wir die Wirtschaft links liegen lassen und gleich nach Retemberg wandern, oder ob wir den (lohnenden!) Umweg zum Gasthaus in Kauf nehmen. Die letzten Höhenmeter liegen vor uns, durch den Wald bergauf nach **Retemberg (6)**. Wer hier im wunderschön gelegenen Châlet Amis de la nature ein Getränk bestellen will, muss seine Französischkenntnisse hervorholen.

Nach der Stärkung verlassen wir den schönen Flecken, gehen hinter dem Haus durchs grüne Drehkreuz und weiter über die Weide. Auf dem nächsten Wegabschnitt gibt es keine Markierungen! Links von uns ist ein prächtiger Hof zu sehen, wir halten jedoch auf den Stacheldraht zu und folgen diesem bis zu einer Stiege, mit der wir den Zaun übersteigen. Immer in Richtung Süden haltend erreichen wir den Waldrand und damit eine weitere Stiege. Ein von links kommender, breiter Waldweg **(7)** ist unser Wanderweg, dem wir nach rechts folgen. Nach einer **Wegkreuzung (8)** mit einer einladenden Sitzbank wechselt der Belag vom waldigen, eher harten Kies zu erdigem Wiesenbelag. Und wieder versperrt uns eine Stiege den Weg. Wir durchwandern die Weide und steigen über die letzte Stiege! Der folgende Wegabschnitt ist mit gelben Wanderwegzeichen markiert. Nachdem wir zu unserer Rechten ein Bienenhaus (L'Aiguillon) gesehen haben, erreichen wir einen Fahrweg, wo wir scharf rechts in den Weg einbiegen **(9)**. Unser Weg ist nicht mehr markiert. In einer Senke sehen wir das Dorf **Courcelon (10)**, das wir der Länge nach auf der geteerten Straße durchqueren. Beim Wirtshaus La Couronne scharf nach rechts in die Rue du Stand abbiegen. Vorbei am Schießstand zum nächsten Dorf **Courroux (11)**. Vor dem Dorf gehen wir nach links hinab zur Dorfstraße und auf dieser nach rechts. Den Wegweisern und Markierungen folgend wandern wir durchs Dorf. Bei einem massiven Jesuskreuz biegen wir nach rechts ab, um auf dem Wanderweg zurück nach **Delémont (1)** zu gelangen.

Besonders an heißen Tagen sind Wanderungen durch die schattigen Jurawälder angenehm.

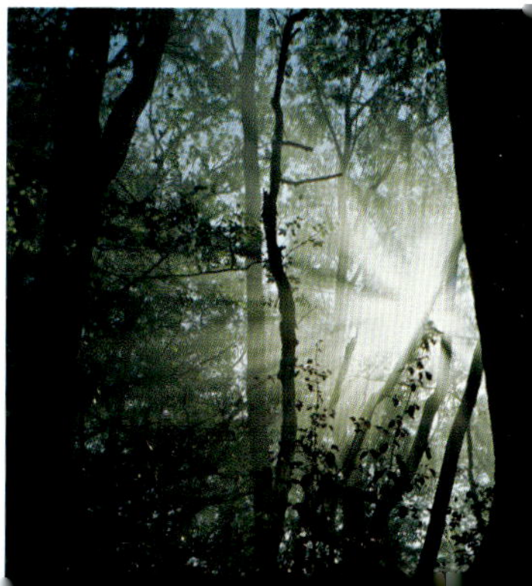

20 Porrentruy – St-Ursanne

6.15 Std.

Von der Hauptstadt der Ajoie nach St-Ursanne am Doubs

St-Ursanne ist ein hübscher kleiner Ort, der seinen mittelalterlichen Charakter bewahrt hat. Die engen Gässchen, die alten Häuser, die Kollegiats-Kirche, eine Burgruine über dem Ort und viele romantische Einzelheiten wie Wandmalereien, Wirtshausschilder und Dorfbrunnen fügen sich zu einem malerischen Bild.

Ausgangspunkt: Porrentruy, 424 m. Anreise per Bahn ab Basel/Biel via Delémont. Rückkehr von St-Ursanne nach Porrentruy per direkter Zugverbindung.

Höhenunterschied: 650 m im Auf-, 590 m im Abstieg.

Anforderungen: Einfache Wanderung auf markierten, meist breiten und guten Wegen.

Einkehr: Restaurants in Porrentruy und in St-Ursanne. Unterwegs die Restaurants Cabane du Téléski du Montvoie (✆ +41 32 461 34 46) und De la Croix (✆ +41 32 471 39 11).

Karte: WK 1:50.000, Blatt 222T, Clos du Doubs.

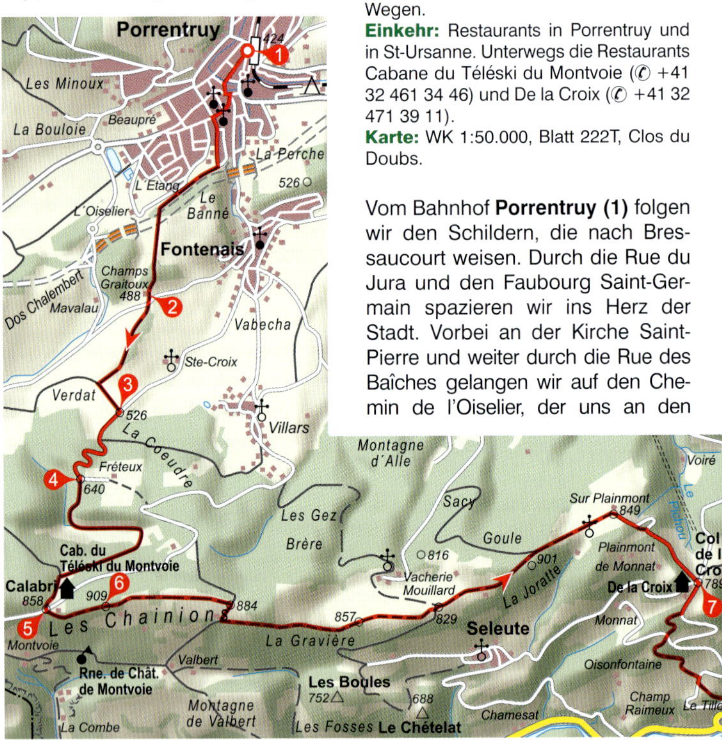

Vom Bahnhof **Porrentruy (1)** folgen wir den Schildern, die nach Bressaucourt weisen. Durch die Rue du Jura und den Faubourg Saint-Germain spazieren wir ins Herz der Stadt. Vorbei an der Kirche Saint-Pierre und weiter durch die Rue des Baîches gelangen wir auf den Chemin de l'Oiselier, der uns an den

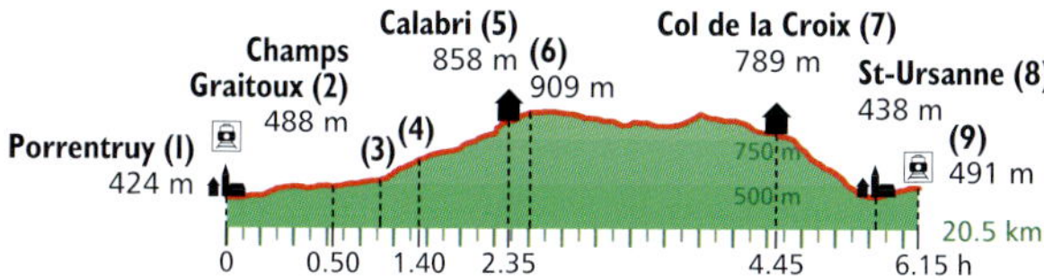

Stadtrand führt. Bald zweigt ein Fußweg vom geteerten Chemin de l'Oiselier ab und bringt uns über Felder und durch einen Wald zum Hof von **Champs Graitoux (2)**. Dort queren wir ein Sträßchen und wandern am Waldrand entlang auf einem kaum mehr als solchen erkennbaren Pfad, der den Wald schließlich verlässt und uns an Feldern vorbei zu einer Abzweigung leitet. Hier wenden wir uns nach links und folgen dem Fahrweg bis zu einer einsam in der Landschaft stehenden **Scheune (3)** neben einer Kreuzung, wo wir nach rechts gehen. Die gelben Schilder weisen nach La Motte; wir wandern die asphaltierte Straße bergauf, bis wir zu einer weiteren **Verzweigung (4)** gelangen, wo wir nach rechts gehen und einen holprigen Weg betreten. Dieser führt uns zuerst durch eine Klamm, dann in ein abgelegenes, kleines Tälchen und schließlich in einer großen Kehre und einem steilen Schlussanstieg hinauf zur Passhöhe von **Calabri (5)**, 858 m. Dort queren wir die Straße und wandern über den bewaldeten Kamm in Richtung Col de la Croix (Wegweiser). Kurz nach Passieren des höchsten **Punktes 909 m (6)** verlassen wir den Wald und streifen durch eine parkähnliche Landschaft, hin zu einem Sträßchen, das vom kleinen Weiler Valbert hier heraufführt. Wir gehen auf dem Sträßchen zuerst nach rechts, bis beim Waldrand (ca. 200 m entfernt) ein breiter Weg nach links abzweigt. Diesen nehmen wir auf und folgen den Markierungen und Schildern bis zur Passhöhe von **Col de la Croix (7)**, wo wir auf die von Porrentruy herkommende Straße stoßen. Für rund 300 m wandern wir auf dieser Straße, dann leitet uns der Fußweg weg von der harten Piste und bringt uns über steiles, meist bewaldetes Gelände hinab nach **St-Ursanne (8)**. Der **Bahnhof (9)** liegt etwas oberhalb.

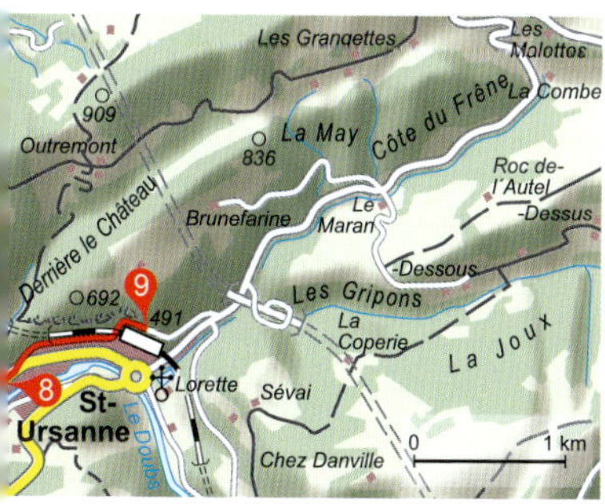

Solide Steinbrücke in St-Ursanne.

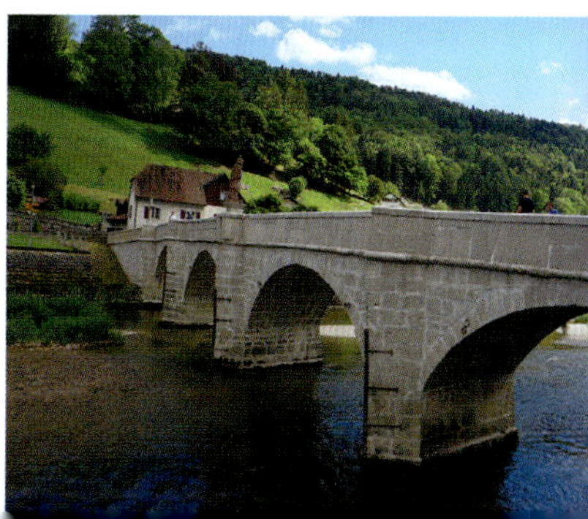

21 Clos du Doubs

6.30 Std.

Prächtige Höhen- und Flusswanderung

Die Höhenzüge des Clos du Doubs liegen im Inneren einer der vielen Schlaufen des Doubs. Ist der Fluss auch über weite Strecken zugleich die Grenze zwischen Frankreich und der Schweiz, so durchzieht er in dieser Region, zwischen Clairbief oberhalb von Soubey und La Motte bei Ocourt, ausschließlich schweizerisches Territorium.

Ausgangspunkt: Bahnhof von St-Ursanne, 491 m. Regionalzüge ab Delémont oder Porrentruy. Mit dem Auto ab Delémont auf der Autobahn in Richtung Porrentruy, Ausfahrt St-Ursanne.
Höhenunterschied: 570 m.

Anforderungen: Einfache Wanderung auf guten, zum Teil aber sumpfigen Wegen.
Einkehr: Restaurants in St-Ursanne. Unterwegs, Zeltplatz Tariche, tariche.ch.
Karte: WK 1:50.000, Blatt 222T, Clos du Doubs.

Vom Bahnhof **St-Ursanne (1)** gehen wir nach links, unter der Bahn hindurch, auf der Straße abwärts und durch das Peterstor ins Städtchen. Beim Platz der Stiftskirche mit dem Brunnen nehmen wir die Rue 3 Février zum Tourismusbüro. Die Stadt weist drei alte Tore auf, wovon eines den Durchgang zum Doubs öffnet. Unter einem Haus hindurch gelangen wir zur alten

Zum Auftakt statten wir dem sehenswerten Städtchen St-Ursanne einen Besuch ab.

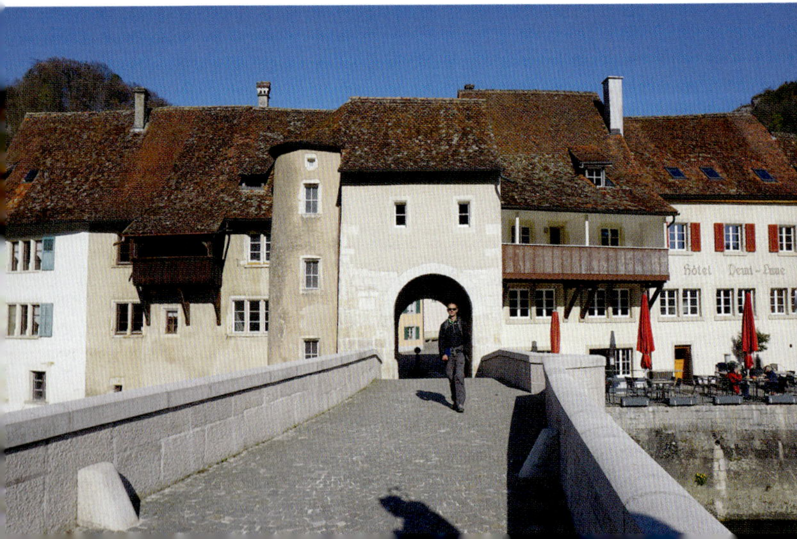

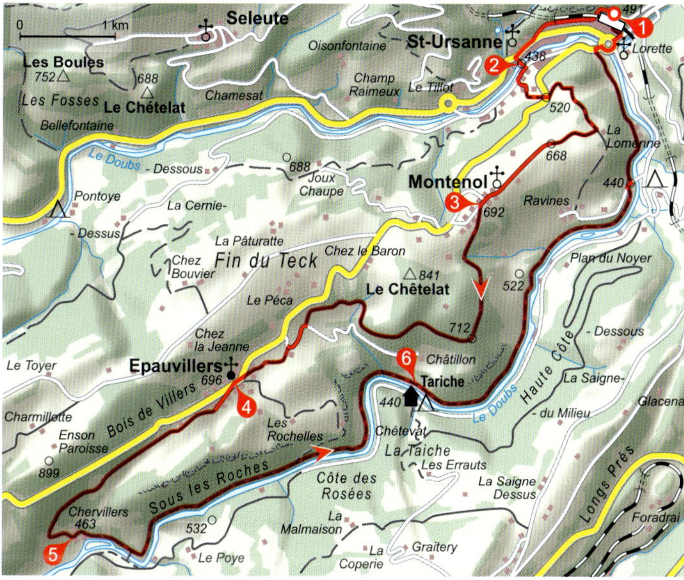

Brücke über den **Doubs (2)** mit einer Statue des heiligen Nepomuk. Nun biegen wir nach rechts in Richtung Pontoye ab. Nach zehn Metern sehen wir den Wegweiser »Montenol«, welchem wir fortan folgen. Das lang gestreckte Dorf **Montenol (3)** liegt auf einem Hügelzug über St-Ursanne, nicht weit entfernt, aber 260 m höher! In Montenol angekommen, folgen wir den Markierungen »Epauvillers«, wobei es dorthin zwei Varianten gibt: eine asphaltierte und eine hübschere, die in einem Bogen um den Hügel Le Chêtelat führt. Für die fußschonendere zweigen wir am Ende des Dorfes bei einer Wegkreuzung in den links abbiegenden, rund 50 Höhenmeter abwärts führenden Wanderweg ab. **Epauvillers (4)** liegt auf einem Sonnenhügel auf rund 700 m Höhe. Das Dorf erstreckt sich längs der Kantonsstraße. Die Kirche beherrscht den Dorfplatz, wo sich vier Verkehrswege kreuzen.

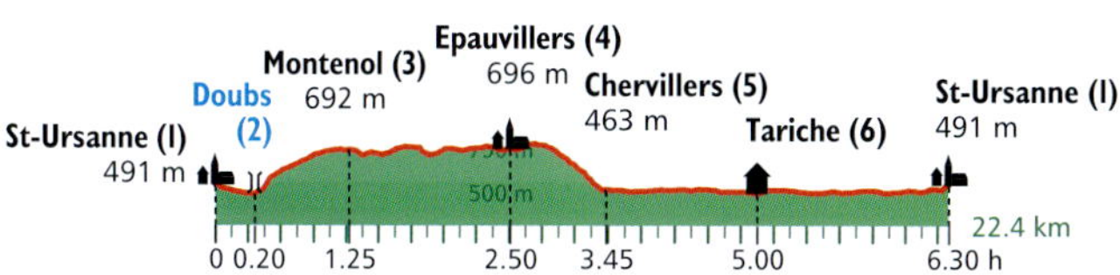

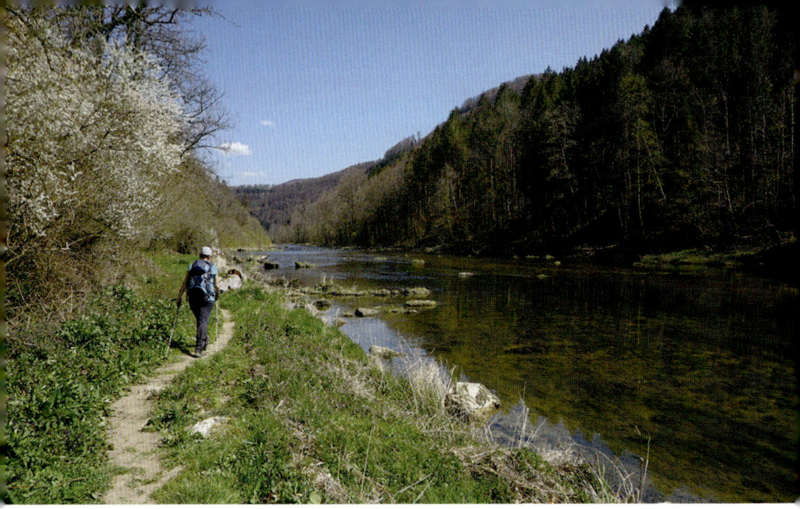

Frühlingsspaziergang entlang des Doubs.

Hier zweigen wir nach links ab zum Weiler **Chervillers (5)**, der wieder am Doubs liegt. Kurz nach Chervillers führt eine Brücke über den Fluss. Wir bleiben jedoch auf dieser (linken) Seite des Doubs, der zwar sumpfigeren, aber dafür asphaltfreien Variante! Auch erblickt man von dieser Seite die zum Teil schroffen Felsen, unter denen wir vorbeiwandern. Rechts von uns das blaue Wasser des Doubs, über uns grüne hohe Tannen, was gibt es Herrlicheres an einem heißen Sommertag? Nach einer scharfen Flusskurve können wir wieder auf die andere Flussseite wechseln, diesmal mit einer Fähre, oder auch nur schnell schnuppern gehen, denn beim Zeltplatz in **Tariche (6)** lässt sich vorzüglich der Durst löschen. Von hier bis nach St-Ursanne gibt es weitere Zeltplätze am Doubs. Nach einigen Kehren erblicken wir die Kalkfelswände über dem Städtchen **St-Ursanne (1)**. Wir nähern uns unserem Ziel!

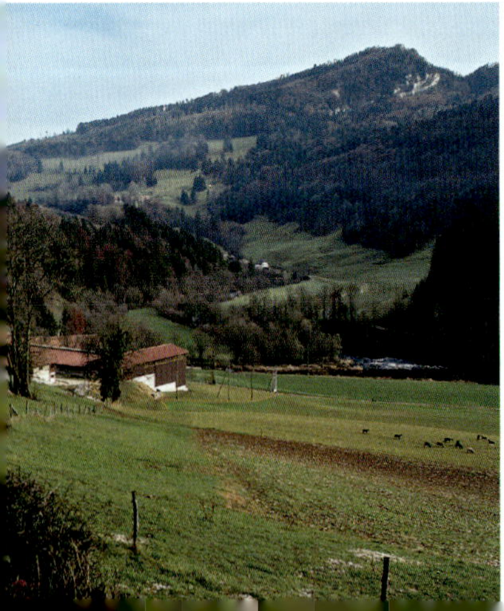

Wanderungen im Jura verlaufen oft weglos über Wiesen. Auf dem Abstieg von Chervillers zum Doubs.

6.15 Std.

Combe Tabeillon 22

Rundwanderung auf schönem Höhenweg zur Quelle der Combe Tabeillon

Das Flüsschen Tabeillon und die Gleise der Chemin de fer du Jura begleiten uns auf dieser Tour. Die spektakuläre Linienführung mit einer Spitzkehre und einer Kehrschlaufe erlaubt es der Bahn, bis Bollemont 300 Höhenmeter zu überwinden. Gelegentlich sind auf der Strecke noch Dampfzüge unterwegs.

Ausgangspunkt: Bahnhof Glovelier, 505 m; Anreise mit dem Auto oder Zug von Biel oder Basel via Delémont. Von dort weiter auf der A 16 in Richtung Porrentruy (Ausfahrt Glovelier) bzw. mit dem Regionalzug in Richtung Porrentruy.
Höhenunterschied: 620 m.

Anforderungen: Einfache Wanderung. Gute Forststraße, dann Jura-Höhenwanderung.
Einkehr: In Glovelier, unterwegs keine Einkehrmöglichkeiten.
Karte: WK 1:50.000, Blatt 222T, Clos du Doubs.

Vom Bahnhof in **Glovelier (1)** laufen wir die Rue de la Gare bis zur Kreuzung mit der Hauptstraße und schlagen die Route de la Transjura ein. Die Straßenschilder zeigen in die Richtung Tramelan, Cajoux und Saulcy. Beim Hotel Bellevue Saulcy steht das Wanderwegzeichen mit unserem ersten Ziel: Combe Tabeillon. Ein kurzes Stück geht es noch die Hauptstraße entlang, bis wir nach rechts in Richtung Ferme de la Combe Tabeillon in den Wald abbiegen. Das Flüsschen Tabeillon wird unser ständiger Begleiter bis Bollement sein.

Der Tabeillon gibt auf dem ersten Teil der Tour die Gehrichtung vor.

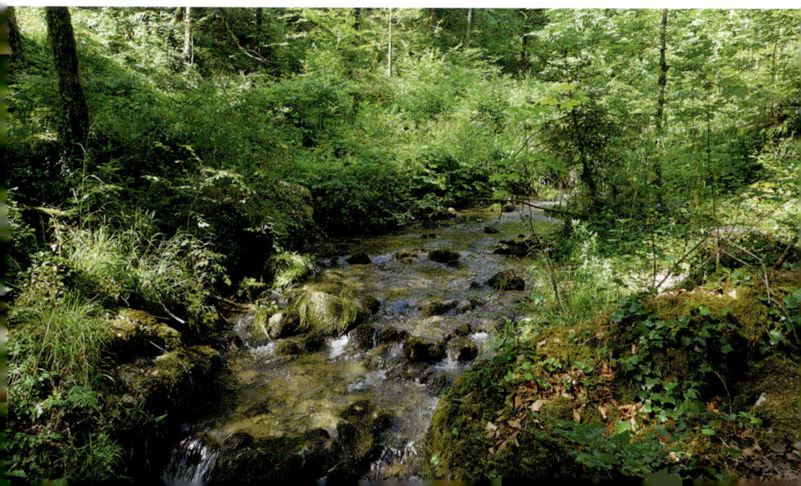

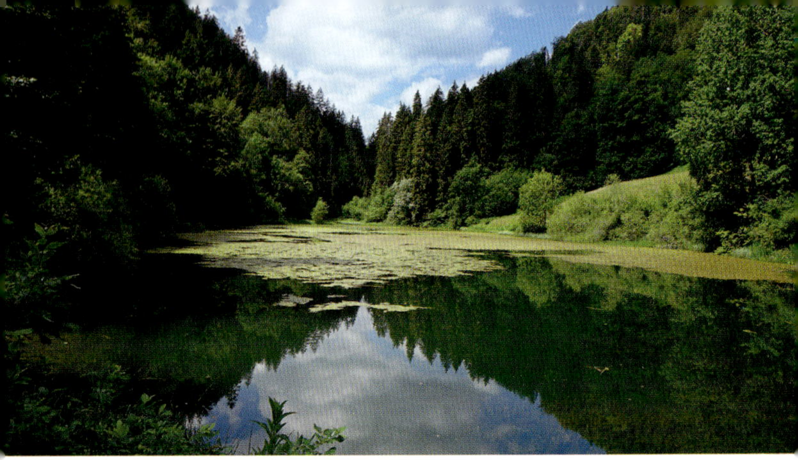

Der idylllische Etang de Bollement bildet die Kulisse für eine Pause.

Der Wegweiser »Combe Tabeillon/Halte CJ« weist auf die Haltestelle **Halte de Combe Tabeillon (2)** der Jurabahn hin, die dem Zug als Spitzkehre dient. Als Wandernde überwinden wir die 300 Höhenmeter bis Bollement stetig ansteigend auf einer angenehmen Forststraße, vorbei an Weihern, Kalkfelswänden und einer reichhaltigen Flora. Kurz vor Bollement steht ein altes Wasserrad. Wir befinden uns im Quellgebiet des Tabeillon am Rand der Hochebene der Freiberge. Wer nicht um den Weiher laufen will, geht rechts Richtung oranges Haus, das durch das Buschwerk zu sehen ist. Eine schmale Holztreppe führt über den Bach und schon stehen wir vor der Haltestelle **Bollement (3)**. Von hier bis St-Brais ist es nicht weit, dazwischen liegen jedoch 160 Höhenmeter!

Unser Wanderweg trifft in **St-Brais (4)** auf die Hauptstraße. Nach rechts in Richtung Glovelier geht es ein Stück die Straße entlang bis **Le Chésal (5)**. Wir verlassen die Straße und nehmen den Wanderweg, der links parallel dazu in den Wald und kurz darauf über Weiden und Landwirtschaftsland führt. Unser Weg verliert kaum an Höhe und bietet sagenhafte Weitblicke über den Jura. Schließlich erreichen wir die Hauptstraße wieder, der wir für gut 650 m folgen

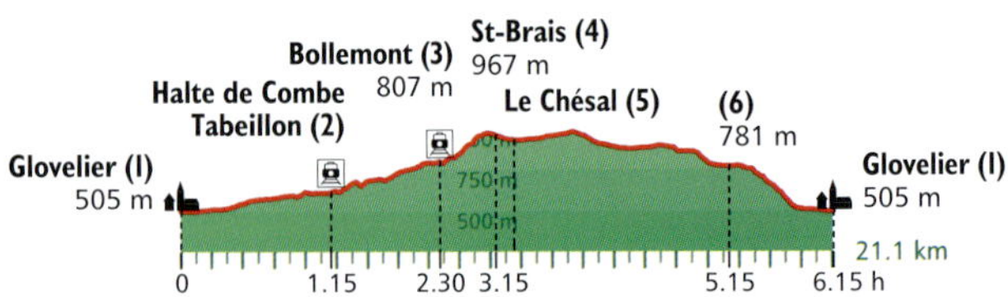

bis zu einer **Wegkreuzung (6)**, wo wir uns nach rechts wenden, um in die Combe du Bez abzusteigen, die den krönenden Abschluss bildet! Zu unserer Linken befindet sich die steile Felswand der Schlucht, rechts fließt ein Bächlein, das sich den Weg durch den weichen Kalkfels geschaffen hat. Nachdem wir die Gleise der Jurabahn unterquert haben, liegt **Glovelier (1)** wieder vor uns.

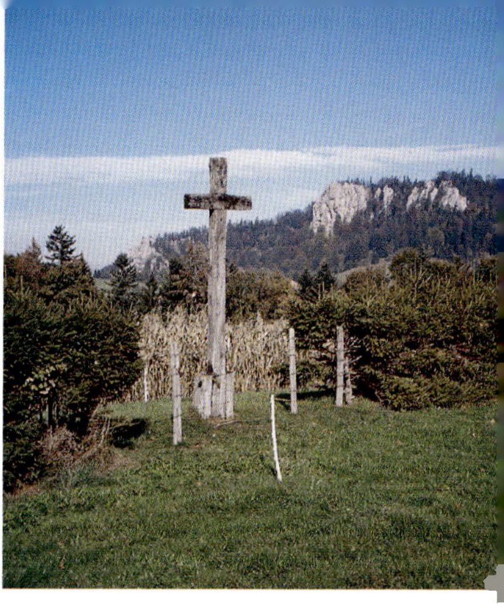

Der Kanton Jura ist katholisch geprägt – ein Faktor, warum sich die Region vom Kanton Bern loslöste.

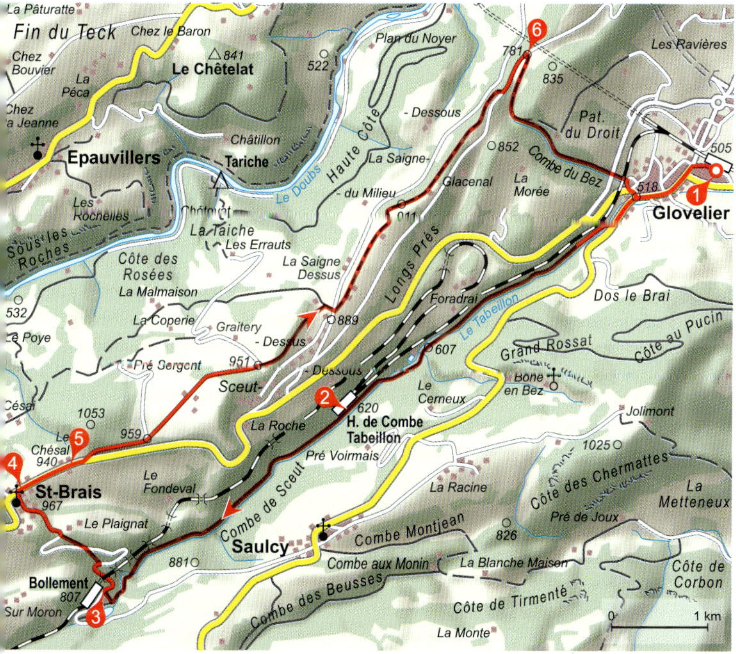

23 Grottes de Réclère und Faux d'Enson, 926 m

9.00 Std.

Zum größten Stalagmit der Schweiz

Der Jura ist reich an Höhlen, was nicht erstaunt, denn Kalkstein – aus dem das Gebirge besteht – wird vom Wasser gelöst, wodurch Höhlensysteme entstehen. Die Grotten von Réclère enthalten jedoch den größten Stalagmit der Schweiz: 25.000 Jahre alt und 15 m hoch! Im Préhisto-Park, der zusammen mit den Grotten besichtigt werden kann, tummeln sich Nachbildungen von Dinosauriern – und eigentlich würde man sich in dieser Landschaft wirklich nicht wundern, wenn die Urechsen plötzlich lebendig werden würden.

Ausgangspunkt: Réclère, 590 m. Mit dem Auto ab Porrentruy in Richtung Besançon, dann den Wegweisern nach Damvant folgen. Regionalzüge ab Delémont nach Porrentruy; von dort an Werktagen fahrplanmäßiger (aber spärlicher) Postbusbetrieb nach Réclère.
Höhenunterschied: 1030 m.
Anforderungen: Nicht überall markierte Wanderung auf einfachen Wegen (Karte deshalb hilfreich). Längere Strecken auf Hartbelag.
Einkehr: Praktisch keine Infrastruktur in Réclère. Hotel-Restaurant Des Grottes (✆ +41 32 476 61 55, prehisto.ch), Restaurants in Vaufrey und Glère, in Roche-d'Or die Auberge Bellevue (✆ +41 32 476 66 26).
Karten: WK 1:50.000, Blatt 222T, Clos du Doubs.

Gegenüber der Kirche von **Réclère (1)** nehmen wir das Sträßchen auf, verlassen das Dorf und wandern in gerader Linie auf einem Feldweg über die Weidelandschaft bis zum Wald und weiter sanft aufwärts zu einer Kreuzung. **Les Grottes (2)** sind von hier etwa 600 m nach rechts entfernt. Nach deren Besuch kehren wir zu dieser Kreuzung zurück und wenden uns nach rechts. Oberhalb des Gehöfts von Montavon vorbei führt uns der Weg ins kleine Vallée de Bois und weiter über den Hof von La Vaux und den Weiler **Montursin (3)** hinunter nach **Vaufrey (4)**, das idyllisch am Ufer des Doubs liegt.

Über die Brücke gelangen wir ans südliche Gestade des Flusses und folgen dem Uferweg nach links, der uns durch die urtümliche Flusslandschaft nach **Glère (5)** führt. In Glère folgen wir für einige Meter der Straße in Richtung Montancy, zweigen aber bald nach links ab und nehmen den Weg auf, der nach Vernois-le-Fol aufsteigt. Weiter auf dem Sträßchen oder den bezeich-

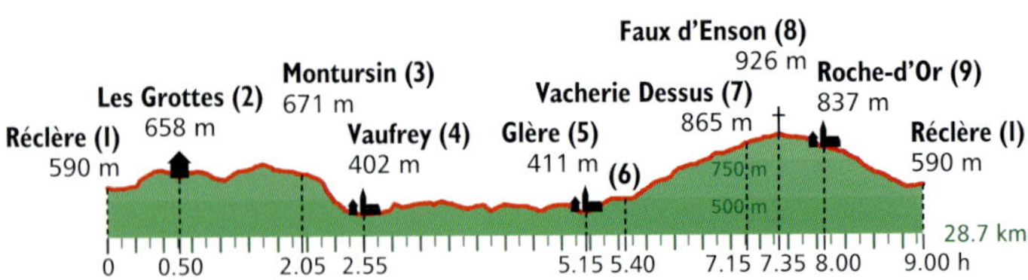

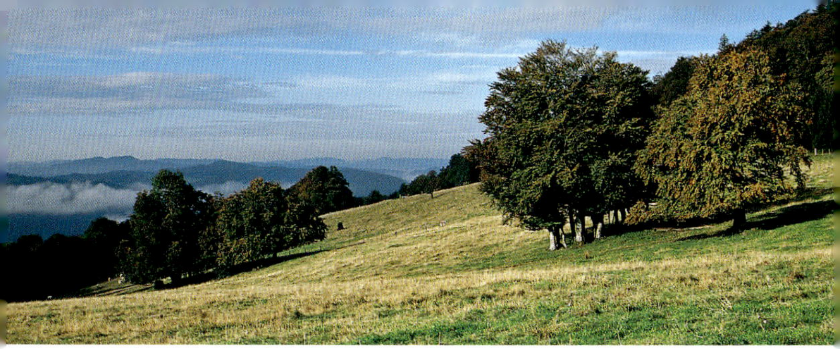

Vom Faux d'Enson reicht die Sicht bis weit in den französischen Jura.

neten Abkürzungen nach **Vernois-Le-Fol (6)**. Wir setzen den Aufstieg fort und passieren bald die Schweizer Grenze. Neben dem Hof **Vacherie Dessus (7)** nach links, durch den Wald zu einem Parkplatz im offenen Gelände. Von hier können wir einen Abstecher zum Aussichtsturm des **Faux d'Enson (8)**, 926 m, machen: nach dem Gatter nicht der Straße folgen, sondern in gerader Linie über die Weide gehen! Anschließend wandern wir das Sträßchen hinunter nach **Roche-d'Or (9)**.
Wir durchschreiten das winzige Straßendorf und wandern auf dem Teerband abwärts, bis rund 100 m nach der ersten Haarnadelkurve ein Pfad nach links abzweigt. Auf gut markiertem Weg zurück nach **Réclère (1)**.

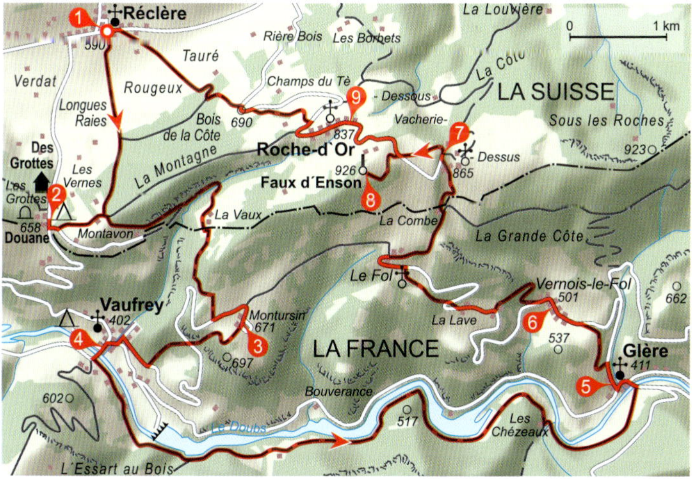

TOP

24 Sommêtres, 1079 m

5.15 Std.

Auf einen herrlichen Aussichtspunkt über der Schlucht des Doubs

Saignelégier ist der Hauptort der Freiberge (Franches-Montagnes), deren Name eigentlich irreführend ist, denn richtige Berge sucht man hier vergebens. Im Charakter eher hügelig mit ausgedehnten Wäldern, grünen, von lockerem Baumbestand geprägten Weiden, kleinen Dörfern und vielen Einzelgehöften sind die Freiberge eine einmalige Landschaft, deren Weite wohltuend ist. Die Freiberge sind ein 200 km² großes Kalkplateau, das lange Zeit unbewohnt war. Erst 1384 begann die Besiedelung, als der damalige Bischof von Basel jeden zum freien Menschen erklärte, der bereit war, sich hier niederzulassen. Deshalb auch der Name Freiberge.

Ausgangspunkt: Bahnhof von Saignelégier, 982 m. Bahnverbindungen mit Glovelier, Tavannes und Le Noirmont mit Anschlüssen nach Biel respektive La Chaux-de-Fonds. Anfahrt mit dem Auto von Biel in Richtung Delémont oder umgekehrt, Ausfahrt Tavannes, dann in Richtung Tramelan, Saignelégier. Parkmöglichkeiten im Dorf.
Höhenunterschied: 770 m.
Anforderungen: Steiler Abstieg vom Sommêtres hinab zum Doubs auf schmalem Weg mit einigen kurzen Leitern, der jedoch mit etwas Vorsicht gut zu bewältigen ist; steiler Aufstieg auf gutem Weg wieder zurück nach Saignelégier.
Einkehr: In Saignelégier. Unterwegs: Restaurant Le Theusseret (✆ +41 32 951 14 51, letheusseret.blogspot.com) und in Goumois das Hôtel du Doubs (✆ +41 32 951 13 23, hoteldudoubs.ch).
Karte: WK 1:50.000, Blatt 222T, Clos du Doubs.

In **Saignelégier (1)** vertrauen wir uns dem mit der Routennummer 2 markierten Trans Swiss Trail an. Beim Hotel de la Gare überschreiten wir die Gleise

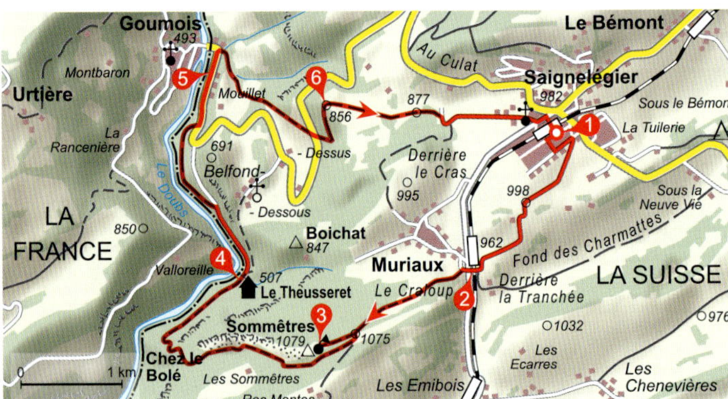

der Jurabahn, wandern auf der Hauptstraße in Richtung Tramelan und zweigen halb rechts ab in die Rue du Marché Concours. So verlassen wir das Dorf und gelangen auf ein geteertes Sträßchen, das uns zur Bahnhaltestelle von **Muriaux (2)** bringt. Wir queren Straße und Gleise über eine Brücke und wandern dann nach links die Straße bergauf, die im Wald in einen Forstweg übergeht und uns zur Verzweigung zum Sommêtres bringt. Der Abstecher zu diesem Felssporn ist absolut obligatorisch, denn der Ausblick vom **Sommêtres (3)**, 1079 m, über die gewellte Hügellandschaft der Freiberge und hinab in das romantische, tief eingeschnittene Tal des Doubs ist gewaltig und sucht im Jura seinesgleichen! Am Felsen des Sommêtres klebt auch eine immer offene Selbstversorgerhütte der Groupe des Alpinistes des Franches-Montagnes. Zurück bei der Verzweigung gehen wir ein paar Schritte in Richtung Le Noirmont, wandern dann aber über die Lichtung bergab und nehmen den Weg auf, der durch die bewaldete Klamm am Fuß des Abbruchs des Sommêtres bergab führt. Der Pfad bringt uns nach einem Steilstück, in dem der Weg teilweise gesichert und mit kurzen Leitern versehen ist, ans Ufer des Doubs und damit zur alten Mühle von **Le Theusseret (4)**, 507 m.

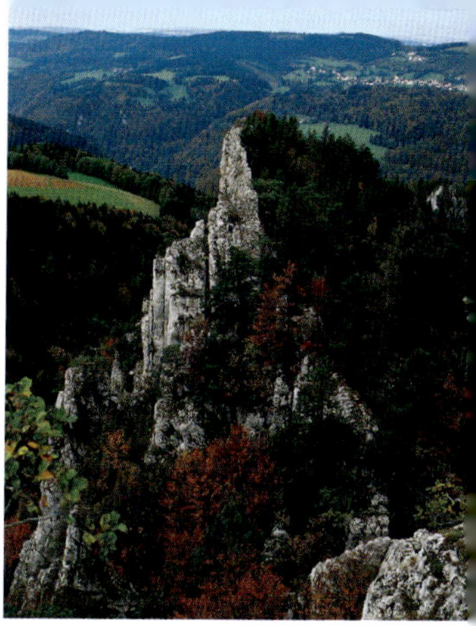

Die Felsnadeln des Sommêtres sind ein beliebtes Klettergebiet.

Nun auf dem Zufahrtsweg des Restaurants flussabwärts, dann bei einer Verzweigung nach links auf einen Weg, der in Flussnähe verläuft. Kurz vor **Goumois (5)** betreten wir die Straße und wandern ein kurzes Stück auf dem Teerband ins kleine Dorf, das seit 1780 geteilt ist und einen schweizerischen sowie einen französischen Ortsteil hat. Beim Dorfbrunnen findet unsere Wanderung ihre Fortsetzung. Ein steiler Anstieg bringt uns zu einer Weggabelung, wo wir uns rechts halten. Über eine Lichtung, durch Wald und über die Weiden des malerisch gelegenen Gehöfts von Dessus steigen wir bergauf, queren die Straße Saignelégier – Goumois und treffen auf den Weg, der direkt von Le Theusseret hierherführt. Hier nach links zu einem **Aussichtspunkt (6)** und dann, sanfter Höhe gewinnend, über Weiden und durch den Wald zurück nach **Saignelégier (1)**.

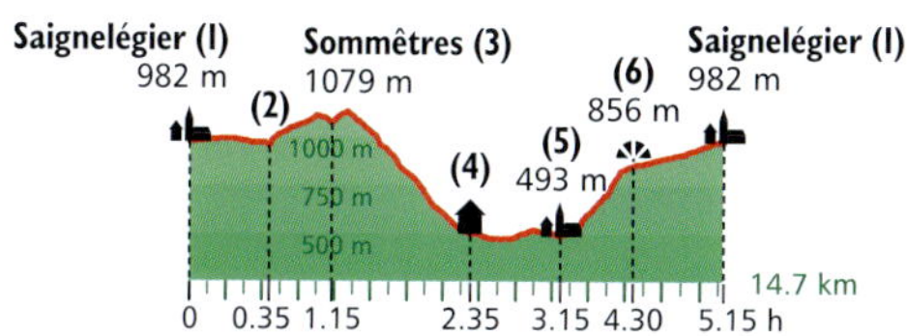

25 Etang de la Gruère

6.00 Std.

Durch die welligen Freiberge zu einem einzigartigen Naturschutzgebiet

Der Etang de la Gruère ist ein vielarmiger Moorsee, in dessen stillem und dunklem Wasser sich das Uferschilf sowie die Fichten und Laubbäume spiegeln. Ein faszinierender Ort, den man allerdings am besten in den frühen Morgenstunden oder am Abend genießt, wenn nicht allzu viele andere Besucher anwesend sind. Das Hochmoor um den See entstand nach Rückzug der Gletscher vor rund 13.000 Jahren dank einer wasserundurchlässigen Lehmschicht, die einen See entstehen ließ. Dieser verlandete im Laufe der Jahrhunderte und zurück blieb ein Hochmoor, aus dem Torf gestochen wurde. So entstand der heute existierende See, der mitten in einer nordisch anmutenden Landschaft liegt. Tatsächlich wachsen um den Etang de la Gruère Pflanzen, die sonst in Europa nur in Norwegen vorkommen! Einen guten Kilometer nordwestlich des Sees, in Les Cerlatez, gibt es ein Naturschutzzentrum, in dem viel Wissenswertes über Hochmoore im Allgemeinen und den Etang de la Gruère im Speziellen zu erfahren ist.

Ausgangspunkt: Bahnhof von Tramelan, 888 m. Bahnverbindungen mit Tavannes mit Anschlüssen nach Biel respektive Delémont. Mit dem Auto von Biel in Richtung Delémont oder umgekehrt, Ausfahrt Tavannes, dann weiter nach Tramelan. Gute Parkmöglichkeiten beim Bahnhof.
Höhenunterschied: 420 m.
Anforderungen: Leichte Wanderung ohne nennenswerte Steigungen (außer zu Beginn) auf Wegen und über Weiden, längere Abschnitte auf Hartbelag.

Einkehr: Gasthäuser in Tramelan. Unterwegs in Les Reussilles ein Restaurant, in La Chaux-des-Breuleux das Café du Cheval Blanc (✆ +41 32 954 11 88), beim Etang de la Gruère die Auberge de la Couronne (✆ +41 32 951 11 15, couronne-latheurre.ch) sowie in Petit Bois Derrière das Restaurant Les Voyageurs (✆ +41 32 955 11 71, restaurant-les-voyageurs.ch/de).
Variante: Die Tour in Les Reussilles beginnen und beenden.
Karten: WK 1:50.000, Blatt 222T, Clos du Doubs und Blatt 232T, Vallon de St-Imier.

Dem Bahnhof gegenüber steht die Post von **Tramelan (1)**, an der wir links vorbeigehen, eine Gasse hoch bis zur Hauptstraße, dann links bis die Wegweiser scharf nach rechts zeigen. Die Rue de la Printanière aufnehmen, am Coop vorbei und weiter in gerader Linie den Berg hinauf, bis wir das Dorf

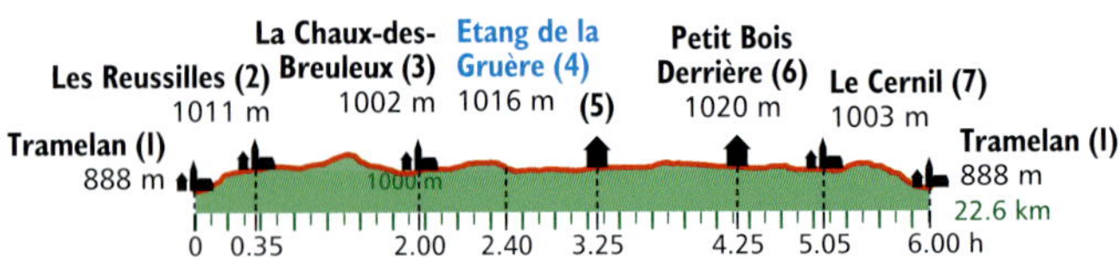

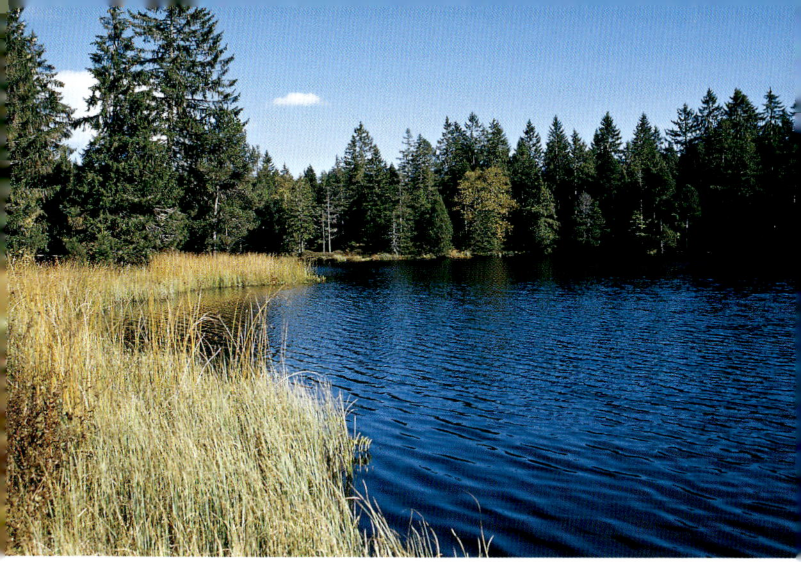

Der Etang de la Gruère – ein von Menschenhand geschaffener See.

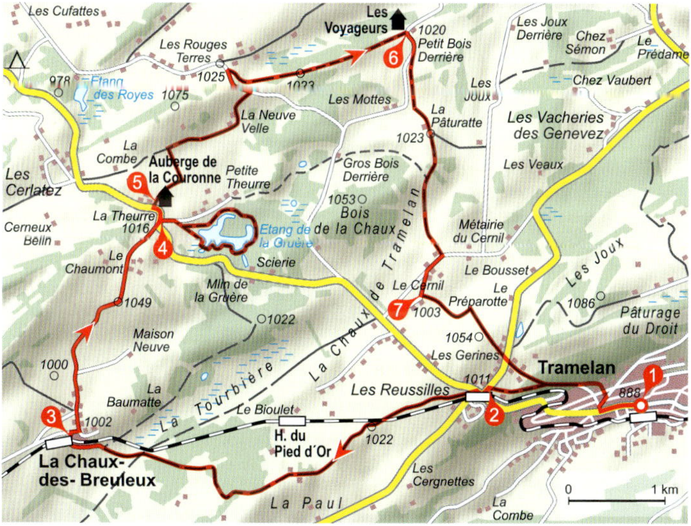

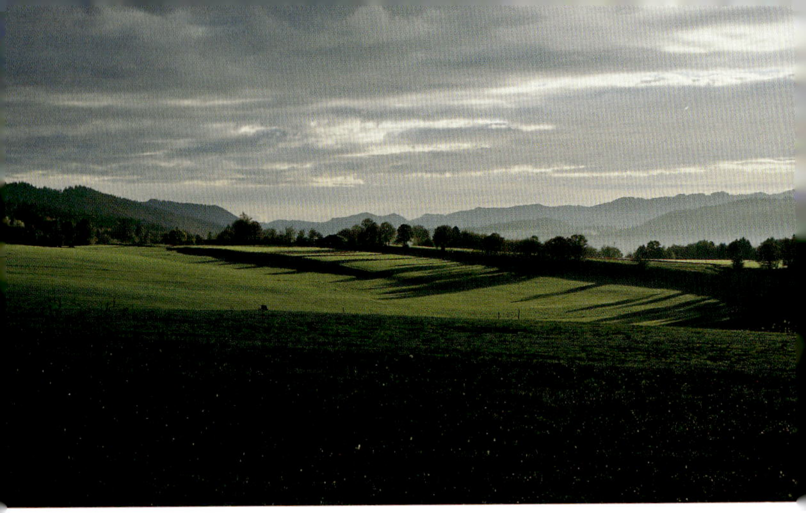

Die Freiberge bestechen durch Ihre Weite: Blick vom Wanderweg bei Les Reussilles über die Talschaft von Tramelan hinüber zum Montagne du Droit.

verlassen und auf einen geteerten Weg gelangen, der dem Waldrand entlangführt. Bei der nächsten Verzweigung nach links und durch den Wald bis nach **Les Reussilles (2)**; auf der Straße gehen wir nach links zur Haltestelle der Jurabahn. Wir bleiben auf dieser Seite der Gleise und nehmen den Weg auf, der in der Nähe des Schienenstrangs verläuft. Nach rund einem Kilometer endet der Teerbelag und wir wandern auf dem Feldweg weiter, über die Gleise, dann links leicht ansteigend zu einem Hof. Ein kurzes Stück nach den Gebäuden gehen wir durch ein Gatter, dann verlassen wir leicht links haltend den Fahrweg und wandern über die Weide. Nun durch Wald den Markierungen folgend bis auf eine schmale Straße, die uns nach **La Chaux-des-Breuleux (3)** führt.

In diesem Dorf angelangt gehen wir nach links, dann rechts am Schulhaus vorbei und auf der betonierten Straße – wobei es sich gut neben dem Hartbelag wandern lässt – hinüber zur Hauptstraße Tramelan – Saignelégier, wo es für die Besucher einen Parkplatz am **Etang de la Gruère (4)** gibt. Der Abstecher zu diesem See lohnt sich sehr, ebenso der gut einstündige Rundgang um das Gewässer.

Nun gehen wir die wenigen Meter bis zum Weiler **La Theurre**, dort nach der **Auberge de la Couronne (5)** rechts auf einen geteerten Weg, und bei der ersten Verzweigung auf freiem Feld nach links. Weiter über das Feld und bei nächster Gelegenheit nach rechts am Hof von **La Neuve Velle** vorbei auf eine Straße, wo wir links gehen. Die Straße führt durch ein Wäldchen und gleich dahinter stoßen wir erneut auf eine Verzweigung, wo wir uns scharf nach rechts wenden und über einen kleinen Bergrücken nach **Petit Bois Derrière (6)** wandern.

Von hier folgen wir den Wegweisern in Richtung Tramelan; bald leiten uns die Markierungen vom Sträßchen weg und wir wandern über Weiden und schließlich in eine Senke. Nicht den Schildern folgen, die für Pferdetrekking aufgestellt worden sind, sondern aus der Senke emporsteigen und zu einem Hof wandern, der an einer Nebenstraße liegt. Auf dieser für ein kurzes Stück nach rechts bis zu den ersten Häusern der lockeren Streusiedlung von **Le Cernil (7)**. Hier verlassen wir die Straße und wandern auf Feldwegen über einen Hügel bis an den Rand von **Les Reussilles**, wo wir die Straße queren und geradeaus gehen. Nach wenigen Minuten haben wir wieder den Waldrand über Tramelan erreicht, den wir schon zu Beginn der Tour entlanggegangen sind. Auf bekanntem Weg zurück nach **Tramelan (1)**.

Am Etang de la Gruère wachsen Pflanzen, die sonst nur in Skandinavien vorkommen.

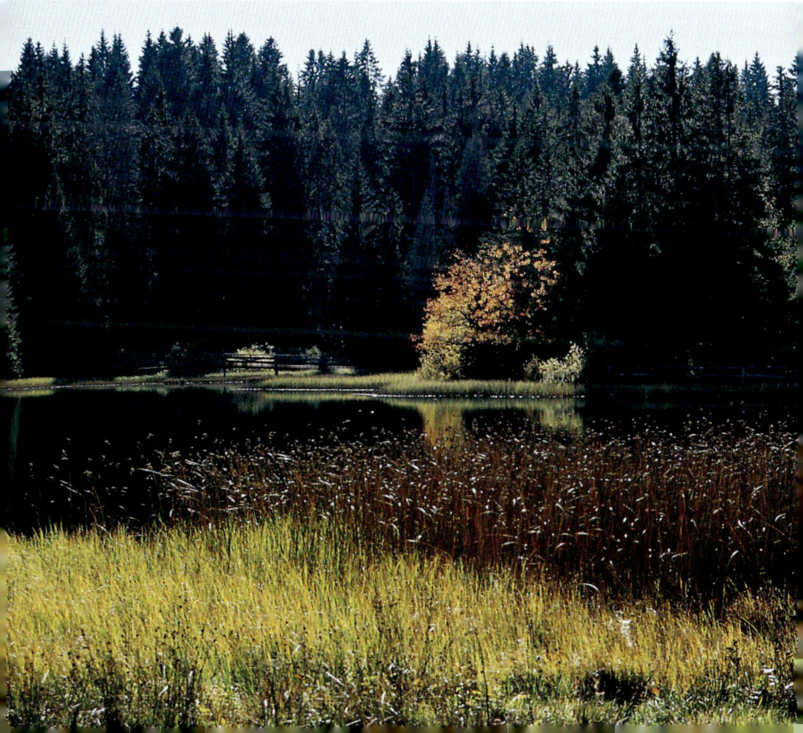

26 Mont Raimeux, 1302 m

6.00 Std.

Aussichtsberg über Moutier

Die Zeiten waren in Moutier nicht immer so ruhig wie heute. Nach langen Bemühungen verselbstständigte sich 1978 der französischsprachige Berner Jura – La République et Canton du Jura war geboren. Die ebenfalls französischsprachigen Bezirke Moutier, Courtelary und La Neuveville blieben jedoch beim Kanton Bern und der Kampf für einen Anschluss an den neuen Kanton Jura ging in dieser Region weiter. In den Jahren 2017 und 2021 sprachen sich in Volksabstimmungen die Stimmberechtigten für einen Wechsel Moutiers zum Kanton Jura aus, der voraussichtlich per 2026 vollzogen wird.

Ausgangspunkt: Bahnhof von Moutier, 529 m. Bahnverbindungen mit Basel über Delémont, von Biel oder von Solothurn. Mit dem Auto von Basel via Delémont oder von Biel via Tavannes. Parkmöglichkeiten in Bahnhofsnähe oder in der Stadt.
Höhenunterschied: 850 m.
Anforderungen: Gute Fußwege und ungeteerte Fahrstraßen.
Einkehr: Gasthäuser in Moutier und Grandval. Bergerie du Signal (✆ +41 32 499 00 16, raimeux.ch). Die Cabane Raimeux ist an Wochenenden auf Anfrage geöffnet (✆ +41 79 652 21 55, cas-delemont.ch).
Variante: Von Grandval per Zug zurück nach Moutier. Achtung: Nicht jeder Zug hält in Grandval!
Karte: WK 1:50.000, Blatt 223T, Delémont.

Vom Bahnhof **Moutier (1)** wandern wir an den Gleisen entlang durch die Avenue de la Gare bis zur Unterführung, wo wir auf die andere Seite der Eisenbahn wechseln, unmittelbar darauf nach links gehen und die schmale Gasse hinaufwandern, die bald in die Rue du Crêt mündet. Weiter aufwärts durch das ruhige Villenviertel bis die Straße endet und in eine Schotterpiste übergeht. Wo diese in den Wald führt, zweigen wir nach links ab und neh-

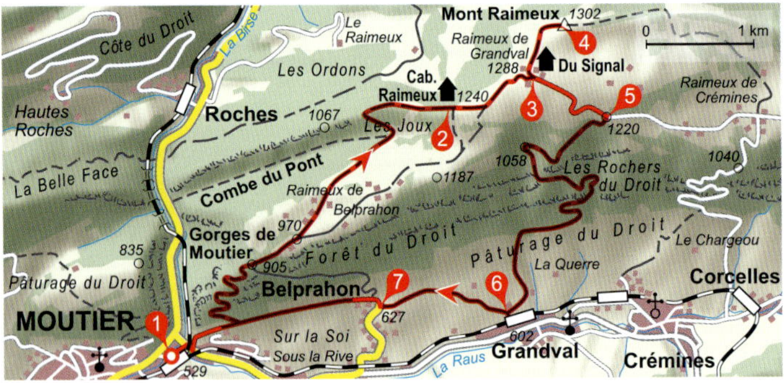

men den Pfad auf, der angenehm ansteigend die Südostflanke des Mont Raimeux hochklettert. Ein Aussichtspunkt unterwegs mit Sitzbank gewährt guten Ausblick hinab in die enge Klus, durch die Straße und Eisenbahn von Moutier nach Delémont führen. Der Weg mündet in einen rauen Fahrweg, der uns zu einer Weggabelung bringt. Beide Varianten führen zur **Cabane Raimeux (2)** des CAS Delémont, wir wählen die linke.

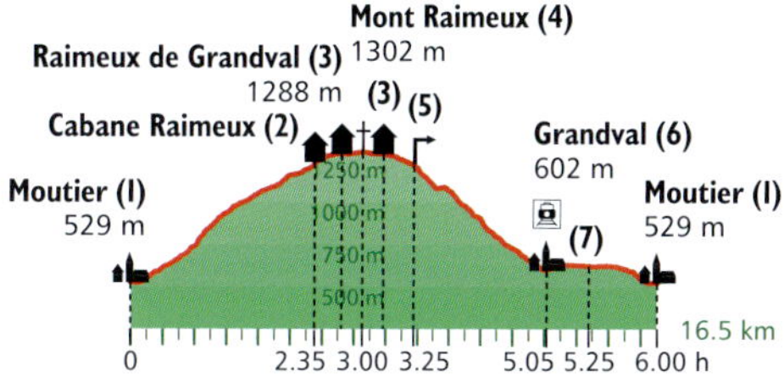

Von der CAS-Hütte wandern wir durch den lockeren Wald nur noch sanft ansteigend zu einer Mauer, dann diese entlang bis zum Gehöft von **Raimeux de Grandval (3)**, der Bergerie du Signal. Von hier ist es ein Abstecher von zirka 700 m zum Gipfel des **Mont Raimeux (4)**, 1302 m, mit seinem luftigen Aussichtsturm. Zurück am Gehöft folgen wir der Zufahrtstraße bergab, bis nach einer Haarnadelkurve ein Schild rechts in Richtung Grandval weist **(5)**. Dieser Weg führt die steile Flanke des Berges hinab, wobei wir zwischen den Bäumen dann und wann beachtliche Felswände über uns erblicken.

Kurz vor der Haltestelle **Grandval (6)** gehen wir nach rechts, das Sträßchen hinauf nach **Belprahon (7)** und dort weiter nach Moutier. Vor dem Ort treffen wir auf die Verzweigung zum Mont Raimeux, die wir schon vom Beginn der Tour kennen. Nun auf bekanntem Weg zurück zum Bahnhof von **Moutier (1)**.

Gleich hinter Grandval liegt die unsichtbare Sprachgrenze.

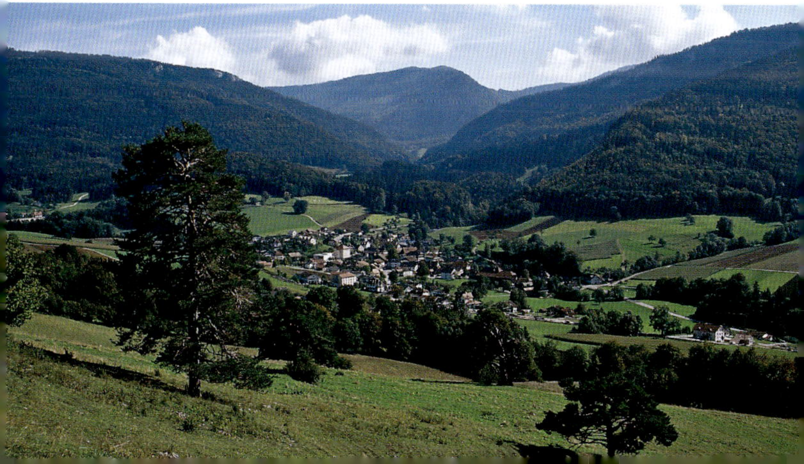

27 Montoz, 1327 m

6.15 Std.

Wenig bekannter Aussichtsberg im Hinterland von Biel

Der Montoz ist ein Hügelzug, der das Vallon de St-Imier vom Val de Tavannes trennt. Von seinen Höhen lässt sich eine hervorragende Aussicht über das Mittelland, die Alpen und den benachbarten Chasseral genießen. Eine Besonderheit sind auch die versteinerten Dinosaurierspuren, die in der Nähe von La Heutte gefunden wurden; braune Schilder weisen den Weg zu diesen Spuren.

Ausgangspunkt: La Heutte, 605 m; Anfahrt per Bahn von Biel mit Regionalzügen in Richtung Moutier (die Züge nach St-Imier/La Chaux-de-Fonds halten nicht in La Heutte!). Per Auto ab Biel in Richtung Delémont, Ausfahrt La Heutte. Beschränkte Anzahl öffentlicher Parkplätze im Dorf.
Höhenunterschied: 760 m.
Anforderungen: Gute Fußwege und ungeteerte Fahrstraßen. Steiler Aufstieg und sanfter Abstieg.

Einkehr: In La Heutte. Unterwegs das Hôtel-Restaurant La Werdtberg (✆ +41 32 944 30 50, la-werdtberg.ch), die Bergerie de Malleray (✆ +41 32 492 19 88), die Bergerie Sur la Rive (✆ +41 32 492 12 84), die Bergerie du Pré-la-Patte (✆ +41 32 492 19 85) sowie Restaurants in Péry.
Variante: Von der Cabane La Rochette aus direkt hinunter nach Péry (ca. 1 Std. kürzer).
Karten: WK 1:50.000, Blatt 232T, Vallon de St-Imier und Blatt 233T, Solothurn.

Von der Haltestelle **La Heutte (1)** oder vom Parkplatz im Dorfzentrum folgen wir den Wegweisern eine steile Straße hinauf, die schon bald in einen nicht minder steilen, ungeteerten Fahrweg übergeht. Wo dieser eine Rechtskurve beschreibt, nehmen wir den nach links an einer Wasserrinne entlangführenden Weg. An einer Wasserfassung vorbei wandern wir die steile Bergflanke hinauf und nähern uns dem engen, felsbewehrten Eingang zum Geländekessel von Petit Van. Wir betreten die Zufahrtsstraße zum Hof von Le Van, an dem wir vorbeigehen. Wenige Schritte danach folgt ein Wegweiser, der zwei Varianten anbietet, um zur Métairie de Werdt hinaufzusteigen. Beide Wege sind gleich lang und vereinigen sich unmittelbar unterhalb der Métairie de Werdt. Nun die letzten Meter hinauf zu diesem aussichtsreich gelegenen Restaurant **La Werdtberg (2)**. Jetzt orientieren wir uns an den Wegweisern nach La Rochette; der ungeteerte Fahrweg bringt uns mühelos über den Rücken des Montoz, vorbei an einer Antenne und weiter durch liebliches Gelände zur **Bergerie de Malleray (3)**. Danach folgt ein ganz kurzer Anstieg und schon bald schlendern wir

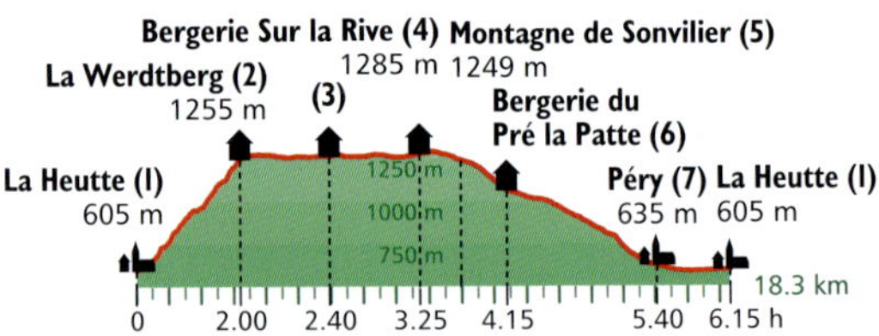

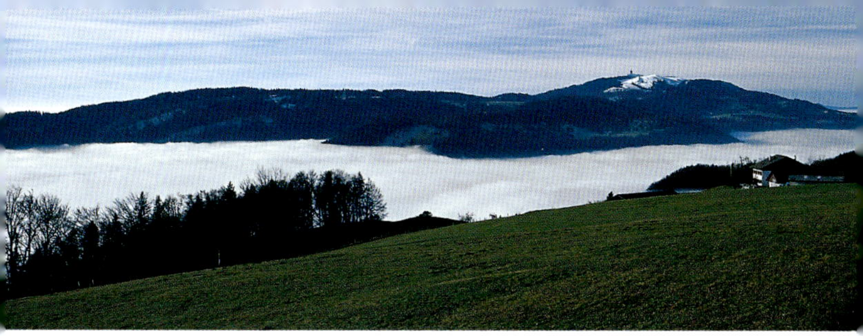

Gerne entflieht man dem Nebel und genießt vom Montoz den Blick zum Chasseral.

an der Cabane La Rochette vorbei. Weiter über Weiden um den Südhang des höchsten Punktes des **Montoz**, 1327 m, zur **Bergerie Sur la Rive (4)** und dann hinüber zum Gehöft auf dem **Montagne de Sorvilier (5)**. Es beginnt der Abstieg, der uns zuerst zur **Bergerie du Pré la Patte (6)** bringt. Von hier wandern wir auf der sanft abfallenden, gekiesten Zufahrtsstraße hinab nach **Péry (7)**.

Unmittelbar nach der Kirche von Péry wenden wir uns nach rechts, anschließend nach links und gehen dann immer geradeaus zum unterhalb des Dorfes gelegenen Bahnhof von Péry-Reuchenette. Vom Bahnhof auf der Straße in Richtung La Heutte bis kurz nach einer Tankstelle am Dorfausgang eine Straße nach links zur Industriezone führt. Über die Bahngleise und sofort nach rechts; dem Schienenstrang entlang wandern wir den letzten Kilometer zurück nach **La Heutte (1)**.

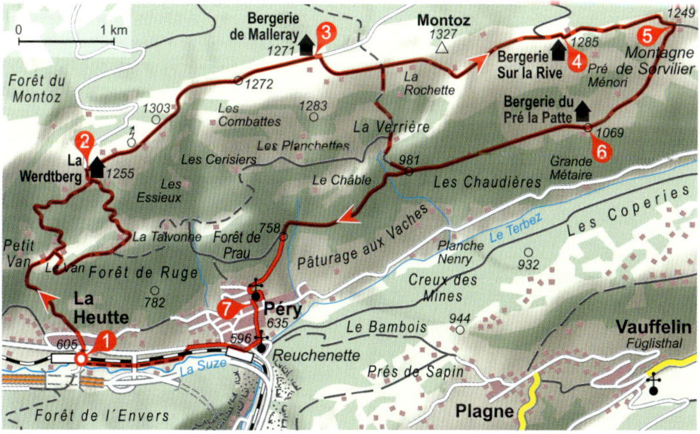

TOP **28**

Twannberg

6.45 Std.

Höhen-, Schlucht- und Weinbergwanderung

Biel, die zweisprachige Stadt! Hier hört man Französisch, dort Schweizer Dialekt, da ist der Straßenname auf Deutsch geschrieben und ein paar Meter weiter auf Französisch. Eine Stadt mit Gegensätzen!

Ausgangspunkt: Bahnhof von Biel, 437 m. Anreise von Bern auf der A 1.
Höhenunterschied: 300 m im Aufstieg, 740 m im Abstieg.
Anforderungen: Einfache Wanderung auf guten Wegen. Der Weg durch die Twannbachschlucht ist von November bis ca. April geschlossen.
Einkehr: In Biel, Magglingen und Twann. Unterwegs außerdem das Restaurant Twannbachschlucht (✆ +41 78 684 14 12, glas-atelier.ch).
Karte: WK 1:50.000, Blatt 232T, Vallon de St-Imier.

Vom Bahnhof in **Biel (1)** gehen wir auf der Bahnhofstrasse in die Viaduktstrasse, auf dieser geradeaus bis zum Ende, dann biegen wir nach links zur Seilbahn Biel-Magglingen (Funiculaire) ab. Bequem per Standseilbahn geht es hoch nach **Magglingen (2)**. Auf der Terrasse des Sportzentrums erwartet uns eine herrliche Aussicht auf die drei Seen, auf Biel, Neuenburg und Murten und bis zu den Alpen. Wir biegen rechts in den Wald ab, gehen an dem Schulungsgebäude und einer Turnhalle mit Kletterwand entlang in Richtung Hohmatt, überqueren die Straße und folgen weiter der gelben Wanderwegmarkierung.
Dass das Ende der Welt so nahe ist, hätten wir nicht gedacht! Bei der nächsten Weggabelung steht auf der Markierung »Ende der Welt«. Wir folgen aber den Schildern Twannberg und Twannbachschlucht. Vorbei an den Magglingermatten zum ehemaligen Hotel und Feriendorf **Twannberg (3)**. Weiter über Weiden und durch Wälder gelangen wir in die romantische, durch einen bequemen Weg erschlossene **Twannbachschlucht (4)**. Beim »Restaurant Twannbachschlucht«, das heute hauptsächlich eine Glasbläserwerkstatt ist, liest der von oben Kommende »Restaurant des Gorges«, dreht er sich gleich nach dem Schild um, steht dort »Restaurant Twannbachschlucht«. Französisch und

Der Twannbach zwängt sich durch eine enge, malerische Schlucht.

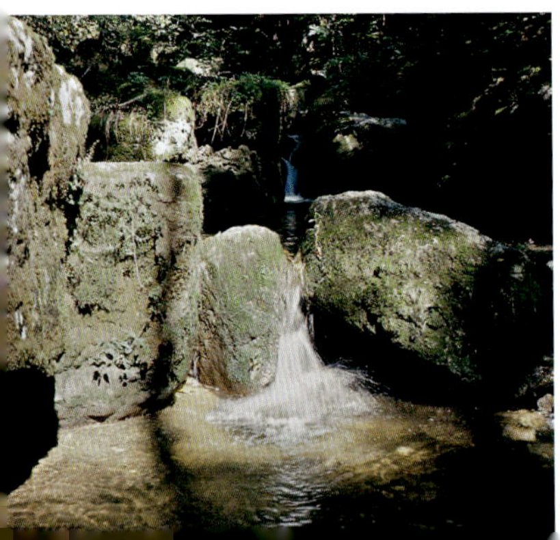

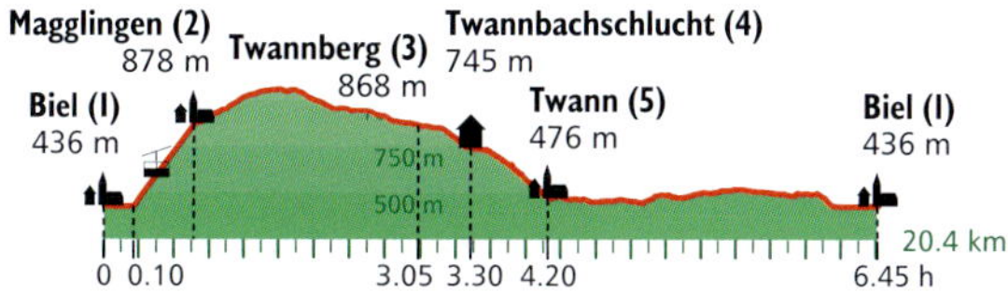

Deutsch geben sich hier die Hand! Am Eingang der Schlucht besagt eine Tafel, dass für den Schluchtenweg etwas zu bezahlen sei. Diese »Wanderermaut« ist am **Schluchtausgang (5)** kurz vor Twann zu entrichten. Wer vom Wandern genug hat, kann hier über Treppenstufen nach **Twann** zum Schiffssteg absteigen und dort das Schiff nach Biel nehmen.

Der Weg zu Fuß durch die Rebberge, vorbei an eng zusammengebauten alten Winzerhäusern bis nach Biel, lohnt sich aber sehr. Dafür geht man ein paar Meter die Straße entlang, biegt gleich in die Straße nach links ab und nach 100 m wieder nach rechts in Richtung **Chapf**. Stets auf derselben Höhenlinie bleibend, rechts den Blick auf den Bielersee, durch romantische Rebberge, folgen wir dem Chemins des Vignes entweder zur Talstation der Magglingen-Bahn oder wandern zum Bahnhof von **Biel (1)** weiter.

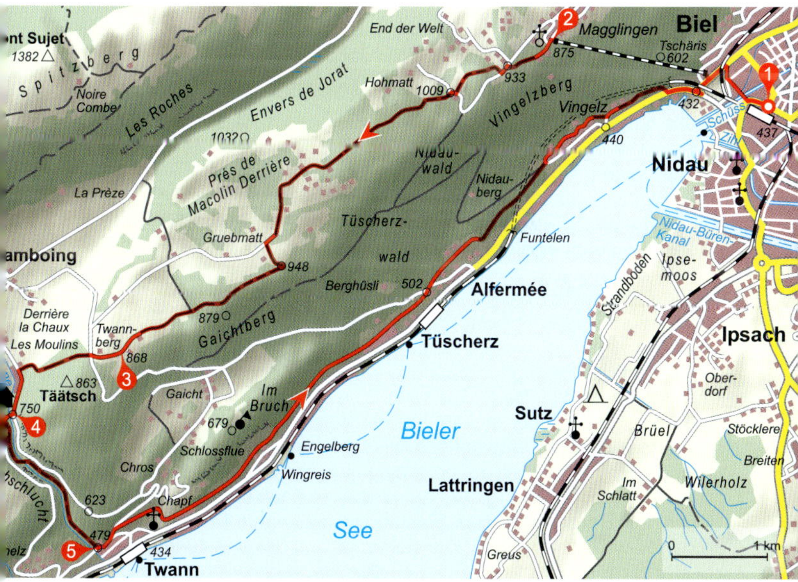

29 Mont Sujet, 1382 m

4.30 Std.

Aussichtsberg zwischen Chasseral und Bielersee

Der Mont Sujet ist dem wesentlich höheren Chasseral im Süden vorgelagert und ragt fast wie eine Blase aus der Ebene der Montagne de Diesse. Der Aufstieg zum Mont Sujet verläuft über den »Sentier des sculptures«. Schüler der Holzschnitzereischule Brienz haben im Jahr 1996 eine Reihe von Skulpturen in die Strünke gefällter Bäume geschnitzt. Die Motive laden zu einem Stopp und Verweilen ein, was die Wanderung durch den schönen Buchenwald noch kurzweiliger werden lässt.

Ausgangspunkt: Lamboing, 820 m. Busverbindung mit La Neuveville, das ab Biel und Neuchâtel mit Regionalzügen erreichbar ist. Mit dem Auto von Biel oder Neuchâtel via Twann. Parkmöglichkeiten beim Gemeindehaus hinter dem Restaurant Auberge du Cheval Blanc.
Höhenunterschied: 630 m.

Anforderungen: Einfache Wanderung auf guten Wegen. Kaum Hartbelag.
Einkehr: Restaurants in Lamboing und Diesse. Mit Abstechern erreichbar: Bergerie du Bas (✆ +41 32 322 76 75), Métairie de la Grande Maison (✆ +41 32 315 13 22).
Karte: WK 1:50.000, Blatt 232T, Vallon de St-Imier.

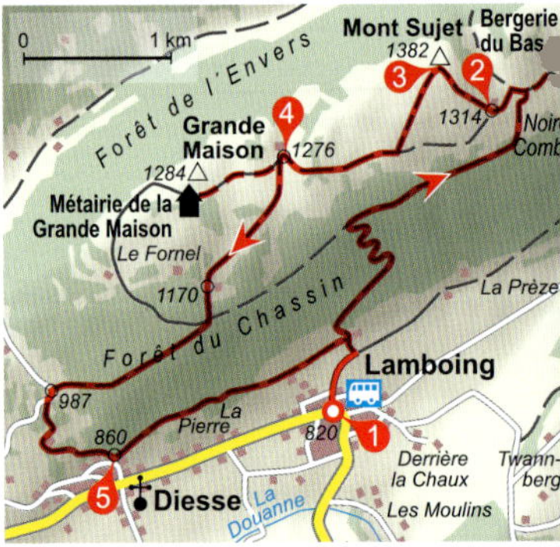

In **Lamboing (1)** gehen wir vom Restaurant Auberge du Cheval Blanc (Bushaltestelle »Post«) die Straße aufwärts und dann bei der nächsten Verzweigung nach rechts. Auf der geteerten Straße bleiben wir nur kurz, dann gehen wir nach links auf einen rauen Fahrweg, der neben einer Hütte durch ein Tor führt. Hier beginnt der Anstieg, zuerst auf einem steilen, breiten Weg, von dem bald ein schmaler Fußpfad nach links abzweigt. In weiten, angenehm sanft ansteigenden Kehren erklimmen wir den Berg, bleiben aber immer mal wieder stehen, um die Holzschnitzereien am Wegrand zu bestaunen. Der Pfad mündet schließlich in eine Forststraße, der wir nach rechts folgen und die uns auf die Weiden der Noire Combe zu einer Verzweigung mit Wegweiser bringt. Auf dem Fahrweg nach rechts können wir in ca. 10 Min. zur **Bergerie du Bas** (Restaurant) gelangen. Die Wanderung führt allerdings weiter nach links. Hier gehen wir auf der ungeteerten Fahrstraße zur **Bergerie du Haut (2)**. Links an den Gebäuden vorbei führt nun eine

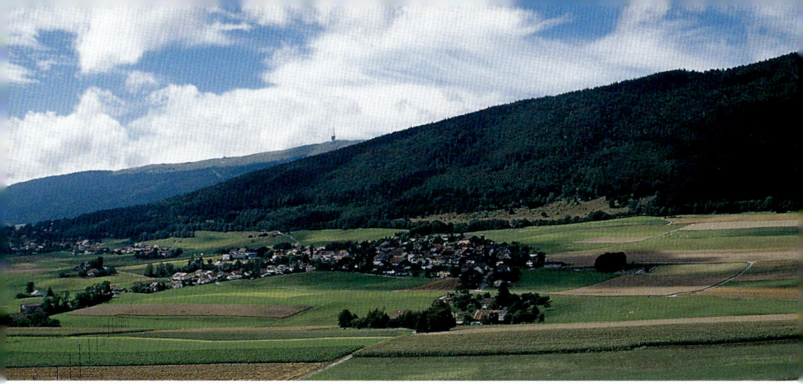

Das kleine Dorf Lamboing liegt am Südfuß des Mont Sujet.

Route über die Wiesen in direkter Linie hinauf zum Gipfel des **Mont Sujet (3)**, 1382 m. Vom Gipfel wandern wir in Richtung Diesse, ohne Weg über das Gras abwärts gegen Westen.

Bald stoßen wir auf den Weg, der von der Bergerie du Haut herkommt und einen Zaun entlangführt. Der Zaun endet bald und die Wegzeichen führen uns über die Weiden zu einem weiteren Zaun, wo ein **Holzschild (4)** zum Grande Maison weist. Der Abstecher zu diesem Hof mit Restaurant dauert etwa 15 Min. pro Weg. Am erwähnten Zaun gehen wir nach links. Bald wandern wir wieder auf einem gut erkennbaren Weg hin zu einem Gehöft. Noch bevor wir dieses erreichen, gehen wir durch ein Fußgängertor auf der rechten Wegseite und anschließend über eine Weide neben dem Bauernhof abwärts zur Zufahrtsstraße, die wir queren. Dann halten wir auf den Wald zu und nehmen dort den Weg auf, der kurz danach eine Forststraße kreuzt. An dieser Kreuzung geradeaus und weiter auf dem rauen, breiten Weg abwärts durch den Wald. Schließlich gelangen wir auf eine geteerte Straße, die wir nach wenigen Schritten wieder nach links verlassen. An einem Schießstand vorbei leiten uns die Wegzeichen an den Dorfrand von **Diesse (5)**. Nach den ersten Häusern zweigen wir nach links ab und spazieren dem Waldrand entlang in Richtung Lamboing. Unterwegs begegnen wir dem »Sentier botanique«, der jedoch an einer Stelle nach links wegführt, wo wir geradeaus gehen. Bald darauf gelangen wir wieder zum Tor, das uns zu Beginn der Tour auf den »Sentier des sculptures« geführt hat. Nun auf bekanntem Weg nach **Lamboing (1)** zurück.

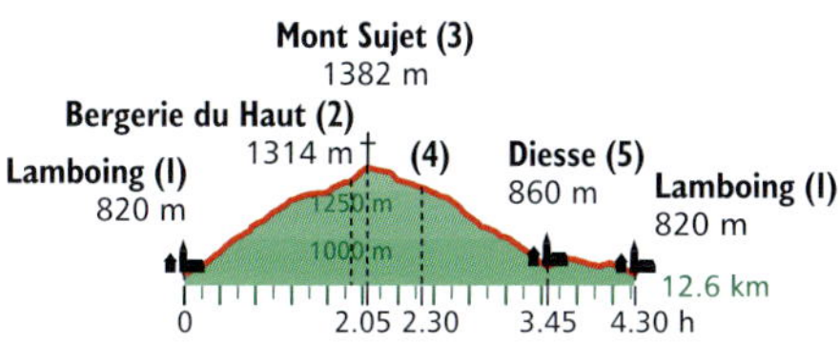

30 Chasseral, 1607 m

6.45 Std.

Wanderung durch eine spektakuläre Schlucht auf den höchsten Gipfel des Berner Jura

Der Chasseral – oder »Gestler«, wie der Berg auf Deutsch heißt – ist mit 1607 m einer der höchsten Gipfel des Schweizer Jura. Auf seinem Nordrücken liegt der im Jahr 2001 offiziell gegründete Regionalpark Chasseral, die erste Organisationsform dieses Typs in der Schweiz, die auf dem Beispiel der französischen Naturparks basiert. Vom Gipfel gegen Norden zieht die bemerkenswerte, unter Naturschutz stehende Schlucht der Combe Grède. Schon um 1900 wurde ein Wanderweg durch diese Klamm gebaut, der dann 1999 aufwendig saniert wurde. Die Wanderung durch die Schlucht auf den Gipfel des Chasseral ist ein eindrucksvolles Erlebnis, das außergewöhnlich ist für eine nichtalpine Region. Die für den Jura typischen Waldgesellschaften der Combe Grède sind auch Lebensraum für eine vielfältige Pflanzen- und Tierwelt: Im oberen Bereich leben Gämsen und Murmeltiere, der Wald wiederum ist Heimat für viele, teilweise seltene Vogelarten wie Raufußkäuze, Schwarzspechte oder Raufußhühner.

Ausgangspunkt: Bahnhof St-Imier, 793 m. Anreise von Solothurn in Richtung Biel, von Neuenburg Richtung La Chaux-de-Fonds. SBB bis Biel, RB bis St-Imier.
Höhenunterschied: 960 m.
Anforderungen: Anspruchsvolle Wanderung mit steilem Aufstieg. In der Schlucht Combe Grède sind Trittsicherheit und Schwindelfreiheit erforderlich (Leitern!). Der Rückweg führt auf einfachen, gut bezeichneten Wegen über typische Juraweiden und durch Wälder.
Einkehr: Restaurants in St-Imier. Unterwegs: Métairie de Morât (✆ +41 32 751 48 22), Hôtel Chasseral (✆ +41 32 751 24 51, chasseral-hotel.ch) und Métairie des Plânes (✆ +41 32 940 15 76, metairie-des-planes.ch).
Karte: WK 1:50.000, Blatt 232T, Vallon de St-Imier.
Hinweis: Die Combe Grède ist von Ende Oktober bis Anfang Mai gesperrt.

Die Wanderung beginnt auf einem langen, von Bäumen gesäumten Fußweg, der vom Bahnhof **St-Imier (1)** auf den Grund des Vallon de St-Imier führt. Die Gebäude der Uhrenfabrik Longines sind unser Wegweiser, und tatsächlich leiten uns die gelben Markierungen durch das Fabrikgelände, bevor wir auf einem Pfad sachte zum Waldrand aufsteigen. Wir queren dabei den Zielbereich

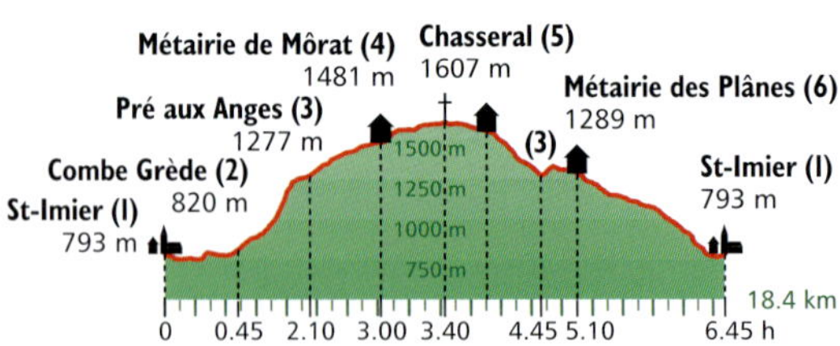

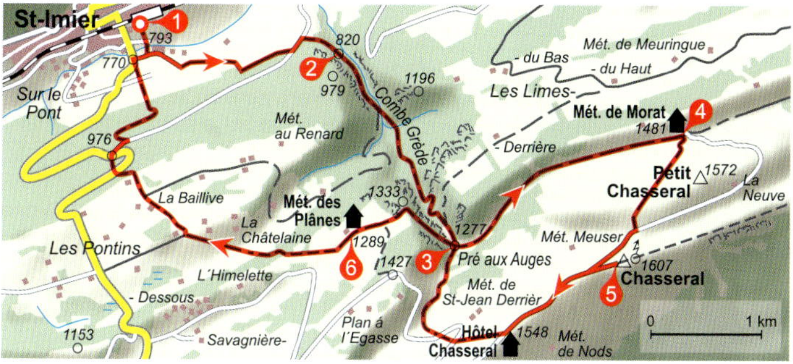

eines Schießstandes; wenn Schießbetrieb herrscht, ist dieser Wegabschnitt gesperrt und man wird zu einem kleinen Umweg gezwungen: Hinter dem Schießstand vorbei in Richtung des Dorfes Villeret, dann fast parallel – aber in sicherem Abstand – in Schießrichtung hinauf zum Waldrand. Die Ausweichroute ist gut bezeichnet.
Auf einem Sträßchen am Waldrand angelangt, wandern wir ein kurzes Stück auf Teer, verlassen aber den Hartbelag bald, zweigen nach rechts ab und folgen einem Fußpfad durch den Wald. Nur kurze Zeit danach stehen wir auf

Zwischen dem Rücken des Chasseral und Villeret liegt die Schlucht der Combe Grède.

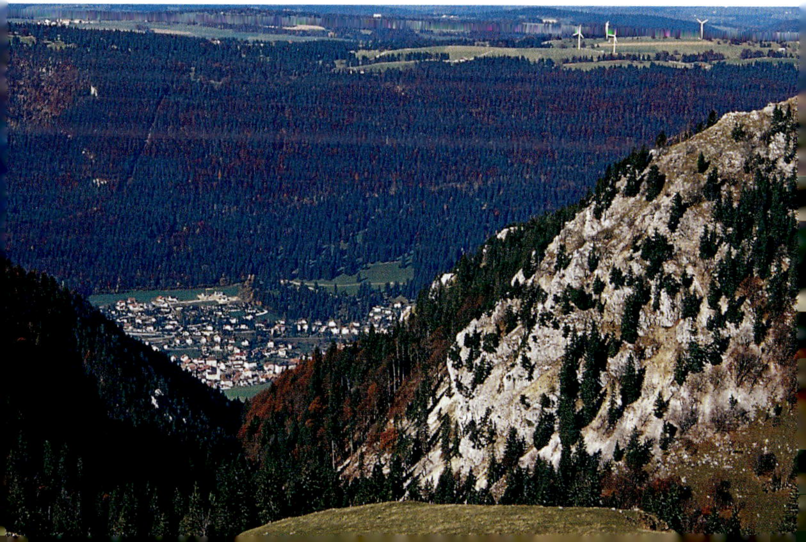

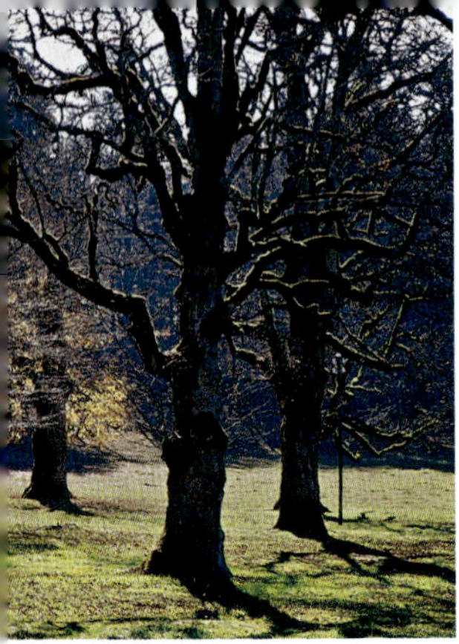

Mächtige Einzelbäume tragen wesentlich zum Landschaftsbild des Jura bei.

dem Wanderweg, der von Villeret herkommend durch die Schlucht der **Combe Grède (2)** zum Chasseral hinaufzieht. Die Combe Grède ist eine Welt für sich. Meist im Schatten gelegen, feucht und merklich kühler, gedeiht in diesem Klima eine üppige Vegetation, die fast alle Geräusche schluckt. Einzig das Rauschen des Bachs ist zu hören, aber auch das nicht immer, verschwindet das Gewässer doch streckenweise im Untergrund. Anfänglich sanft ansteigend quert der Weg mehrere Male den Bach, bis dann die steile Passage durch das innere Ende der Schlucht beginnt. Schwellen, Geländer, Halteseile und drei Leitern wurden bei der Sanierung des Wegs neu montiert. Etwas Trittsicherheit und Schwindelfreiheit können tatsächlich nicht schaden auf dem recht spektakulären Aufstieg. Auch ist Steinschlaggefahr nicht ganz auszuschließen.

Nach der Steilstufe mit ihren Leitern und Serpentinen erreichen wir einen Rastplatz mit Feuerstellen und einem Brunnen. Die Geländemulde mit den von Flechten behangenen Tannen und der feuchten Weide ist sehr typisch für die höher gelegenen Weiden des Jura. Von Frühling bis Herbst blüht eine reiche Flora auf diesem Flachmoor. Bei der bald folgenden Wegkreuzung von **Pré aux Auges (3)** gehen wir nach links und wandern ein wundervolles Tälchen hinauf zur **Métairie de Môrat (4)**. Nun geht es über den grasigen Geländebuckel des Petit Chasseral auf eine Teerstraße, die zum Chasseralkamm hinaufführt. Auf dem höchsten Punkt des **Chasseral (5)**, 1607 m, steht eine große Antenne, die den Berg auch über große Distanzen hinweg kenntlich macht.

Für den Rückweg wandern wir die Straße hinab bis fast zum Hotel und verlassen dann den Grat auf einem steilen Weg, der uns in die unter uns liegende Mulde hinabbringt. Dann steigen wir weiter ein schmales kleines Tal hinab und zurück zur bekannten Wegkreuzung von **Pré aux Auges (3)**. Hier geht es nun nach links auf den Weg, der eine steile Flanke quert und bald zu einem wundervollen Aussichtspunkt führt. Wenig später befinden wir uns auf der **Métairie des Plânes (6)**, einer großen Weide mit prächtigen, alten Bäumen. Kurz nach dem Bauernhof zweigen wir nach rechts ab; weiter über das parkähnliche Gelände und durch ein Waldstück, dann folgt ein langes Stück über eine offene Ebene, bevor wir den steilen Abstieg beginnen, der uns zurück nach **St-Imier (1)** bringt.

Ein Regionalpark schützt den Nordrücken des Chasseral.

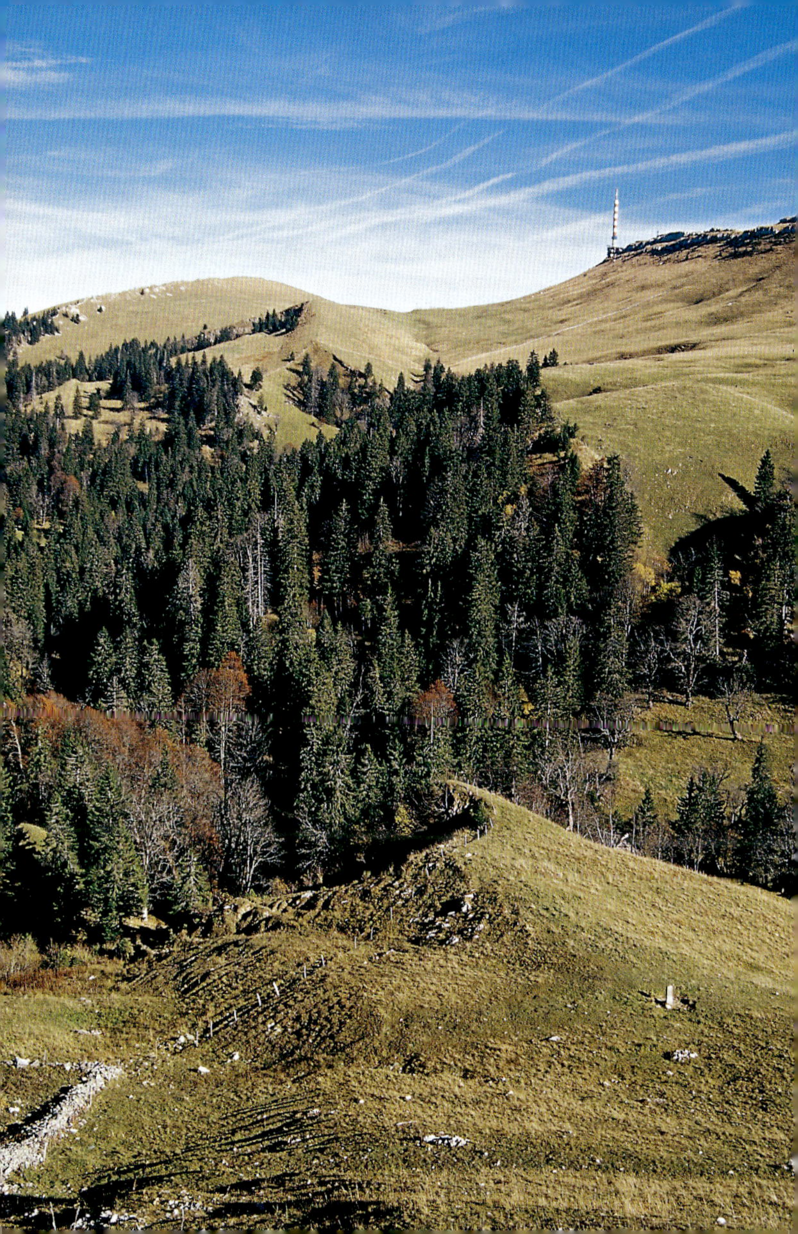

31 Mont Soleil

5.45 Std.

Wunderschöne Sicht zum Chasseral und über die Freiberge

Der Mont Soleil ist ein richtiger Energieberg. Seit 1992 steht auf ihm die größte Solaranlage der Schweiz. Rund 5000 m² Solarzellen werden hier oben – vorwiegend zu Forschungszwecken – betrieben. Einen Steinwurf davon entfernt stehen Windkraftwerke, deren riesige Rotoren sich langsam im Wind drehen. Ein Lehrpfad mit elf Schautafeln verbindet die beiden Standorte und erzählt einiges zum Thema Solar- und Windenergie.

Ausgangspunkt: Bahnhof St-Imier, 793 m. Anreise siehe Tour 30.
Höhenunterschied: 710 m.
Anforderungen: Durchweg einfache Wege.
Einkehr: Restaurants in St-Imier. Unterwegs: Restaurant La Combe à la Biche (✆ +41 32 961 11 48), Auberge Mont-Soleil Chez l'Assesseur (✆ +41 32 941 23 60, montsoleil.ch).
Karte: WK 1:50.000, Blatt 232T, Vallon de St-Imier.

Detailansicht des Bertha-Turms in St-Imier.

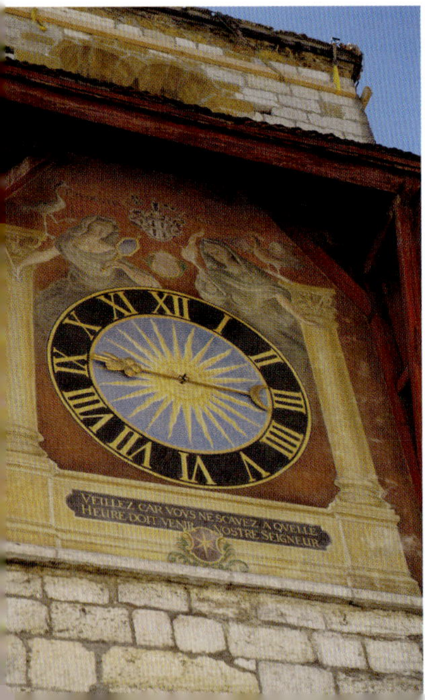

Vis-à-vis des Bahnhofsgebäudes von **St-Imier (1)** steht ein großes, nicht zu übersehendes Wanderwegkreuz. Vom Bahnhof gehen wir halblinks durch die Rue Jacques-David, dann bei der Rue du Midi nach links. Bei der nächsten Kreuzung nach rechts durch die Rue de Châtillon bis zur Rue Basse; auf dieser nach links und weiter bis zum Place du Marché, einem hübschen Platz mit zwei Brunnen. Durch die Rue Pierre-Jolissaint und gleich wieder rechts in die Rue de la Citadelle steil zum Waldrand hoch. Bei der Waldabzweigung wählen wir die rechte Straße, die nach 100 m eine scharfe Rechtskurve nimmt. Auf dem alten Fahrweg durch den Forêt du Droit, mit schönem Tiefblick auf St-Imier und den gegenüberliegenden Chasseral, geht es bergauf. Beim Unterqueren der Standseilbahn gehen wir den linken steilen Weg hoch zur Fahrstraße. 150 m folgen wir der

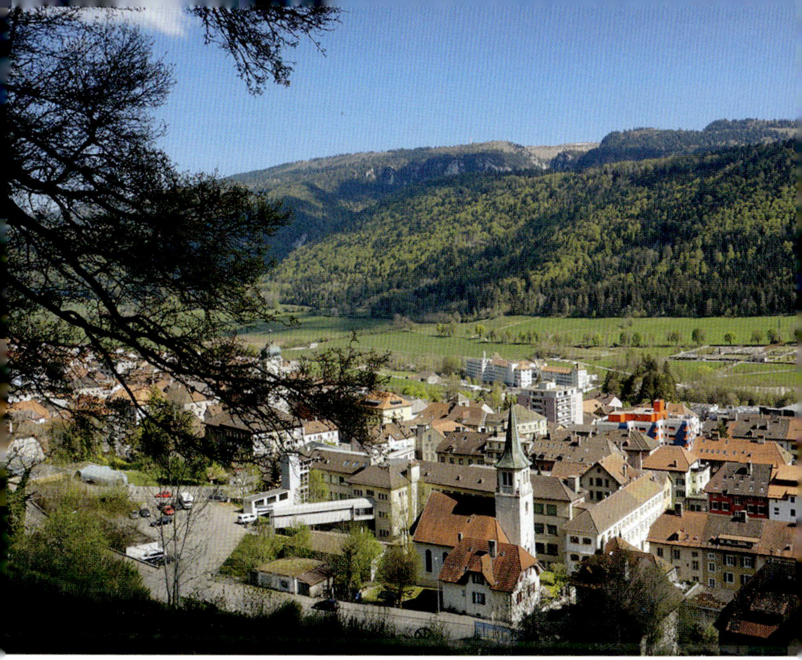

Blick auf St-Imier und den Chasseral während des Aufstiegs zum Mont Soleil.

Straße bis zu einem links sichtbaren Treppengeländer. Den steilen Fußpfad hoch. Auf der Höhe des **Mont Soleil** angelangt, sehen wir die Station der Funiculaire St-Imier – Mont Soleil. Von der **Seilbahnstation Mont Soleil (2)** zum ehemaligen Sporthotel hinauf und auf der Straße hinter dem Hotel nach links (Ausschilderung Sentier découverte), später in einem Bogen nach rechts abwärts in Richtung Chaux d'Abel: über eine Weide bis zu einem Kiesweg, weiter über Weideland zu einem Telefonmasten mit der gelben Wanderwegmarkierung und vorbei an einer automatischen roten Tiertränke zu einer Tannengruppe; wo die Markierung an der rechten Tanne zu sehen ist, immer in Richtung NW halten. Die Orientierung ist bei Nebel nicht ganz einfach! Als Orientierungshilfe sind auf der Weide Pfosten mit gelber Markierung eingeschlagen. Schon bald erreichen

Narzissen und Windrad am Mont Soleil.

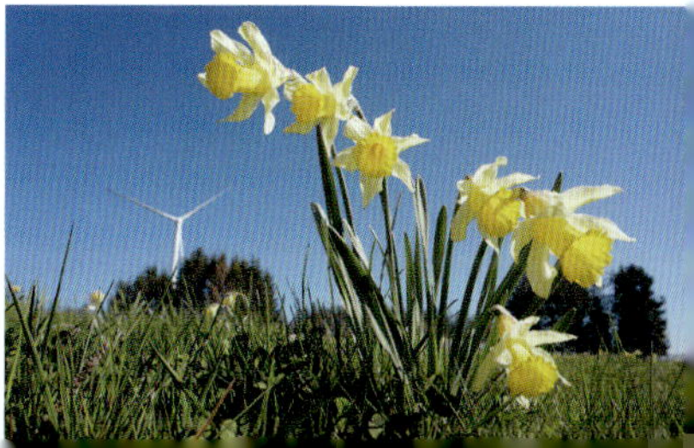

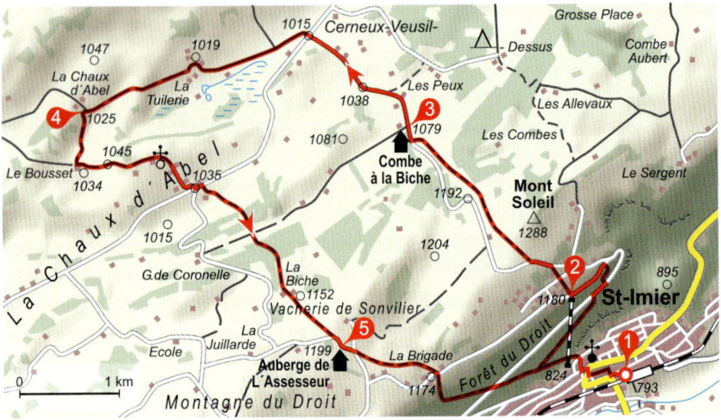

wir das Restaurant **Combe à la Biche (3)**. Wir bleiben auf der Straße und kommen an verschiedenen Höfen vorbei bis zur Kantonsstraße, welche wir überqueren, immer in Richtung Chaux d'Abel. Der Hof La Tuilerie liegt in einem sumpfigen Gebiet, was wir als Wandernde kaum zu spüren bekommen, jedoch das Vieh. Kurz darauf gelangen wir wieder zu einem Hof: **La Chaux d'Abel (4)**. Gleich nach dem eisernen Tor biegen wir scharf links ab. Die Markierung zeigt »Tourisme pédestre« an.

Der Abstieg nach Combe à la Biche verläuft angenehm durch baumbesetztes Weideland.

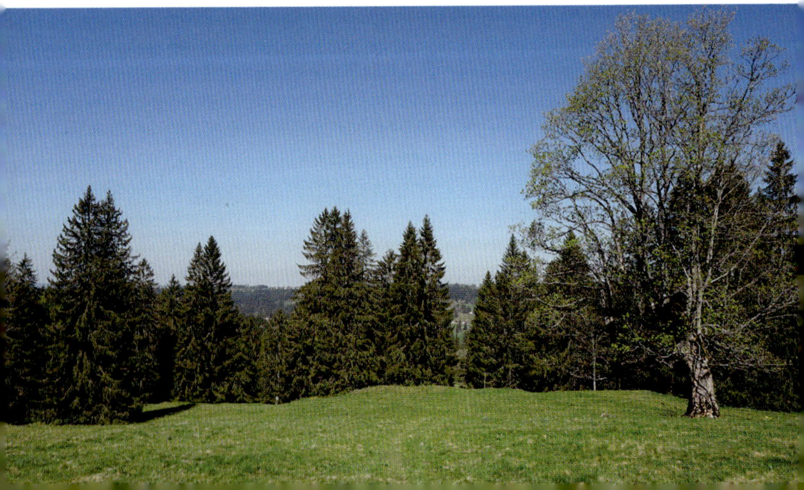

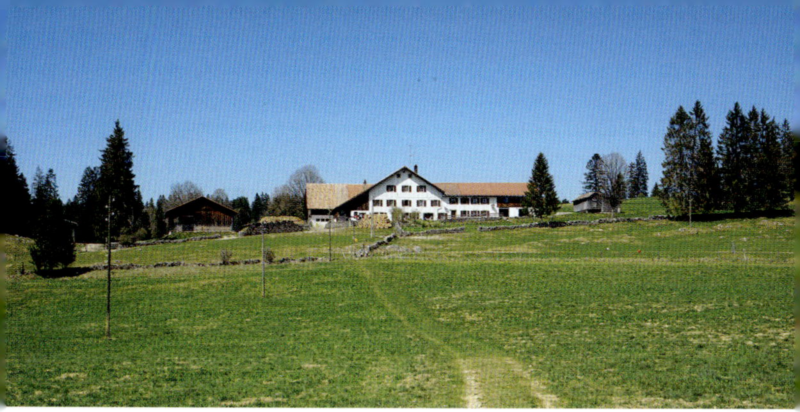

Der prächtige Hof La Chaux d'Abel ist schon von Weitem sichtbar.

Wieder auf dem Feldweg angelangt, folgen wir diesem nach links in Richtung Mont Soleil. Vorbei an einem Schulhaus und einer Kirche, die 1905 erbaut wurde. Zirka 300 m nach Passieren der Kirche erreichen wir wieder die Kantonsstraße, welcher wir 40 m nach links folgen, um sie gleich wieder nach rechts zu verlassen. Wir stehen erneut vor einem Bauernhof. Hinter dem Hof entdecken wir das Wanderwegzeichen »Tourisme pédestre«. Bei einem Mast mit einem deutlich sichtbaren Wegweiser biegen wir nach rechts in den Wald hinein ab.
Wir übersteigen eine Stiege und folgen dem Pfad den Wald hoch. Stets durch dichten Tannenwald, bis ein Gebäude zu sehen ist, auf welches wir zuhalten. La Biche ist ein weiterer wunderschöner typischer Jurahof. Wir lassen den dichten Tannenwald hinter uns und treten auf Weideland hinaus. Die Weide überqueren und auf eine Tanne zuhalten. Vor uns liegt die **Auberge Mont Soleil Chez l'Assesseur (5),** eine wunderschön gelegene Unterkunft. Die Sicht weitet sich, am Horizont erblicken wir den Chasseral mit seinem markanten Fernsehturm. Vorerst gehen wir in Richtung La Brigade, um von dort auf dem steilen Waldweg wieder durch den Fôret du Droit zurück zum Ausgangspunkt in **St-Imier (1)** zu gelangen.

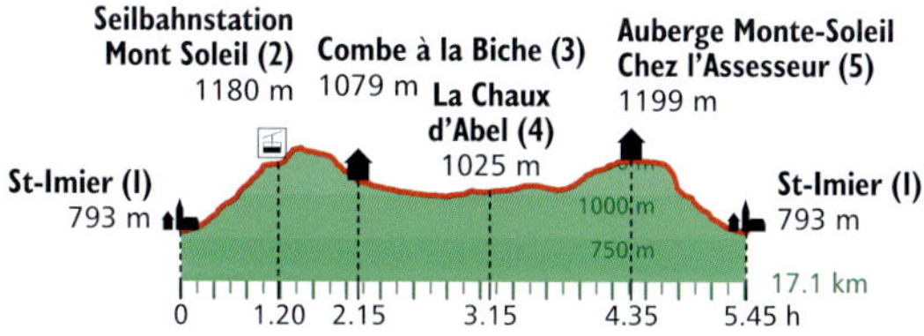

32 St. Petersinsel

5.45 Std.

Durch ein Naturschutzgebiet zu einer einstigen Insel

Die St. Petersinsel war einst vollständig von Wasser umgeben, doch mit der Gewässerkorrektion von 1875 sank der Seespiegel um zwei Meter, genug, um die als »Heidenweg« bekannte Landzunge freizulegen. Die Klosteranlage auf der St. Petersinsel stammt aus dem 11. Jahrhundert und dient heute als Hotel und Restaurant.

Ausgangspunkt: Bahnhof von Gampelen, 433 m, an der Bahnlinie Neuchâtel – Bern. Auf der Autobahn von Neuchâtel in Richtung Biel, Ausfahrt Ins; von Bern auf der A 1 bis Ausfahrt Kerzers, von dort via Ins bis Gampelen. Parken beim Bahnhof.
Höhenunterschied: 250 m.
Anforderungen: Einfache Fußwege sowie ungeteerte Fahrstraßen; zwischen Erlach und Gampelen längere Strecken auf Hartbelag.
Einkehr: In Gampelen, Erlach und Tschugg. Hotel-Restaurant St. Petersinsel (✆ +41 32 338 11 14, st-petersinsel.ch).
Varianten: Von der St. Petersinsel mit dem Schiff zurück nach Erlach.
Karte: WK 1:50.000, Blatt 232T, Vallon de St-Imier.

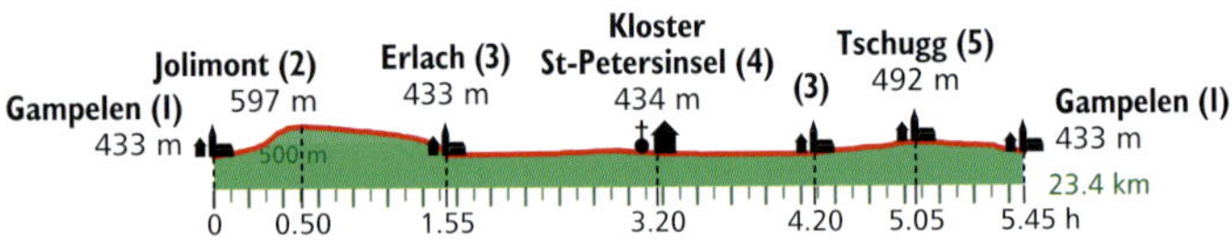

Der Bahnhof von **Gampelen (1)** liegt außerhalb des Dorfes, sodass wir zuerst über den Islerenkanal und über das flache Landwirtschaftsgebiet ins eigentliche Gampelen hinüberwechseln müssen. Auf der Hauptstraße angelangt, gehen wir nach rechts und wenige Meter danach wieder nach links.

Die St. Petershalbinsel entstand durch die Gewässerkorrektion von 1875.

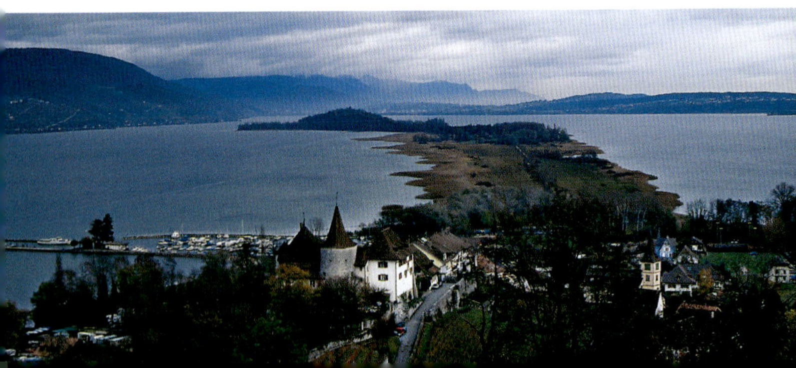

Das Sträßchen führt hinauf zum Waldrand und schon bald zweigt ein Fußweg nach links ab, der aus vielen hohen Treppenstufen besteht, über die wir uns den steilen Absatz emporarbeiten müssen. Nun beginnt der lange, weitgehend im Wald verlaufende Weg über den Jolimont nach Erlach. Die Markierungen sind gut, wofür wir angesichts der vielen Forststraßen, die den Wald durchziehen, sehr dankbar sind. Der höchste Punkt des **Jolimont (2)**, 603 m, liegt unmittelbar über Gampelen, doch diesen Gipfel umgehen wir.
Kurz vor Erlach erwartet uns ein steiler Abstieg, denn hier endet der Jolimont wie ein Tafelberg und bricht unvermittelt zum See hinab. Wir wandern durch das hübsche, mittelalterliche Städtchen **Erlach (3)** mit seinem Schloss. Vom alten Dorfkern folgen wir den Wegweisern zur Schiffslände. Wo die Straße nach links zum Hafen und Landungssteg abzweigt, gehen wir jedoch geradeaus und beginnen den etwa fünf Kilometer langen »Heidenweg« zur **St. Petersinsel**. Unmittelbar hinter dem **Kloster (4)** werden Reben angepflanzt und man sollte es sich nicht entgehen lassen, den hiesigen Tropfen zu probieren.

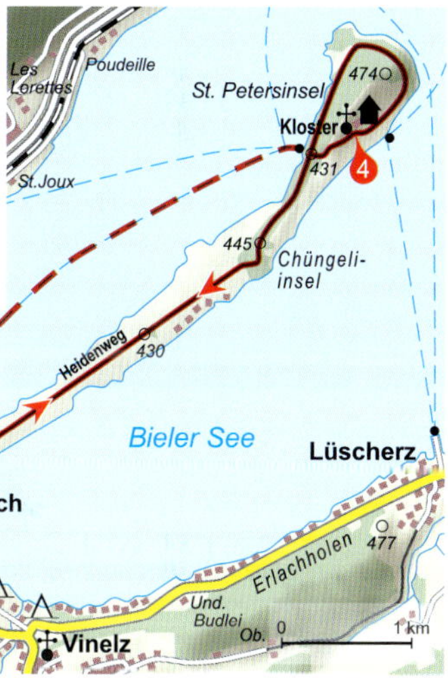

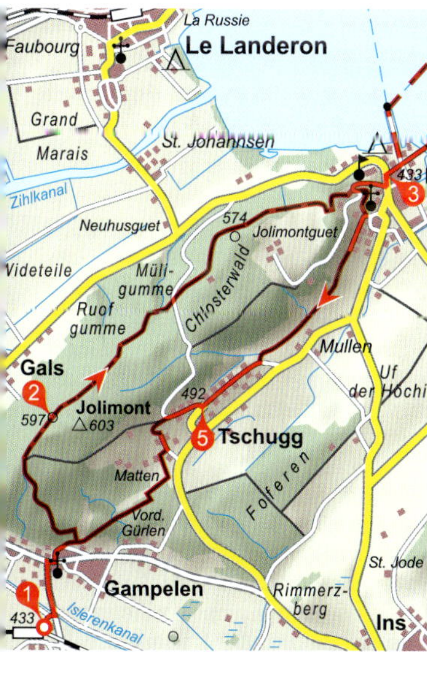

Anschließend auf demselben Weg zurück nach **Erlach (3)**. Wir gehen auf bekanntem Weg zum Schloss hinauf, dann an diesem vorbei, bis wir zur Verzweigung gelangen, wo wir nach links in Richtung Tschugg wandern. Auf gut bezeichneter Route nun via **Tschugg (5)** am Südostfuß des Jolimonts entlang zurück nach **Gampelen (1)**.

33 Côtes du Doubs

7.15 Std.

Schluchtenwanderung an einem der schönsten Flüsse Europas

Der Fluss Doubs bildet auf vielen Kilometern die Grenze zwischen Frankreich und der Schweiz. In weiten Schlaufen mäandriert er durch die Gebirgslandschaft des Jura. Quelle und Mündung liegen Luftlinie nur 90 km auseinander, dennoch legt der Doubs zwischen den beiden Punkten 453 km zurück.

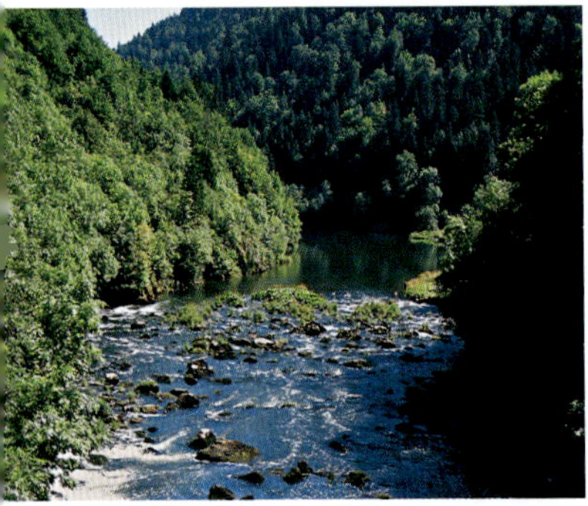

Über weite Strecken bildet der Doubs die Grenze zwischen Frankreich und der Schweiz.

Ausgangspunkt: Postbushalt »Les Joux Derrière La Grébille«, 1042 m. Postbusanfahrt (Richtung Biaufond oder Les Planchettes) vom Bahnhof oder vom Parc Sports (Rue de la Charrière 70; Parkmöglichkeiten) in La Chaux-de-Fonds.
Höhenunterschied: 730 m im Aufstieg, 800 m im Abstieg.
Anforderungen: Fußwege, kaum Hartbelag. Die Schlucht Combe de Biaufond ist relativ anspruchsvoll (Leitern, schwierige Orientierung, Karte empfehlenswert).
Einkehr: Hotel-Restaurant La Maison Monsieur (✆ +41 32 558 37 37), Hôtel de la Rasse (✆ +41 3 81 68 61 89). Restaurants in La Chaux-de-Fonds.
Karte: WK 1:50.000, Blatt 232T, Vallon de St-Imier.

Von **La Grébille (1)** wandern wir das kleine Tälchen hinab, das nach Nordwesten zum Doubs abfällt. Zuerst ist der Abstieg sanft, im letzten Teil jedoch recht steil, wobei wir immer unter dem Dach der Bäume unterwegs sind. Am Ufer des hier sehr ruhig fließenden Doubs gehen wir nach rechts und folgen dem Flusslauf auf der Schweizer Seite. Das Hotel-Restaurant **La Maison Monsieur (2)** lädt zu einer Pause ein. Wir folgen dem Flussufer durch einen kleinen Park, dann leiten uns Wegmarkierungen hinauf zur Straße nach Biaufond. Wir queren die Straße und folgen einem etwas oberhalb der Straße verlaufenden Wanderweg zum **Zollhaus La Rasse (3)**. Hier über die Brücke auf die französische Seite des Doubs. Dort verläuft ein schmaler Weg entlang dem Ufer, der beim Stausee von Biaufond auf eine Straße trifft. Auf dieser queren wir wieder zurück über den Fluss in die Schweiz. Nach der Brücke nach links bis zu den wenigen Häusern von **Biaufond (4)**. Wir folgen dem Fluss am orografisch rechten Ufer (links in Gehrichtung) hinein in die immer enger werdende Schlucht, die hier **Combe de Biaufond (5)** genannt wird.

Der führt über einige zum Teil hohe und fast senkrechte Leitern durch die gewundene Klamm, die sich kurz vor einem kleinen See, der manchmal fast austrocknet, wieder etwas öffnet. (Unterwegs keinen der Wege nehmen, die auf die nördliche oder südliche Seite des Tals hinaufklettern!) Gut 1 km nach dem See gelangen wir zu einer **Verzweigung (6)**. Hier weiter den Bach entlang auf dem Talgrund oder alternativ fast parallel dazu über die Höhen von Le Valanvron zurück zum Parc Sports bzw. Bahnhof in **La Chaux-de-Fonds (7)**.

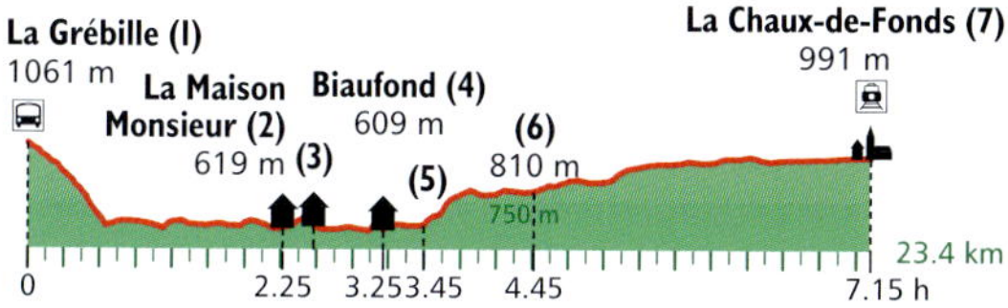

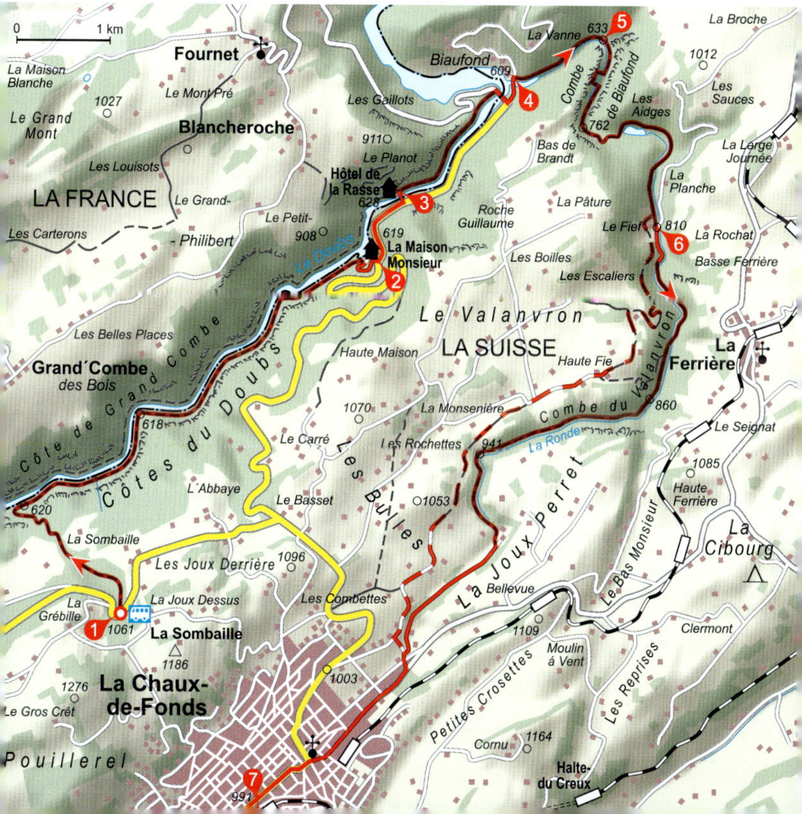

34 Echelles de la Mort

5.30 Std.

Auf Schmugglerpfaden zu fantastischen Aussichtspunkten

Wo es Landesgrenzen gibt, floriert auch der Schmuggel, das war am Doubs nicht anders. Das tief ins Juragebirge eingeschnittene Flusstal ist eine wilde, atemberaubende Grenzlandschaft, deren Überwindung für Schmuggler eine Herausforderung war, die für den einen oder anderen mit dem Tod endete. Die »Échelles de la Mort« (Todesleitern) verlaufen auf so einem Schmugglerpfad, wobei die einfachen Holzstiegen heute durch gute Metallleitern ersetzt sind.

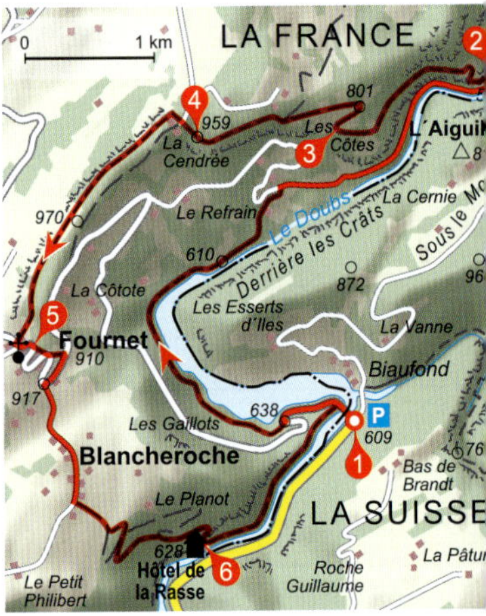

Ausgangspunkt: Biaufond, 609 m, Parkplatz am französischen Ufer des gestauten Doubs. Postauto ab La Chaux-de-Fonds bis Biaufond, dann zu Fuß über die Brücke nach Frankreich. Mit dem Auto ab La Chaux-de-Fonds Richtung Belfort, bis Biaufond und über die Brücke.

Höhenunterschied: 620 m.

Anforderungen: Fußwege, längere Abschnitte auf Hartbelag. Stabile Metallleitern, die trotzdem ein wenig Trittsicherheit verlangen. Bei Nässe etwas rutschig!

Einkehr: Restaurant de Biaufond und Hôtel de la Rasse (siehe Tour 33).

Karte: WK 1:50.000, Blatt 232T, Vallon de St-Imier.

Unterhalb von **Biaufond (1)** ist der Doubs durch die Barrage du Refrain aufgestaut, sodass der Parkplatz, wo wir die Wanderung starten, am Ufer eines ruhigen, friedlichen Sees liegt. Der erste Abschnitt der Tour führt uns entlang des Seeufers zur Staumauer. Weiter auf einem Sträßchen flussabwärts, bis wir schließlich das **Kraftwerk** von **Refrain (2)** erreichen, wo die Wasserkraft in Elektrizität umgewandelt wird. Die Wegweiser zu den **Échelles de la Mort** zeigen nun nach links bergauf und wir benutzen einen schmalen Pfad, der bald steil ansteigt und uns zu den ersten von zwei langen Leitern führt. Über diese fast Schwindel erregenden Stiegen überwinden wir die Steilstufe mühelos und erreichen bald eine natürliche Kanzel, von der wir einen überwältigenden Ausblick genießen. Von der Aussichtskanzel weiter für ein kurzes Stück den Wald hinauf, dann erreichen wir einen Wegweiser, an dem wir nach links gehen. Waren die Markierungen bislang rot-weiß, folgen wir nun den gelb-blauen Wegzeichen. Auf einem Fußpfad, der nur sachte ansteigt, gelan-

gen wir auf die große Wiese von **Les Côtes (3)**. Hier stehen ein kleines Chalet und die Gemäuer eines zerfallenen Gebäudes. In Frankreich sind übrigens die Wegmarkierungen bei Abzweigungen so gehalten, dass die Farben beim »falschen« Weg durchgestrichen sind und somit aussagen: nicht hier entlang!
Vom Chalet in Les Côtes steil den Hang hinauf zu einem Durchlass im Zaun, dann nach links schräg aufwärts in den Wald und auf eine Forststraße. Diese führt uns zu einer Wegverzweigung, wo wir zuerst geradeaus ein paar Schritte bis zu einer weiteren Gabelung gehen. Hier nach rechts und sofort wieder nach links (nicht bezeichnet!). Undeutlich erkennbare, gelbe Markierungen in der Form eines Blattes zeigen uns nun den Weg, der uns auf den Kamm bringt. Diesem folgen wir bis zum fantastischen Aussichtspunkt von **La Cendrée (4)**, 959 m. Weiter in der Nähe des Abbruchs bis zu einem Sträßchen, das zum einsamen Hof von La Cendrée führt. Der normalerweise weiterführende Weg ist abgerutscht. Deshalb wandern wir für einige Schritte nach rechts auf dem Sträßchen, bis einige in die Straßenböschung gehackte Stufen den Anstieg nach links hinauf erlauben. Der gut erkennbare Pfad führt uns bald wieder an den Rand des tiefen Einschnitts, durch den sich der Doubs wälzt. Ein weiterer Aussichtspunkt, das Belvedere **Sur les Roches**, 990 m, erwartet uns nur einen kurzen Abschnitt später.
Der Weg folgt weiter seinem topografisch logischen Verlauf und wir gelangen schließlich ins Dorf **Fournet-Blancheroche (5)**. Auf der Hauptstraße nach links. In drei Serpentinen (Abkürzungen möglich) führt die Straße bergab zu einer Verzweigung, wo wir rechts (geradeaus) gehen, an den letzten, verstreuten Häusern vorbei, bis ein Wegweiser nach links auf einen Feldweg zeigt. Zuerst auf dem rauen Fahrweg, dann auf schmalem Fußweg steigen wir hinab zum **Zollhaus La Rasse (6)**, das wieder am Doubs liegt. Nun dem Flussufer entlang zurück zum Ausgangspunkt bei **Biaufond (1)**.

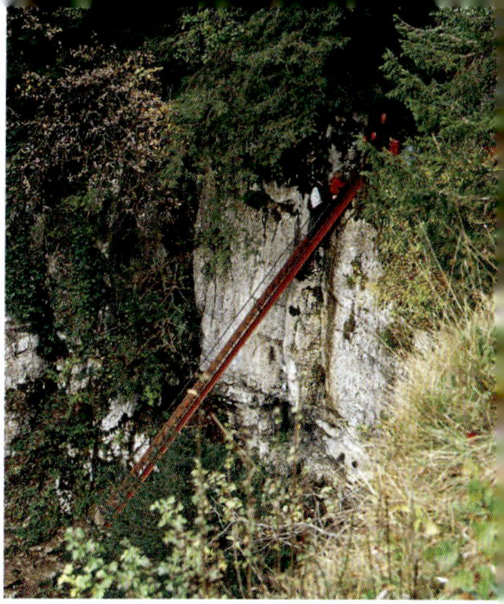

Dank solider Leitern sind die Échelles de la Mort heute problemlos zu überwinden.

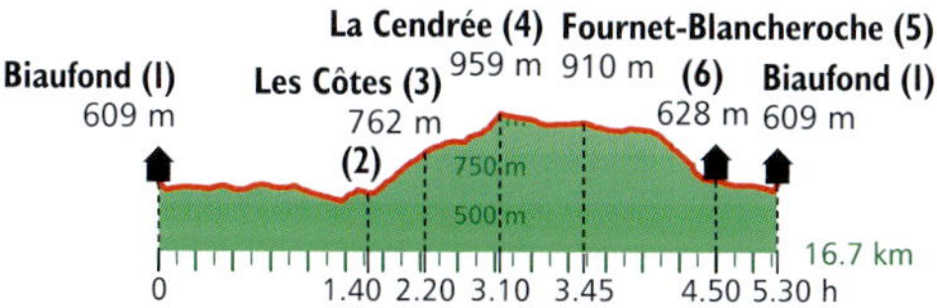

35 Tête de Ran, 1422 m

5.45 Std.

Wanderung mit Aussicht auf die Alpen

Der Passübergang »Vue des Alpes« (Sicht auf die Alpen) verbindet La Chaux-de-Fonds mit Neuchâtel und bietet eine großartige Aussicht über das Mittelland und bis zu den Alpen. Auf derselben Gebirgskette liegt der Tête de Ran, dessen Rundsicht jene von der Vue des Alpes noch übertrifft.

Ausgangspunkt: Bahnhof von La Chaux-de-Fonds, 991 m. Anreise mit der Bahn ab Biel und ab Neuchâtel. Bei Anreise mit dem Auto Tourbeginn am Campingplatz Bois du Couvent (Parkplatz).
Höhenunterschied: 660 m.
Anforderungen: Mittelschwere Wanderung auf guten Wegen; von der Vue des Alpes bis zum Tête de Ran bei Nässe rutschig, nach La Corbatière unklar markiert.
Einkehr: In La Chaux-de-Fonds. Unterwegs: Hôtel de la Vue des Alpes (✆ +41 32 854 20 20, montdar.ch), Relais du Mont Dar (✆ +41 32 853 20 74).
Karte: WK 1:50.000, Blatt 232T, Vallon de St-Imier.

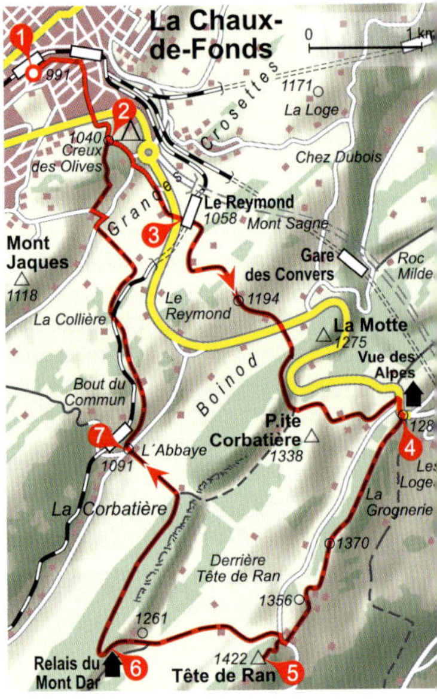

Vom Bahnhof von **La Chaux-de-Fonds (1)** durch die Unterführung auf die Südseite der Gleise. Dort auf der Rue du Commerce nach links bis zur Rue de Grenier. In diese nach rechts und bis zum Kreisel an der Rue de la Liberté (Parkplatz). Die Straße, die zum Campingplatz **Bois du Couvent (2)** führt, liegt gleich gegenüber. An diesem vorbei nach links durch den Wald, der uns aber bald wieder auf offenes Gelände entlässt. Über die Ebene steuern wir die Haltestelle **Le Reymond (3)** der Bahnlinie La Chaux-de-Fonds – Les Ponts-de-Martel an und queren hier die Straße. Weiter in gerader Linie einen von Bäumen gesäumten Weg aufwärts, dann den Waldrand entlang zu einem einsamen Bauernhof, zwischen dessen Gebäuden wir hindurchgehen. Bald erreichen wir einen ersten, namenlosen Höhepunkt, 1194 m, wo eine Bank zum Verweilen einlädt. Anschließend führt uns das Sträßchen hinunter zur Hauptstraße, die wir queren, um dann die vor uns liegende, bewaldete

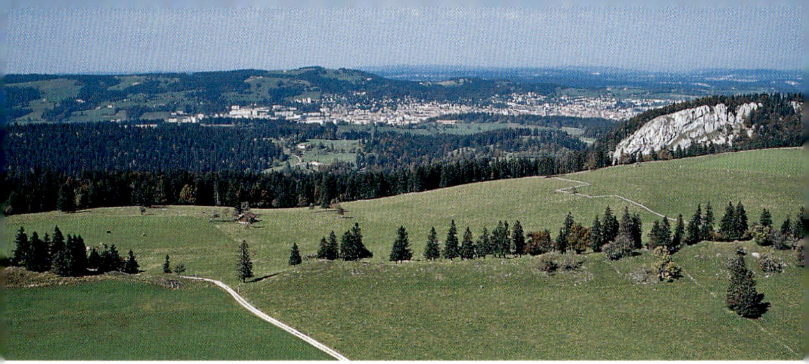

Vom Tête de Ran ist die Uhrmacherstadt La Chaux-de-Fonds gut sichtbar.

Kuppe zu überschreiten. Dahinter erreichen wir ein liebliches Tal mit Weiden und solitären Bäumen, wie es für den Jura typisch ist. Ein letzter, kurzer Anstieg bringt uns hinauf zur Passhöhe der **Vue des Alpes (4)**, 1283 m. Von der Vue des Alpes folgen wir dem »Chemin du Crête« (Jurahöhenweg) in südlicher Richtung. Immer auf dem Kamm bleibend, führt uns der Weg zum ehemaligen Gasthaus am Fuß des **Tête de Ran (5)**. Ein Zickzack-Weg bringt uns nun über die steilen Wiesen hinauf zum Gipfel dieses Bergs, 1422 m. Zurück beim Gasthaus umrunden wir die nördliche Flanke des Tête du Ran, zweigen aber bei erster Gelegenheit nach rechts ab und wandern über Wiesen zum **Relais du Mont Dar (6)**. Dieses liegt in einer von Wald umgebenen Mulde, dem Beginn des Einschnitts der Combe des Quignets. Wer keinen Durst hat, kann den Abstieg zum Haus vermeiden, indem er dem Weg entlang dem Waldrand folgt. Ein kurzer Anstieg lässt uns den Kamm eines bewaldeten Rückens erreichen, dann fällt der Weg stetig ab, traversiert die Nordflanke des Bergs und quert schließlich die breite Ebene des Vallée de la Sagne. In der Nähe der Bahnhaltestelle von **La Corbatière (7)** queren wir die Hauptstraße und gehen einen Weg bergauf, der uns in lichten Wald entführt. Später wandern wir über Wiesen und an einem einsamen Bauernhaus vorbei in der Nähe des Bahngleises in Richtung Norden, bis wir den Schienenstrang an einem unbewachten Übergang passieren. Nun über Wiesen hinab zu einem Teersträßchen, dort rechts und anschließend wieder links, vorbei an einem Hof, auf dem unter anderem Emus gehalten werden. Eine Verzweigung nach rechts gleich bei den Gebäuden des Hofs leitet uns auf die Forststraße, die zurück nach **La Chaux-de-Fonds (1)** führt.

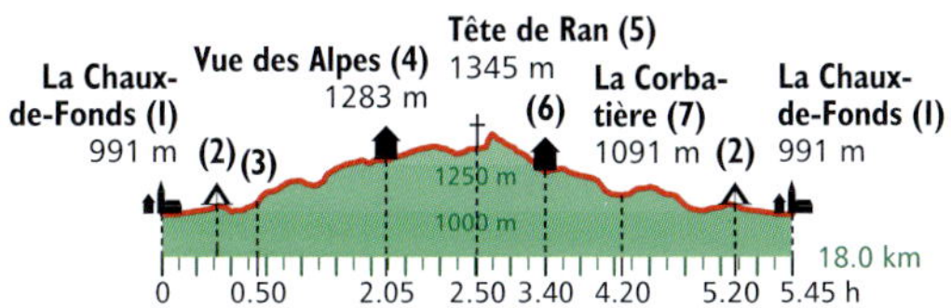

36 Saut du Doubs

6.00 Std.

Zu den spektakulärsten Wasserfällen des Jura

Der Doubs wird unterhalb von Les Brenets gleich zweimal gestaut, einmal durch einen natürlichen Bergsturz, das zweite Mal künstlich zur Gewinnung von Elektrizität. Entstanden sind die beiden Seen Lac des Brenets und Lac de Moron, die wie Juwelen im tiefen Graben des Doubs eingebettet liegen.

Ausgangspunkt: Les Brenets, 849 m. Mit dem Zug ab Biel oder Neuchâtel nach La Chaux-de-Fonds und weiter nach Le Locle, dort umsteigen ins Züglein nach Les Brenets. Anfahrt mit dem Auto identisch.
Höhenunterschied: 820 m.
Anforderungen: Leichte Wanderung, jedoch Trittsicherheit am Creux de Moron erforderlich.

Einkehr: In Les Brenets. Unterwegs: Restaurant Saut-du-Doubs (✆ +41 32 932 10 70, saut-du-doubs.ch), Restaurant Roches de Moron (✆ +41 32 913 41 17).
Variante: Bis zum Hotel Les Rives-du-Doubs verkehren von April bis Oktober Schiffe auf dem Doubs. Reservierung obligatorisch. Auskünfte unter www.nlb.ch.
Karte: WK 1:50.000, Blatt 231T, Le Locle.

Vom Bahnhof **Les Brenets (1)** folgen wir der Straße abwärts ins nahe Dorfzentrum, dann leiten uns die Wegweiser über Wiesen auf das Zufahrtssträßchen zum Hotel Les Rives-du-Doubs. Für ein kurzes Stück bleibt uns die Wahl, etwas oberhalb des geteerten Sträßchens zu wandern. Beim **Hotel (2)** haben wir die Höhe des Seespiegels des Lac des Brenets erreicht.
Weiter auf dem Teerband flussabwärts zum wenig später folgenden Abstecher zu den Wasserfällen **Saut du Doubs (3)**. Nachdem wir das Schauspiel genossen haben, steigen wir zu einem Picknickplatz hinauf und gehen dann nach links. Wir wandern durch den Wald und erreichen bald das Ufer des zweiten Stausees, des **Lac de Moron**, dem wir nun folgen. Wildromantisch windet sich der teilweise gesicherte Pfad durch das feuchte Gelände, vorbei an beeindruckenden, von Moosen überwucherten Felsen. Rund 800 m vor der Barriere, die das Wasser des Doubs zum Lac de Moron aufstaut, verlassen wir das Seeufer und beginnen den Aufstieg zu den **Roches de Moron (4)**, 1076 m. Sagenhaft ist die Aussicht von hier oben, der Blick schweift über das Tal des Doubs mit den beiden Seen und darüber hinaus bis weit nach Frankreich hinein. Nach dem Grillplatz mit Blockhaus oberhalb des

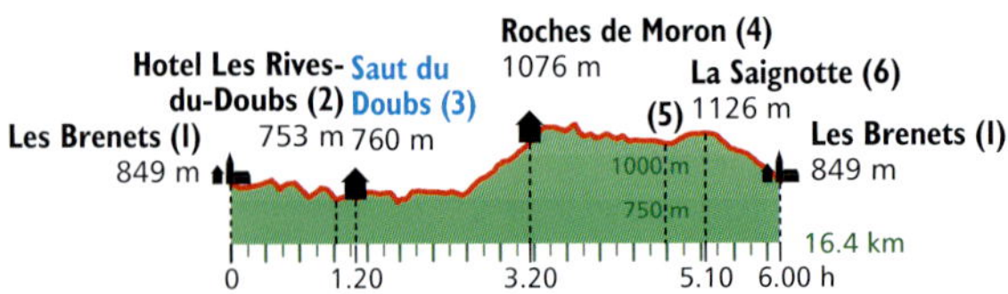

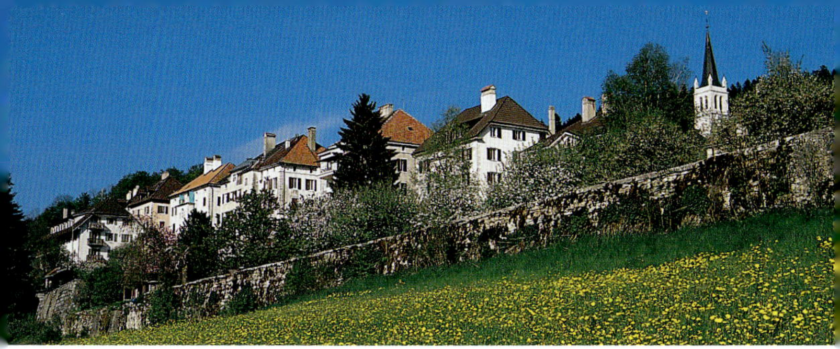

Les Brenets ist ein hübscher Ort am Westrand der Schweiz.

Aussichtspunktes folgen wir einer Forststraße nach rechts, die zum »Belvédère« führt – ebenfalls ein Punkt mit fantastischer Fernsicht! Der Weg wird nun zu einer schmalen Fußspur, deren Verlauf vom gewundenen Abbruch des Creux de Moron vorgegeben ist. An einigen Stellen ist Trittsicherheit unabdingbar! Gleich unterhalb des Weges, im steilen, bewaldeten Gelände kaum sichtbar, stürzen die Felswände hinab in den Lac de Moron.
Wo wir wieder offenes Gelände erreichen, spazieren wir über Wiesen zum Ferienhausdorf von **Les Recrettes (5)**. Hier auf dem Sträßchen abwärts bis zu einer T-Kreuzung, dann geradeaus den Wald in ein kleines Tälchen queren und zum Hof von **La Saignotte (6)**. Von dort die Zufahrtsstraße hinab (eine mögliche Abkürzung) und zurück zum Bahnhof von **Les Brenets (1)**.

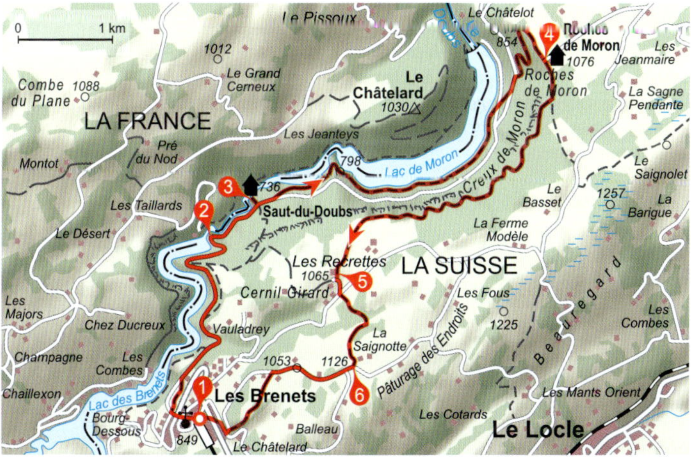

37 Chaumont, 1151 m

5.45 Std.

Auf den Hausberg von Neuchâtel

Der Chaumont ist ein langgezogener Bergrücken und Teil der südöstlichsten Jurakette, die steil gegen das Mittelland und die Seen am Jurasüdfuß abfällt.

Ausgangspunkt: Post von Valangin, 651 m. Busverbindungen ab Neuchâtel Place Pury. Mit dem Auto Ausfahrt Valangin der Autobahn Neuchâtel – La Chaux-de-Fonds; Parkmöglichkeiten bei der Post.
Höhenunterschied: Ca. 680 m.
Anforderungen: Gute Fußwege, ungeteerte Fahrstraßen, wenig Hartbelag.
Einkehr: In Valangin. Auf dem Chaumont: Petit Hôtel de Chaumont (✆ +41 32 754 10 54, petithotel.ch), Fenin: Rest. Auberge du Chasseur (✆ +41 32 852 02 02 , auberge-du-chasseur.ch).
Karten: WK 1:50.000, Blatt 232T, Vallon de St-Imier.

Von der Post leiten uns die Wegweiser in Richtung Chaumont am alten Ortsteil von **Valangin (1)** vorbei in die Straße nach St-Imier. Nach der Kirche gehen wir nach rechts die Straße Le Saut hinunter zum Fluss Le Seyon, den wir queren. Anschließend folgen wir dem »Sentier Révolutionnaire«, der als schmaler Fußpfad den Bergrücken emporsteigt. Beim nächsten Wegweiser folgen wir den Schildern in Richtung Chaumont. Nach Querung einer Straße gelangen wir zu einer Grube, die wir auf der linken Seite umgehen. Ein Gewirr von Forststraßen und Trampelpfaden durchzieht den Wald, doch die gelben Wegmarkierungen leiten uns sicher den Rücken des Chaumont hinauf.
Bald wandern wir den Rand einer Lichtung entlang, erreichen dann einen geteerten Wendeplatz und wenige Meter später eine Verzweigung. Hier gehen wir nach links in Richtung **Pré Louiset**. Oberhalb der erwähnten Lichtung gelangen wir auf einen Rastplatz, der eine sehr schöne Aussicht über das Val de Ruz und den Neuenburger See gewährt. Nun an der Hütte vorbei folgen wir zuerst einer Mauer und wandern dann ohne weitere Steigung über den Rü-

Zum Greifen nah: die Alpen vom Chaumont aus gesehen.

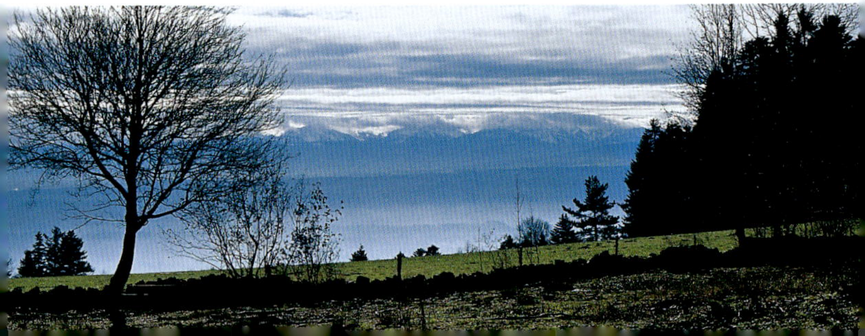

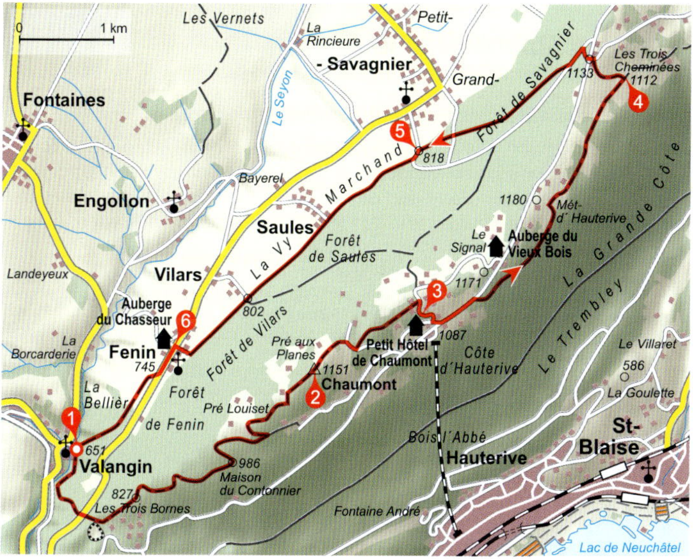

cken des **Chaumont (2)** zu den Häusern der verstreuten Siedlung von Chaumont. Das Sträßchen hinab, am **Petit Hôtel de Chaumont (3)** vorbei, dann links auf einem Rad- und Fußweg die Straße entlang. Nach dem mit »Chapelle« bezeichneten Haus verlässt der Weg die Straße wieder und traversiert die Südflanke des Chaumont bis zum Gehöft von **Les Trois Cheminées (4)**. Hier nach links auf den Bergrücken, dann für ein kurzes Stück auf der Straße, bis der Fußweg das Teerband nach rechts verlässt und der Abstieg beginnt, der in der Nähe des Dorfs **Grand-Savagnier (5)** am Waldrand endet. Nun in Richtung Fenin gehen. Auf breitem Forstweg wandern wir zwischen Wald und Weiden den Nordfuß des Chaumont entlang. In **Fenin (6)** gehen wir nach rechts ein Sträßchen hinunter ins Dorf, dann der Hauptstraße entlang nach links, bis zum letzten Haus. Kurz danach zweigt der Wanderweg nach rechts ab. Durch bewaldetes Gelände wandern wir zurück nach **Valangin (1)**.

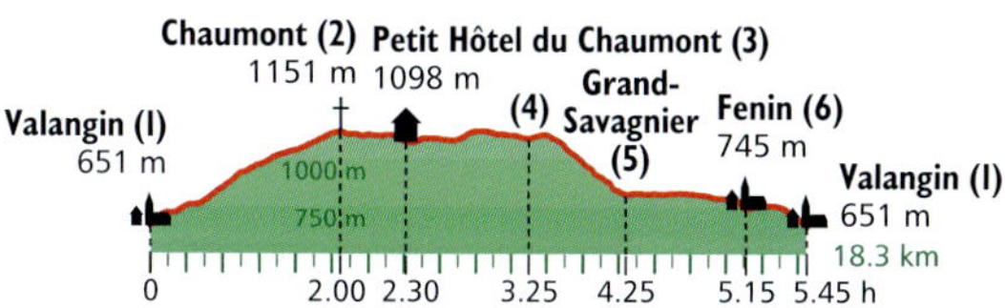

38 Mont Racine, 1439 m

4.45 Std.

Über eine der aussichtsreichsten Bergketten des Jura

Die Wanderung über die zwischen Val de Ruz und dem Vallée de La Sagne gelegene Erhebung bietet wundervolle Weitblicke über die Seen am Südfuß des Jura, über das Mittelland und die Alpen im Süden sowie über die Hügellandschaft des Neuenburger und des französischen Jura im Norden.

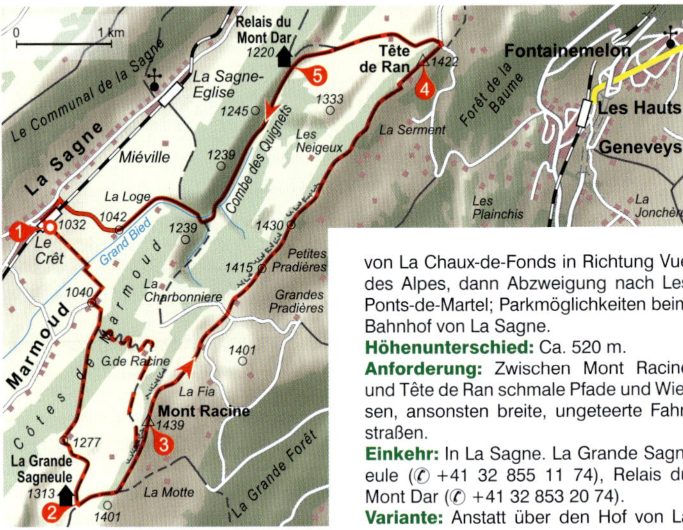

Ausgangspunkt: Bahnhof La Sagne, 1032 m. Anfahrt mit der Schmalspurbahn von La Chaux-de-Fonds. Mit dem Auto von La Chaux-de-Fonds in Richtung Vue des Alpes, dann Abzweigung nach Les Ponts-de-Martel; Parkmöglichkeiten beim Bahnhof von La Sagne.
Höhenunterschied: Ca. 520 m.
Anforderung: Zwischen Mont Racine und Tête de Ran schmale Pfade und Wiesen, ansonsten breite, ungeteerte Fahrstraßen.
Einkehr: In La Sagne. La Grande Sagneule (✆ +41 32 855 11 74), Relais du Mont Dar (✆ +41 32 853 20 74).
Variante: Anstatt über den Hof von La Grande Sagneule auf dem »Sentier des statues« direkt auf den Mont Racine.
Karte: WK 1:50.000, Blatt 232T, Vallon de St-Imier.

Gleich beim Gebäude des Bahnhofs von **La Sagne (1)** überschreiten wir die Gleise der Schmalspurbahn und queren dann die breite Ebene, bis wir auf der gegenüberliegenden Talseite am Fuß des Mont Racine angelangt sind. Dort stoßen wir auf den Zufahrtsweg zum Gehöft von Marmoud und gehen nach rechts zu diesem Hof. Ein Gatter gewährt Zugang zum Fußweg hinauf in Richtung Mont Racine. Wir wandern hier auf dem »Sentier des statutes« mit seinen 40 Skulpturen, die in Baumstrünke entlang des Weges geschnitzt worden sind. Bald jedoch verlassen wir diesen Pfad, denn bei der folgenden

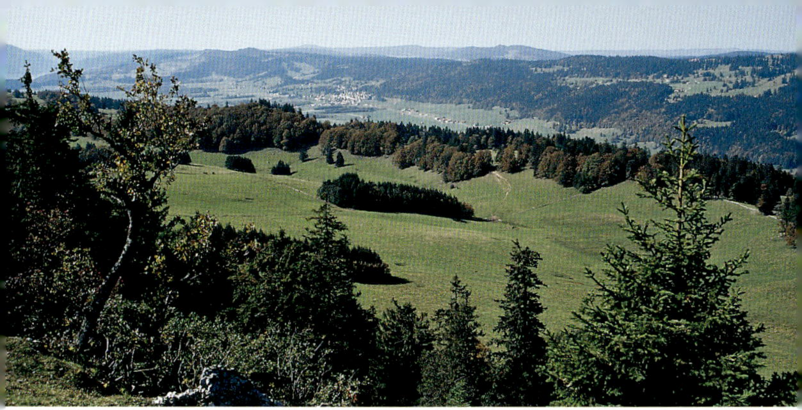

Die weite Ebene von La Sagne liegt dem Mont Racine zu Füßen.

Verzweigung wählen wir den Aufstieg zum Hof von **La Grande Sagneule (2),** 1313 m, wo Getränke und lokale Spezialitäten – vor allem getrocknetes Fleisch und Würste – angeboten werden.

Vom La Grande Sagneule folgen wir dem Jurahöhenweg in Richtung Mont Racine. Nach einem kurzen Aufstieg erreichen wir durch eine schmale Lücke in einer Mauer den Rücken des Bergkammes. Nun nach links über die von nacktem Kalkstein und Trockenmauern geprägten Weiden zum Gipfel des **Mont Racine (3)**, 1439 m. Der Sendeturm des Chasseral in der Ferne ist der grobe Wegweiser und wir wandern auf der breiten, nach Norden steil abfallenden Hügelkette in Richtung Nordost bis zum **Tête de Ran (4)**, 1422 m, der ebenfalls eine kleinere Antenne trägt. Ein steiler, etwas rutschiger Weg bringt uns hinab zum ehemaligen Hôtel La Clefs des Champs.

Nach der Rast umwandern wir die Nordostseite des Tête de Ran. Der breite Fahrweg bringt uns nach wenigen Schritten zu einer Verzweigung, wo wir nach rechts gehen. Bei einem einsamen Stall endet der Weg und ein Abschnitt über Weiden folgt, bevor wir eine raue Schotterpiste erreichen. Hier nach links und abwärts zum romantischen **Relais du Mont Dar (5)**. Die verbleibende Wegstunde führt uns auf der ungeteerten Fahrstraße abwärts, durch ein hübsches kleines Tal, dann durch den engen, bewaldeten Talausgang, der uns auf die weite Ebene von La Sagne entlässt. Das Ziel, der Bahnhof von **La Sagne (1)**, ist nun bereits wieder zu sehen.

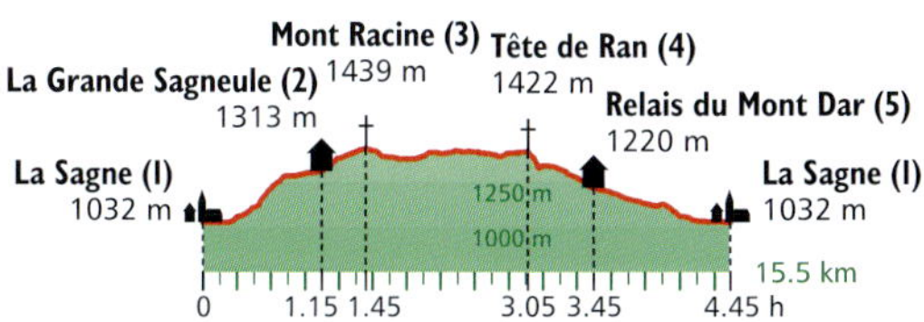

TOP **39**

Tablettes, 1288 m

7.00 Std.

Grat- und Schluchtwanderung mit imposanten Tiefblicken

Das Val de Travers wird gerne mit der »fée verte« – der »Grünen Fee« in Verbindung gebracht. Damit ist jedoch nicht ein Fabelwesen gemeint, sondern ein alkoholhaltiger Likör, der seinen Ursprung im Val de Travers hat: der Absinth. Das Getränk basiert auf dem Wermutkraut (Artemisia absinthum) und erinnert geschmacklich an den bekannten französischen Aperitif Pernod oder ähnliche, anishaltige Liköre wie zum Beispiel den griechischen Uzo, die tatsächlich Absinthvarianten sind. Das Getränk entwickelte sich im Jura und anderswo zu einer richtigen Volksdroge und wurde schließlich verboten. Die Produktion konnte aber nie ganz gestoppt werden. Dank der Illegalität erhielt das Getränk einen Kultcharakter, und die »Grüne Fee« wurde sogar zum offiziellen Werbesymbol des Val de Travers. Erst 2004 wurde der Absinth wieder legalisiert und kann heute offiziell gekauft werden – zum Beispiel im Bahnhof von Noiraigue, wo ein kleiner Laden Spezialitäten aus der Region anbietet: Neben getrocknetem Fleisch und Käse gehört da selbstverständlich auch Absinth dazu!

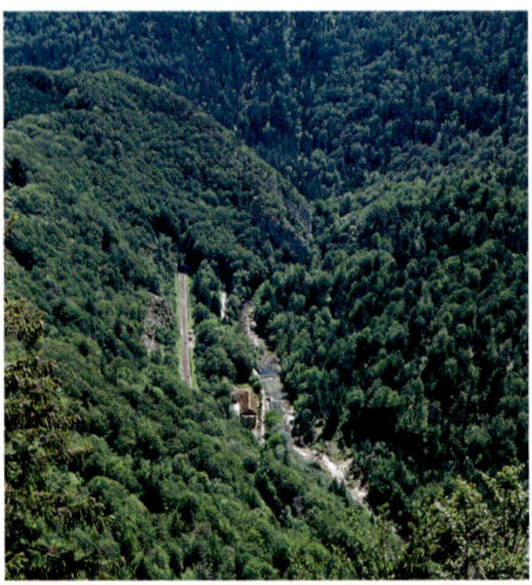

Mitten in der Areuseschlucht liegt der einsame Bahnhof von Champ du Moulin.

Ausgangspunkt: Bahnhof von Noiraigue, 725 m, an der Bahnlinie Neuchâtel – Fleurier – Buttes; stündliche Verbindungen ab Neuchâtel. Per Auto auf der Kantonsstraße von Neuchâtel Richtung Val de Travers. Parkmöglichkeiten beim Bahnhof.
Höhenunterschied: 850 m.
Anforderungen: Gute Wege mit steilen Passagen im Auf- und im Abstieg, nur wenig Hartbelag. Auf dem Rückweg lange Traversierung des Steilhanges oberhalb der Areuseschlucht; trotz gutem Weg etwas Trittsicherheit und Schwindelfreiheit erforderlich.
Einkehr: In Noiraigue, in Rochefort, beim Bahnhof von Chambrelien sowie im Restaurant La Truite in Champ-du-Moulin Dessous (✆ +41 32 855 11 34, la-truite.ch).
Karten: WK 1:50.000, Blatt 241T, Val de Travers und Blatt 242T, Avenches.

Vom Bahnhof in **Noiraigue (1)** wandern wir die Straße entlang ins Zentrum des alten Dorfkerns, wo wir nach links in eine Wohnviertelstraße abbiegen, die bald steil ansteigt und in einen Fußweg übergeht, der uns in den Wald führt. Nach nur wenigen Metern gelangen wir an die dreispurige Kantons-

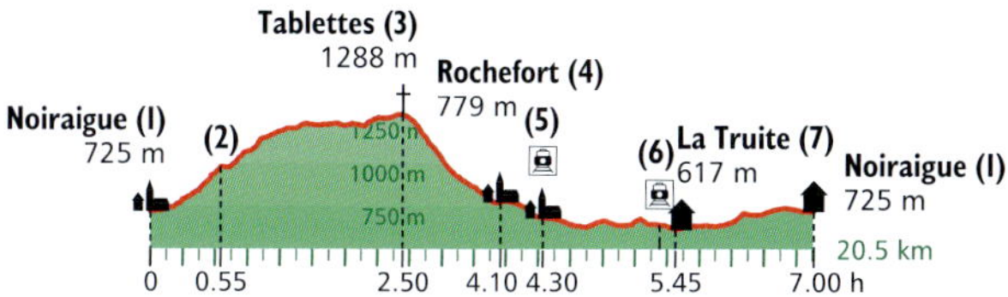

straße, die wir überqueren müssen – zweifellos der gefährlichste Teil der Tour! Am besten erfolgt die Querung gleich an dem Punkt, wo man den Wald verlassen hat, oder vielleicht noch ein kleines Stück oberhalb davon. Nur so ist gewährleistet, dass die Straße weit genug überblickt werden kann. Nach dieser unangenehmen Querung folgen wir der Straße noch ein Stück abwärts, bis der Wegweiser auf einen Forstweg zeigt. Diesem bergauf folgen. Nach einer Haarnadelkurve und einem flachen Stück beginnt bald die harte Arbeit, denn der Pfad klettert steil bergauf und bringt uns schließlich zur Straße, die vom Val de Travers nach Les Ponts-de-Martel führt. Für ein kurzes Stück wandern wir das Teerband entlang, dann zweigen wir nach rechts ab und queren einen **Abstellplatz (2)**.

Von hier führt der Weg etwas unterhalb des Bergrückens durch den Wald, traversiert dann steiles Gelände und bringt uns oberhalb der **Clusette** auf den Kamm des lang gezogenen Tablettes, der sehr steil nach Süden abfällt. Eine Antenne steht an diesem Ort und von einer Kanzel hoch über der Schlucht der Areuse genießen wir einen imposanten Blick in die Tiefe. Der weitere Wegverlauf ist vom Gelände klar vorgegeben: Immer auf dem Berg-

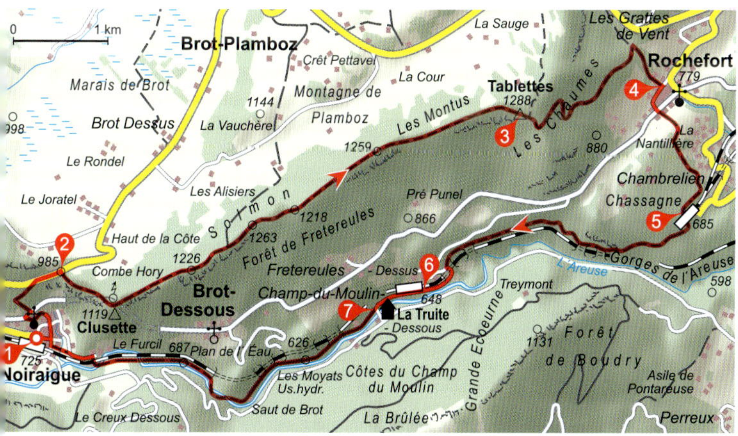

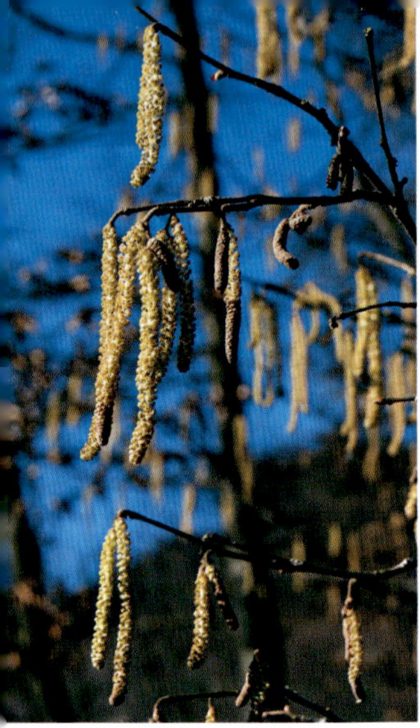

Der Haselstrauch kündigt den Frühling an.

rücken, mal auf breiteren Wegen, mal auf schmalen, steinigen Pfaden wandern wir in Richtung Nordost, wobei uns der Grat neben flacheren Abschnitten immer mal wieder steilere Auf- und Abstiege bietet.

Schließlich erreichen wir den Gipfel des **Tablettes (3)**, 1288 m. Ein steiler, aber guter Pfad bringt uns vom Tablettes hinab nach **Rochefort (4)**. Im Dörfchen eingetroffen, biegen wir auf der ersten Straße nach rechts ab, queren dann die Hauptstraße und wandern über einen sanften Buckel auf das Blau des Neuenburger Sees zu. Nach ungefähr 250 m zeigen Wegweiser nach rechts. Wir folgen dann dem Waldrand, queren ein kurzes Stück Wald und biegen auf einer Lichtung nach links ab.

Der weitere, nunmehr wieder klare Wegverlauf bringt uns hinab zum einsamen Bahnhof von **Chambrelien (5)**. Diese Bahnstation ist eine Besonderheit in der Schweiz, haben doch die Erbauer der Bahnlinie Neuchâtel – La Chaux-de-Fonds hier eine Spitzkehre gewählt, um den Höhenunterschied zu überwinden. So müssen die Züge in Chambrelien wenden, um ihre Fahrt fortzusetzen.

Wir queren die Gleise, gehen an den Bahnhofsgebäuden vorbei, dann zwischen Schuppen und Gleisen hindurch, wo wir den Weg in Richtung Champ-du-Moulin finden. Bald erreichen wir die Grenze des Naturschutzgebiets des Creux-du-Van. Das Gelände ist hier sehr trocken und steil, an nicht wenigen Orten führt der Weg über aufwendig in den Fels gehauene Trassen, Brücken und Stege, die in der abschüssigen Bergflanke erstellt werden mussten. Schwindelfreiheit kann auf diesem Abschnitt nicht schaden, obwohl der Weg breit genug und in sehr gutem Zustand ist, sodass keine Probleme aufkommen sollten. Immer wieder genießen wir den Blick über die enge Schlucht der Areuse und die beeindruckende Felsarena des Creux du Van.

Kurz vor dem Bahnhof von **Champ-du-Moulin (6)** betreten wir eine Straße, der wir, am Bahnhof vorbei hinab zum Fluss, folgen. Bevor eine Brücke diesen quert und zum Restaurant **La Truite (7)** führt, biegen wir nach rechts ab und gehen nunmehr auf dem Sträßchen, das zu einem Kraftwerk führt und danach in einen Fußweg übergeht. Auf gut bezeichnetem Weg wandern wir zum Abschluss durch die Gorge de l'Areuse zurück nach **Noiraigue (1)**.

Der Creux du Van mit seinem mächtigen Felskessel ist der Nachbarberg des Tablettes.

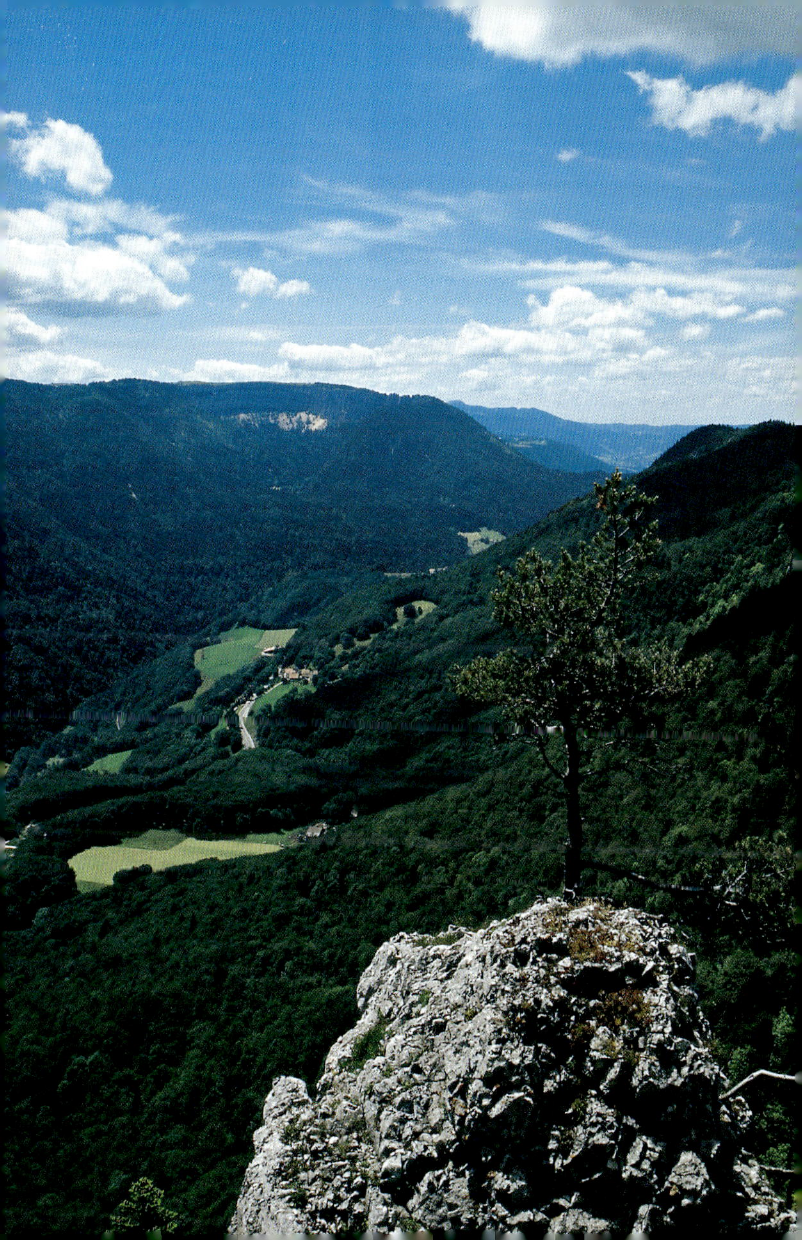

40 Creux du Van mit Le Soliat, 1463 m

7.15 Std.

Äußerst abwechslungsreiche Tour durch ein natürliches Amphitheater

Der Creux du Van dürfte das bekannteste Wanderziel des ganzen Schweizer Jura sein. Kein Wunder: Das halbrunde, riesige Amphitheater aus Kalk mit seinen senkrechten, bis zu 160 m hohen Felswänden bildet eine sehr eindrucksvolle und unvergleichliche Landschaftsform. Die Entstehung des gewaltigen Lochs verdeutlicht man am besten anhand einer schräg liegenden Roulade mit hartem Rand und weichem Inneren. Durch eine tektonische Verschiebung gerieten weiche, zwischen dem wesentlich härteren Kalk liegende Gesteinsschichten an die Oberfläche. Erosion, verstärkt durch einen lokalen Gletscher, der sich während der Eiszeit im Halbrund des Creux du Van bildete, schliff die weichen Gesteine aus der Umarmung des Kalkgesteins, wodurch die eindrucksvolle Grube in der Landschaft entstand. Die Erosion dauert immer noch an, wie gelegentliche Steinschläge beweisen. Das Wort »Van« stammt ursprünglich aus dem Keltischen und bedeutet »Fels«. Das Gebiet ist durch ein 25 km² großes Naturreservat geschützt. Gämsen und selbst eine Kolonie Steinböcke haben im Creux du Van eine Heimat.

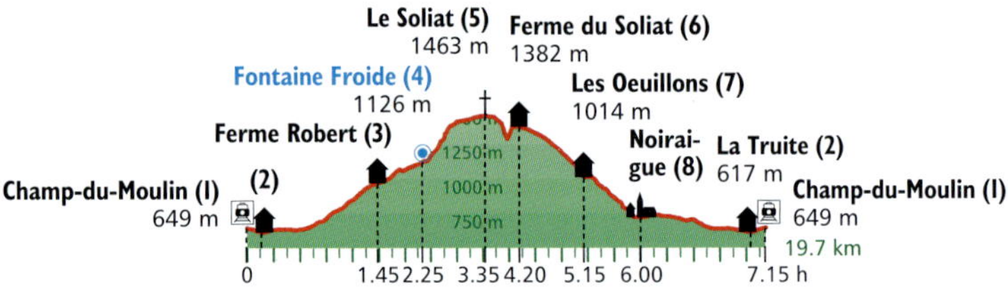

Ausgangspunkt: Bahnhof von Champ-du-Moulin, 649 m, an der Bahnlinie Neuchâtel – Fleurier – Buttes; stündliche Verbindungen ab Neuchâtel. Mit dem Auto Abfahrt von der Kantonsstraße Neuchâtel – Fleurier rund 2 km nach dem Dorf Rochefort. Parkmöglichkeiten am Fluss.
Höhenunterschied: 1030 m.
Anforderungen: Relativ anspruchsvolle Wanderung. Gute Wege, aber sehr steil.
Einkehr: Restaurant La Truite in Champ-du-Moulin (✆ +41 32 855 11 34, la-truite.ch), Ferme Robert (✆ +41 32 863 31 40, ferme-robert.ch), Ferme Restaurant le Soliat (✆ +41 32 863 31 36, lesoliat.ch), Buvette Les Oeuillons (✆ +41 32 863 31 35), Restaurants in Noiraigue.
Variante: Parken bei der Ferme Robert, dort Start und Ende der Tour.
Karte: WK 1:50.000, Blatt 241T, Val de Travers.
Tipp: Empfehlenswert in der Region ist der Besuch der Asphaltminen von La Presta bei Travers. Hier wurde von 1712 bis 1986 Asphalt abgebaut. Heute erinnert ein interessantes Museum an den harten Alltag der Minenarbeiter und die Geschichte des Asphaltabbaus. Nähere Informationen unter www.mines-asphalte.ch.

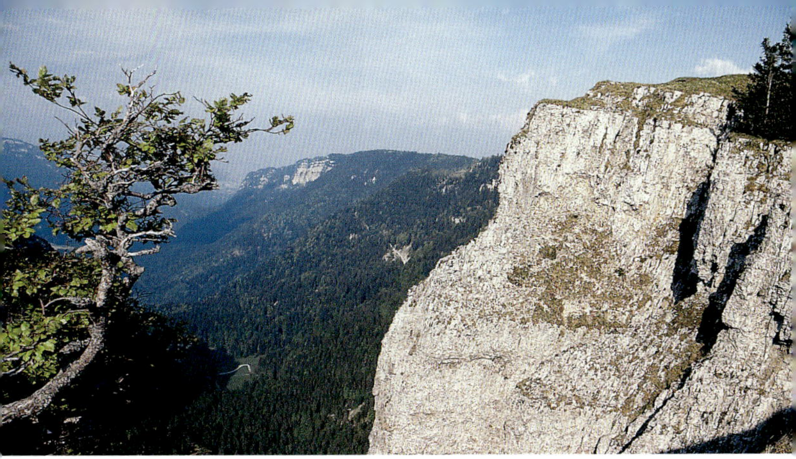

Im kalksteinernen Amphitheater des Creux du Van leben sogar Steinböcke.

Vom Bahnhof **Champ-du-Moulin (1)** wandern wir das Sträßchen hinab bis zum Fluss, lassen die Brücke und das Restaurant **La Truite (2)** links liegen, bleiben stattdessen auf der nördlichen Seite der Areuse und folgen dem geteerten Fahrweg, der bis zu einem Kraftwerk führt, dann aber als Fußweg durch die Schlucht führt. Rund zwei Kilometer nach dem Bahnhof überspannt eine kleine, gebogene Brücke die Areuse an der engsten und eindrucksvollsten Stelle der Klamm. Wir queren den Fluss, steigen aus der Schlucht und zweigen dann ab, um den Pfad aufzunehmen, der zur **Ferme Robert (3)** führt. Die Ferme Robert ist ein altes Bauernhaus, das Mitte des

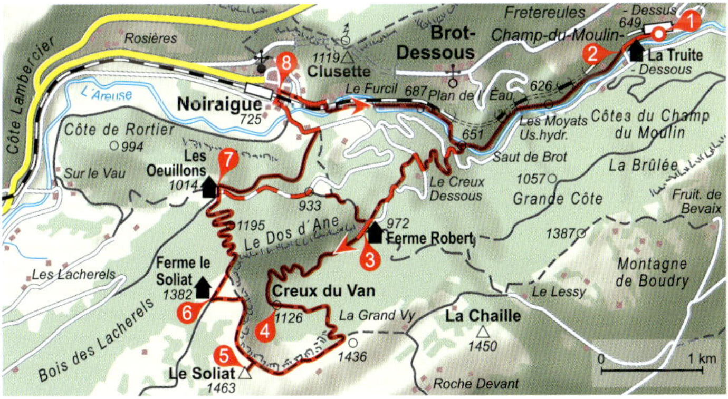

18. Jahrhunderts gebaut wurde. Heute ist die Ferme ein Restaurant mit Unterkunftsmöglichkeit. In der Gegend wurde übrigens 1757 der letzte hier noch lebende Bär erlegt.
Auf einem breiten Schotterweg wandern wir hinein in die Felsarena des Creux du Van, hin zum **Fontaine Froide (4)**, dem kalten Brunnen, aus dem eiskaltes Wasser tröpfelt. An einigen Stellen im Inneren des Felszirkels sind die Bäume wesentlich kleinwüchsiger als die Artgenossen in der Umgebung. Das frostige Wasser und die klein geratenen Bäume deuten darauf hin, dass der Untergrund hier außergewöhnlich kalt sein muss. Permafrost wird gern als

Die Areuse entwässert das Val de Travers.

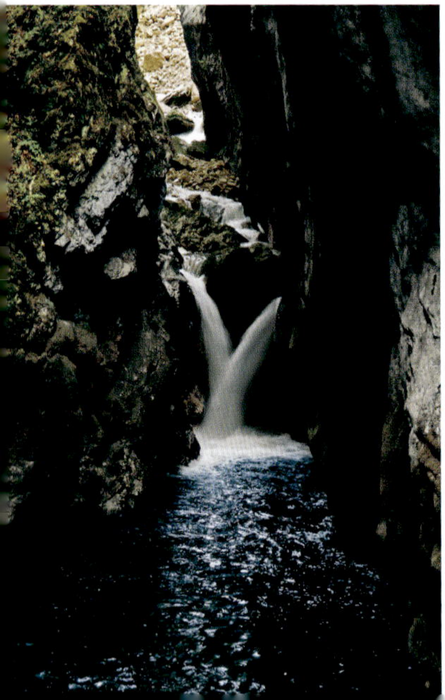

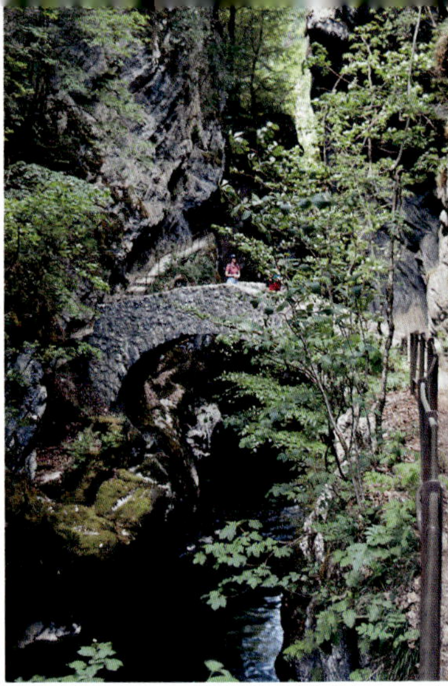

Nur dank »Kunstbauten« passierbar: die Areuseschlucht.

Erklärung genannt. In Wirklichkeit kennt man den Grund für diese Erscheinung noch nicht mit Sicherheit. Ein laufendes wissenschaftliches Projekt durch eine Abteilung der Eidgenössischen Technischen Hochschule versucht nun, die tatsächliche Kältequelle zu finden.
Vom Brunnen folgen wir der Schotterstraße noch ein kurzes Stück, dann beginnt der steile »Sentier du Single«, der uns auf den oberen Rand der Felsarena bringt. Dort wenden wir uns nach rechts und folgen in sicherem Abstand dem Abbruch des Kraters zum Gipfel des **Soliat (5)**, 1463 m, – dem höchsten Punkt der Tour – und weiter zur **Ferme du Soliat (6)**, einer urigen, gemütlichen Einkehrmöglichkeit.

Von der Ferme wandern wir nordwärts bis zum Felsgrat, der den Creux du Van gegen Norden abgrenzt und der als Le Dos d'Ane (Eselsrücken) bekannt ist. Am Ansatz dieses Rückens beginnt der Zickzackweg »Chemin des 14 Contours«, der sehr steil den Wald hinabführt. Bei den Gebäuden von **Les Oeuillons (7)** treffen wir auf eine Verzweigung. Hier hätten wir die Möglichkeit, direkt zur Ferme Robert zurückzuwandern und so die Tour abzukürzen. Wir nehmen jedoch den tiefer liegenden Weg und wandern nunmehr weniger steil ins Dörfchen **Noiraigue (8)**. Dieser Name bedeutet »schwarzes Wasser«, denn bei Noiraigue tritt ein Flüsschen aus dem Fels, das sehr dunkel wirkendes Wasser führt. Seinen Ursprung hat der Bach in der oberhalb von Noiraigue gelegenen Ebene von Les Ponts-de-Martel. Am Rande dieses Hochmoors verschwindet der Bach in sogenannten Dolinen und fließt dann unterirdisch nach Noraigue, wo er wieder zutage tritt.
In Noiraigue gehen wir unmittelbar nach Überschreiten der Bahngleise nach rechts und dringen sogleich in die immer enger werdende Schlucht der Areuse vor. Bald treffen wir auf die Brücke, die wir zu Beginn der Tour benutzt haben und wandern auf nunmehr bekanntem Weg am Restaurant **La Truite (2)** vorbei nach **Champ-du-Moulin (1)** zurück.

Vom Soliat fallen die Felswände 160 Meter tief in den Creux du Van ab.

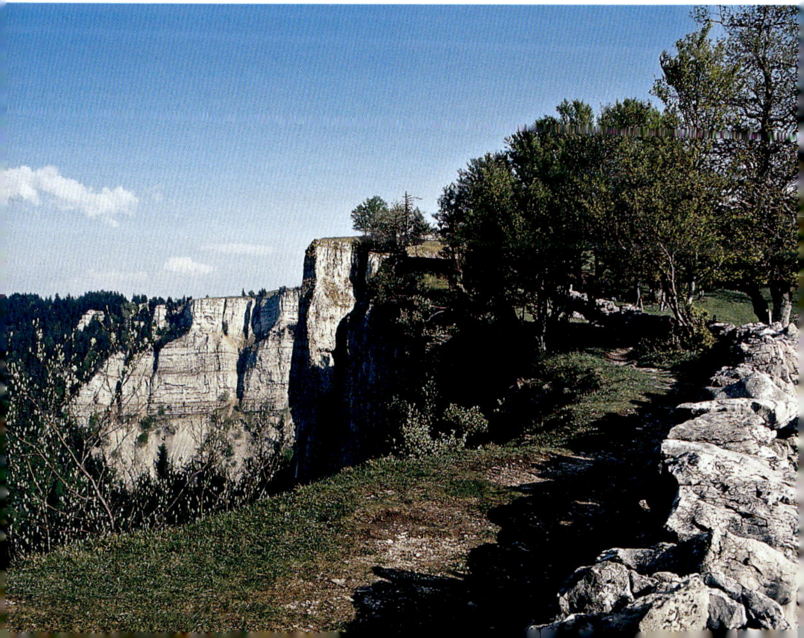

41 Fleurier – Grandson

6.30 Std.

Zu einem Städtchen mit historischer Verbindung zu England

Die lange Wanderung von Fleurier im Val de Travers hat das gut erhaltene, mittelalterliche Grandson zum Ziel. Das am Ufer des Neuenburger Sees gelegene Städtchen blickt auf eine lange Vergangenheit zurück: Es war einst Stammsitz der mächtigen Herren von Grandson, die vermutlich um das Jahr 1050 hier ihre erste Burg bauten. Otto I. von Grandson war ein enger Freund des englischen Prinzen Eduard; Otto begleitete Eduard auf einen Kreuzzug und half ihm später bei der Eroberung von Wales. Die Grandsons waren auch Begründer der englischen Adelsfamilie Lords of Grandisson, die bis heute besteht. 1476 kam es bei Grandson zu einer Schlacht zwischen einem Ritterheer Karls des Kühnen und den Eidgenossen, die für letztere siegreich endete. Danach kam das Schloss in den Besitz der Berner, die bis ins 19. Jahrhundert hier regierten.

Ausgangspunkt: Bahnhof Fleurier, 741 m. Anreise von Neuchâtel auf der Hauptstraße Nr. 10 in Richtung Travers und Fleurier; Parkmöglichkeiten in der Bahnhofsregion.
Regionalzug ab Neuchâtel. Rückkehr von Grandson nach Fleurier: per Bus vom ehemaligen Bahnhof nach Gorgier – St-Aubin, dort umsteigen in den Regionalzug in Richtung Neuchâtel. Erneut umsteigen in Auvernier oder in Neuchâtel in den Regionalzug nach Fleurier.
Höhenunterschied: 700 m im Aufstieg, 1000 m im Abstieg.
Anforderungen: Einfache, aber relativ lange Wanderung auf guten Wegen. Markierung nicht überall eindeutig.
Einkehr: Restaurants in Fleurier, außerdem in Mauborget das Paral'Aile Café (✆ 024 436 10 20) und das Restaurant de la Couronne in Fiez (✆ +41 24 436 11 51, aubergecouronnefiez.com, etwas abseits).
Karte: WK 1:50.000, Blatt 241T, Val de Travers.
Hinweis: Poëta Raisse von November bis April gesperrt.

Vom Bahnhof **Fleurier (1)** gehen wir die Straße entlang zu einer Kreuzung, dort nach links bis zum Bach, dem wir für ein kurzes Stück folgen, bis der Wegweiser »Tourisme Pédestre« nach links zeigt. Wir halten uns an die Wegmarkierungen und Schilder mit der Aufschrift »La Combaz«. Auf einem geteerten Sträßchen verlassen wir Fleurier und steigen gegen den Wald an. Schließlich zweigen wir nach rechts ab, gelangen weg vom harten Untergrund und wandern auf einem Fußweg, der die vor uns liegende Geländerippe hinaufführt. Am Hof **Le Breuil**, 948 m, vorbei leitet uns der Weg hinab in eine enge Schlucht mit dem Namen **Poëta Raisse (2)**.
Über Treppen und Stege schlängelt sich der Pfad immer neben dem munteren Bach durch diese teilweise enge Klamm. Moose und Farne gedeihen in dieser feuchten, schattigen Umgebung prächtig und verleihen dem Wegabschnitt einen beinahe exotischen Charakter. Wo sich die Schlucht wieder

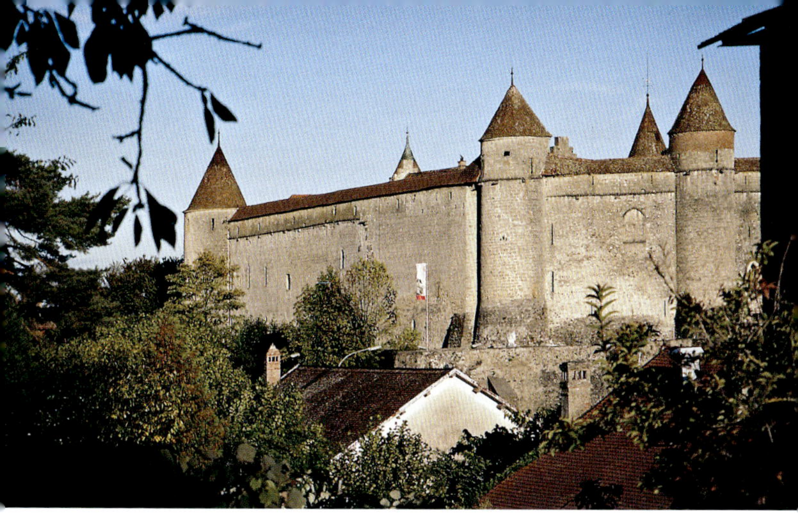

Einst Sitz eines mächtigen Rittergeschlechts: die Burg von Grandson.

öffnet, erreichen wir beim Punkt 1131 eine Verzweigung, an der wir links gehen. Rund 1,5 km später treffen wir auf eine Wegkreuzung. Nach links und nach rechts verläuft der mit der Nummer 5 markierte Jurahöhenweg (Chemin des Crêtes), geradeaus gibt es die Möglichkeit, auf direktem Weg nach Mauborget zu wandern. Wir wenden uns jedoch nach links und folgen dem Jurahöhenweg bis zum Gasthof von **La Combaz (3)**. Hier gibt es auch eine Bushaltestelle. Von La Combaz wandern wir über einen Sattel und ein bewaldetes Tälchen hinab nach **Mauborget (4)**.

Von der Bushaltestelle in Mauborget bis zum Friedhof, dort nach links abwärts, über die Straße und den Waldweg aufnehmen. Nach einer Wasserfassung erneut nach rechts den Wald hinab nach **Villars-Burquin (5)**, von wo aus eine Busverbindung nach Grandson besteht. Wir genießen dabei einen weiten Blick, der über den Neuenburger See schweift und an schönen Tagen bis zu den schneebedeckten Gipfeln der Alpen reicht.

Ein weißes Schild für Autofahrer weist von Villars-Burquin Richtung

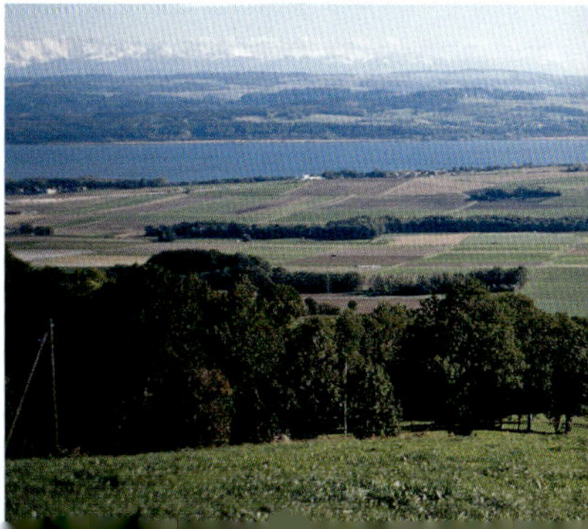

Die Gegend am Neuenburger See kennt man als »Neuchâtel du bas«.

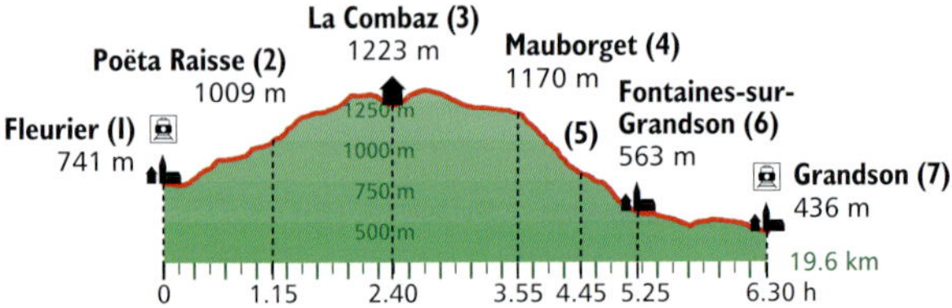

Grandevent. Wir folgen diesem Sträßchen bis in einen Wald, dann zweigt der Wanderweg nach links ab und führt hinab nach **Fontaines-sur-Grandson (6)**. Rund 10 Min. nach diesem Weiler passieren wir eine schön erhaltene Mühle mit noch funktionstüchtigem Mühlrad. Weiter geht die Wanderung über Felder, an der kleinen Siedlung Fiez vorbei und hinab ins enge Tal des Flusses L'Arnon. Beim Clos du Pont queren wir das Gewässer und folgen nun einem Sträßchen bis nach **Grandson (7)** am Lac de Neuchâtel.

In der Nähe von Fontaines-sur-Grandson findet man eine alte Mühle am Weg.

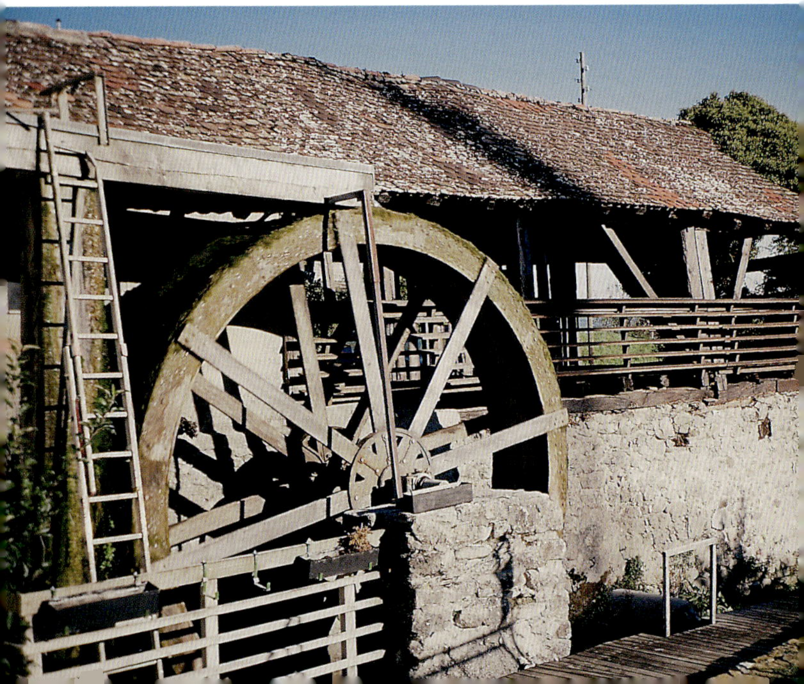

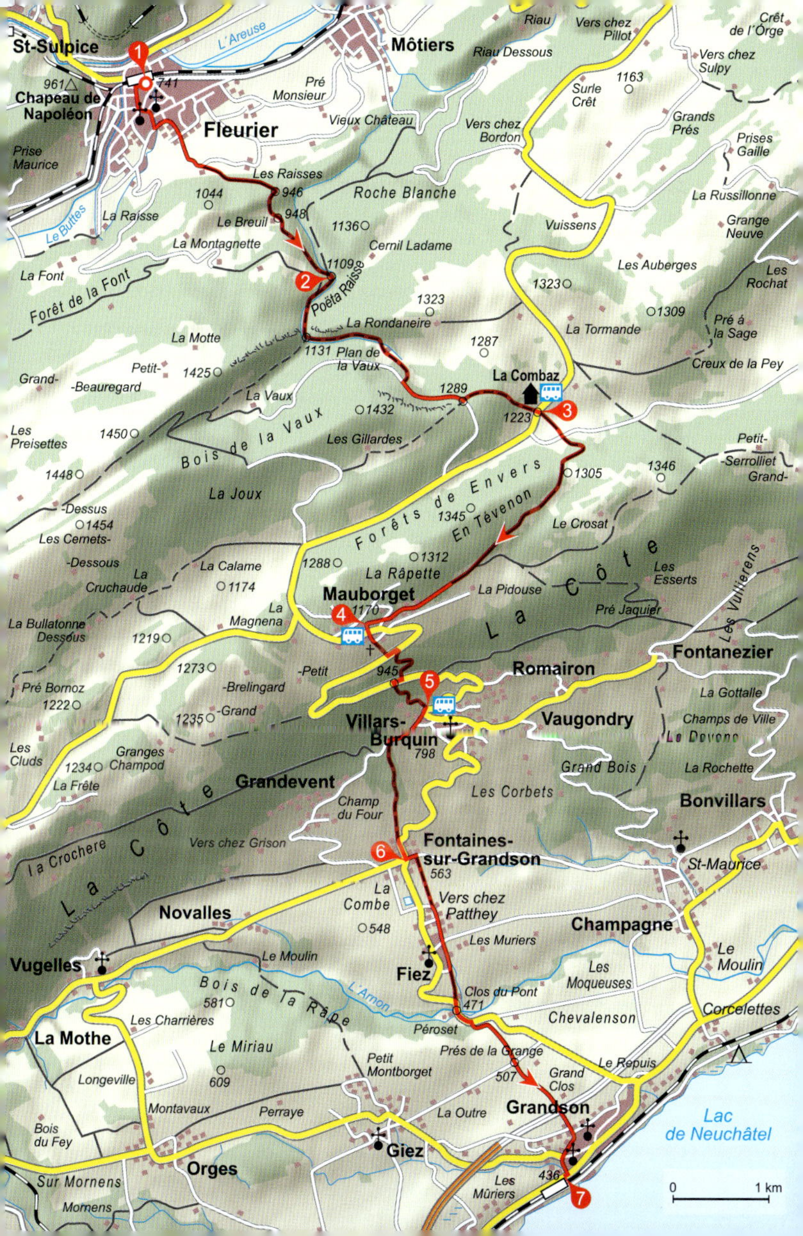

St-Sulpice
Môtiers
Fleurier
Chapeau de Napoléon
961
741
L'Areuse
Pré Monsieur
Vieux Château
Riau
Riau Dessous
Vers chez Pillot
Crêt de l'Orge
Vers chez Sulpy
Surle Crêt
1163
Vers chez Bordon
Grands Prés
Prises Gaille
Prise Maurice
Les Raisses
946
948
1044
Roche Blanche
La Russillonne
Le Buttes
La Raisse
Le Breuil
1136
Vuissens
Grange Neuve
La Montagnette
Cernil Ladame
Les Auberges
La Font
1109
Poëta Raisse
Les Rochat
Forêt de la Font
1323
1323
1309
Pré à la Sage
La Rondaneire
La Tormande
La Motte
1131
Plan de la Vaux
1287
Creux de la Pey
Grand-
Petit-
-Beauregard
1425
La Combaz
1289
1223
La Vaux
1432
Les Preisettes
1450
Bois de la Vaux
Les Gillardes
Petit-
-Serrolliet
Grand-
1305
1346
1448
La Joux
-Dessus
1454
Les Cernets-
-Dessous
Forêts de Envers
1345
En Têvenon
Le Crosat
La Cruchaude
La Calame
1288
1312
La Râpette
Les Esserts
1174
Mauborget
1170
La Pidouse
La Côte
Pré Jaquier
La Bullatonne Dessous
La Magnena
1219
Les Vuillerens
Fontanezier
1273
-Petit
945
Romairon
Pré Bornoz
-Brelingard
La Gottalle
1222
1235
-Grand
Villars-Burquin
Vaugondry
Champs de Ville
Le Devens
Les Cluds
798
Grand Bois
1234
Granges Champod
La Rochette
La Frête
Grandevent
Les Corbets
Bonvillars
Champ du Four
La Côte
La Crochere
Vers chez Grison
Fontaines-sur-Grandson
563
St-Maurice
La Combe
Vers chez Patthey
Novalles
Champagne
548
Les Muriers
Le Moulin
Vugelles
Le Moulin
Fiez
Les Moqueuses
Bois de la Râpe
L'Arnon
Clos du Pont
471
581
Chevalenson
Corcelettes
Les Charrières
Péroset
La Mothe
Le Miriau
Prés de la Grange
Le Repuis
Petit Montborget
609
507
Grand Clos
Longeville
Montavaux
Perraye
La Outre
Grandson
Lac de Neuchâtel
Bois du Fey
Giez
Orges
Sur Mornens
Mornens
Les Mûriers
436
0
1 km
1
2
3
4
5
6
7

42 Val Trémalmont

6.30 Std.

Jura pur: durch die einsamen Hügelzüge des nördlichen Val de Travers

Das Val de Travers ist vor allem wegen der Areuseschlucht, dem Creux du Van oder der engen Klamm der Poëta Raisse bekannt. Doch auch im Norden des Tals gibt es ausgedehnte Wandergebiete zu entdecken, die sich nicht zuletzt durch eine für die Schweiz seltene Einsamkeit auszeichnen.

Ausgangspunkt: Bahnhof Fleurier, 741 m. Anreise siehe Tour 41.
Höhenunterschied: Ca. 630 m.
Anforderungen: Zu Beginn steiler Aufstieg, dann einfache Wanderung auf guten Wegen und auf Hartbelag. Nur teilweise markiert. Die einsam gelegenen Höfe werden von Hunden bewacht!
Einkehr: In Fleurier, Couvet und, etwas abseits der Route, in Môtiers.
Variante: Ab Couvet mit der Bahn zurück nach Fleurier.
Karte: WK 1:50.000, Blatt 241T, Val de Travers.

Vom Bahnhof **Fleurier (1)** gehen wir die Gleise entlang in Fahrtrichtung Neuchâtel, dann bei erster Gelegenheit über die Schienen und folgen der Rue des Moulins, die durch das Industrieviertel zum nördlichen Dorfrand führt. Hier die breite, gefährliche Straße queren und ein Stück an der Straße entlanggehen, bis der Wegweiser nach links zeigt. Der steile Aufstieg zum Haut de la Vy hat hier seinen Anfang; nach etwa einer Viertelstunde gelangen wir zur Eisenbahnlinie, die ins französische Pontarlier führt. Weiter auf nunmehr schmalem Weg über die Felsbänder hoch über Fleurier.
Bei der Antenne von **Haut de la Vy (2)**, 1062 m, verlassen wir den Wald. Wir wandern ein Stück den Waldrand entlang, dann queren wir eine Weide, folgen den Masten einer Telefonleitung und benutzen anschließend den rauen Fahrweg, der uns zum ebenfalls mit einer Antenne versehenen Punkt 1143 m leitet. Hier wenden wir uns nach rechts und vertrauen uns dem Teerband an, das uns rund 1,3 km später an eine Verzweigung bringt. Eine Allee führt uns zum Bauernhaus von **Monlési (3)**, das wir hinten umgehen. Durch den Wald wandern wir zum Gehöft von Vers chez Bordon; links an einer Hütte vorbei bringt uns der Pfad hinab in die

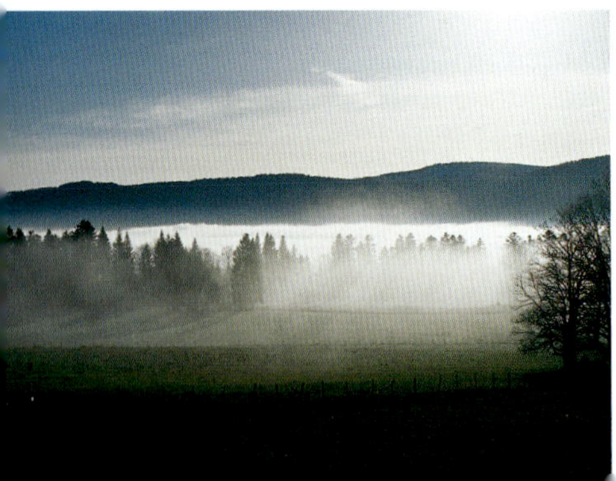

Von Haut de la Vy aus blickt man hinüber zum Rücken des Chasseron.

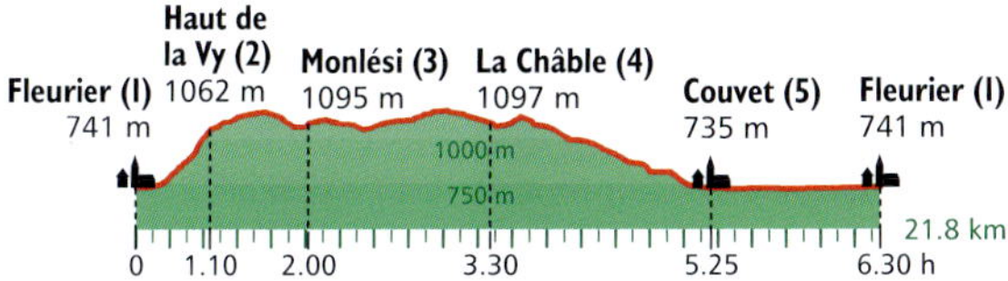

Senke von **La Roche**, wo wir die Straße Couvet – La Brévine queren. Vor uns öffnet sich nun das kleine **Val Trémalmont** und wir wandern auf dem Zubringersträßchen in zwei weiten Kehren die nördliche Talflanke hinauf. Kurz vor den Gebäuden eines einsamen Bauernhofs verlassen wir die geteerte Piste und spazieren auf grasbewachsenen Pfaden hinüber nach **Le Châble (4)**. Auf dem Sträßchen wandern wir in Richtung Couvet, bis nach einer Kurve ein Wegweiser nach links weist. Dann erklimmen wir eine Geländerippe. Weiter hinab in das Tal auf eine Lichtung, dann gerade abwärts in den Wald und nun über raue Forstwege bergab, bis wir schließlich rund eine Stunde nach Le Châble das erwähnte Sträßchen bei einer Brücke wieder betreten. Hier entweder nach links direkt nach Couvet oder über den (lohnenden) Umweg, der über die Roches des Loups ebenfalls nach **Couvet (5)** führt. Hier folgen wir den Wegweisern in Richtung Gare RVT (nicht CFF!). Der Bahnhof liegt direkt am Ufer des Flusses L'Areuse, auf dessen befestigtem Uferdamm wir via Môtiers talaufwärts nach **Fleurier (1)** wandern.

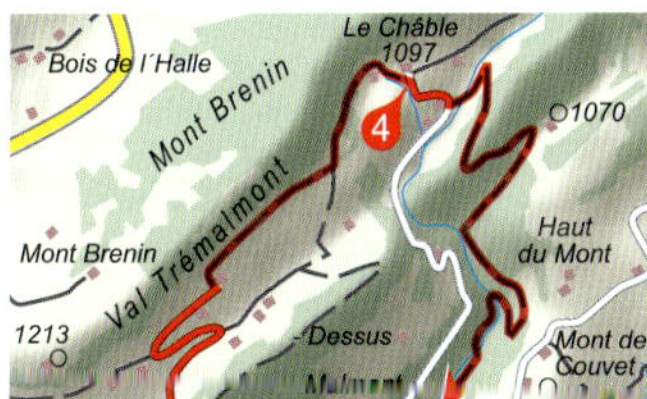

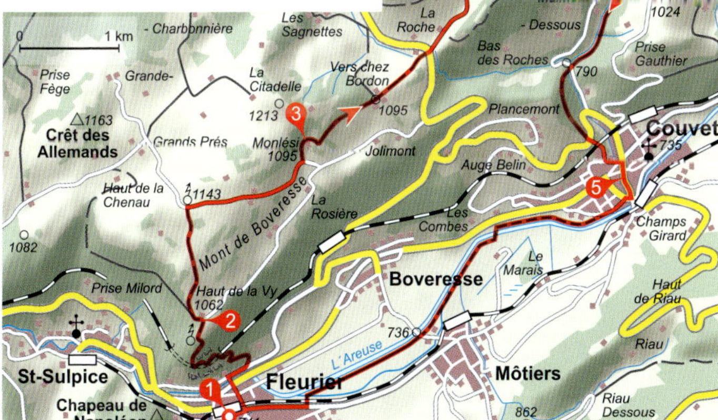

43 Rochers du Cerf, 1195 m

7.45 Std.

Im Reich der Juragämsen, Auerhühner und Wachteln

Es empfiehlt sich, auf dieser Wanderung genügend Wasser dabei zu haben, denn bekanntlich ist der Jura ein sehr trockenes Gebiet. Das Wasser versiegt im »löchrigen« Kalkboden und auf der ganzen Tour gibt es keinen erfrischenden Dorfbrunnen, wo sich die Trinkflasche wieder auffüllen ließe! Die Wanderung führt uns auf einen Gipfel über dem Hochtal von La Brévine, das als »Sibirien der Schweiz« bekannt ist, werden doch hier regelmäßig die landesweit tiefsten Temperaturen gemessen!

Ausgangspunkt: Sur le Pont, 1041 m. Anreise von Fleurier (siehe Tour 41) auf der Hauptstraße Nr. 10 Richtung La Brévine, dann nach Sur le Pont. Anreise mit Bus/Bahn: Regionalzug ab Neuchâtel oder Biel via La Chaux-de-Fonds bis Le Locle, dann Postbus bis La Brévine; von dort Bus Richtung Les Bayards bis Sur le Pont (nur sehr wenige Verbindungen am Tag, besonders an den Wochenenden).

Höhenunterschied: 650 m.

Anforderungen: Einfache, aber relativ lange Wanderung auf guten Wegen.

Einkehr: Unterwegs keine. 500 Meter nach der Haltestelle Sur le Pont das Restaurant Chez Bichon (✆ +41 32 935 12 58, restaurant-chez-bichon-brevine.ch; eigene Haltestelle).

Karte: WK 1:50.000, Blatt 241T, Val de Travers.

Zeuge einer längst vergessenen Kultur: der Menhir de Combasson.

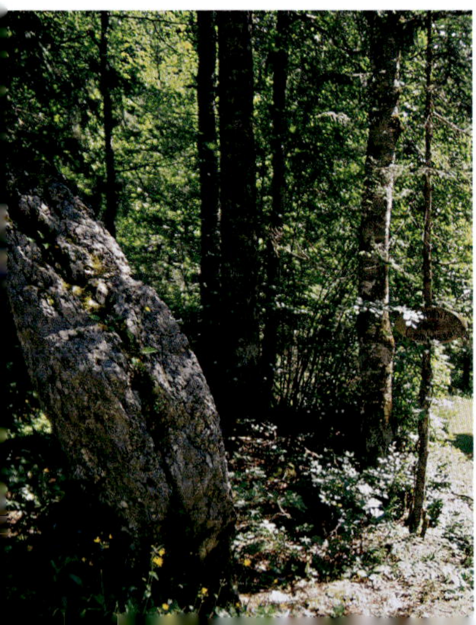

Obwohl der Lac des Taillères zum Baden einlädt, kehren wir ihm den Rücken zu und nehmen uns das Bad für den Abend vor. Vis-à-vis der Postautohaltestelle **Sur le Pont (1)** sehen wir das große Schild der Fromagerie; es wird nicht die letzte Käserei auf unserer Tour sein! Die Gegend ist berühmt für ihren König unter den Weichkäsen, nämlich den Vacherin. Er entstand zu Beginn des 19. Jahrhunderts aus einer Notlage heraus. Da am Ende des Sommers die Kühe weniger Milch gaben, reichten die Mengen nicht mehr aus, um die im Schnitt 32 Kilogramm schweren Gruyère-Laibe zu produzieren. Für den Vacherin benötigt man hingegen bedeutend weniger Milch. Mit dem neuen Mol-

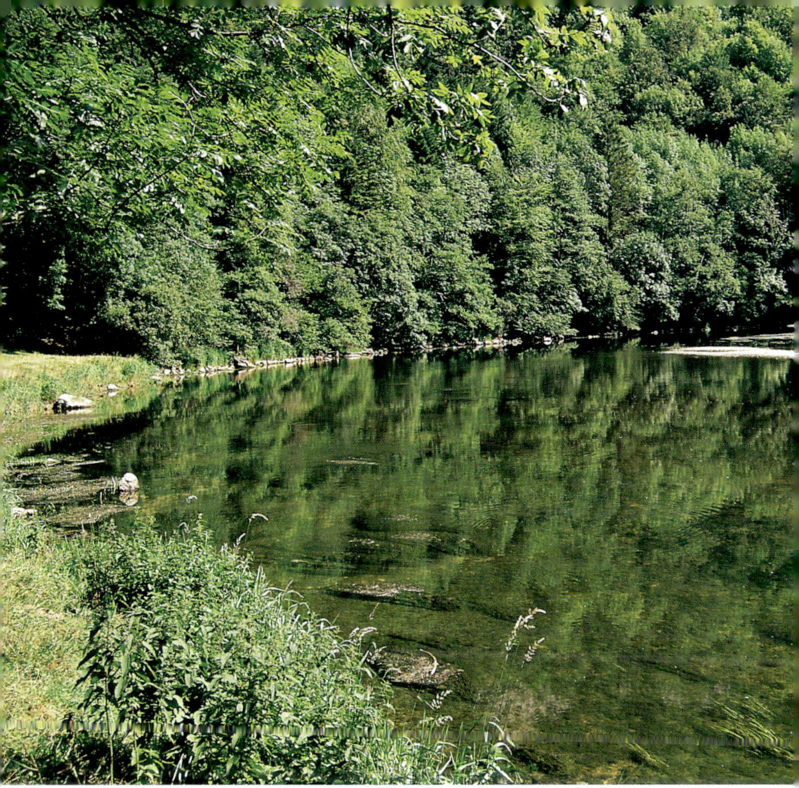

Im Sommer lässt nichts vermuten, dass das Hochtal von La Brévine zu den kältesten Regionen der Schweiz gehört.

kereiprodukt ließ sich auch im Winter etwas verdienen. Händler besuchten mit ihrem Vacherin, aber auch mit den kleinen Tommes sowie mit Quark und Ziegenkäse auf den Pferdekarren die Märkte in der näheren und weiteren

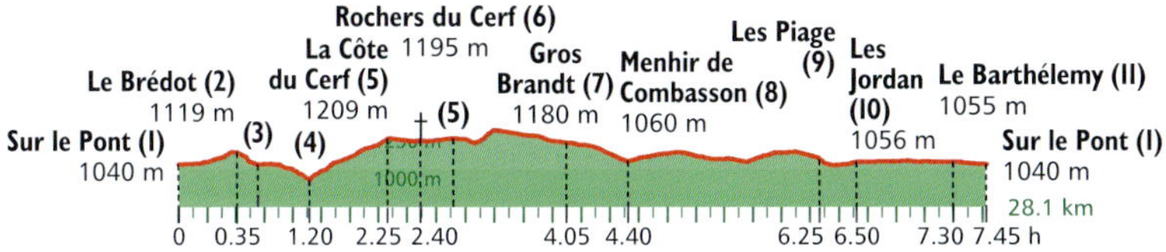

Umgebung und erwarben dort Grundnahrungsmittel, vor allem Weizenmehl. Bei der Haltestelle biegt rechts eine Straße von der Kantonsstraße ab. Wir schreiten der Grenze zu Frankreich entgegen. Bis zum Grenzdorf **Le Brédot (2)** ist der Weg mit gelben Wanderwegmarkierungen gekennzeichnet, danach folgen wir dem GR 5 (rot-weiße Markierung). Wäre da nicht die GR-Markierung, wir wähnten uns nicht in Frankreich; kein Zollhaus, keine Grenzkontrolle. Im kurzen Wegabschnitt zwischen Le Brédot und dem französischen Dörfchen Les Seignes ist die Markierung nicht eindeutig. Am besten hält man quer durch den Wald auf die Asphaltstraße zu und erreicht so **Les Seignes (3)**.
Auf den spärlichen Wegweisern stehen unsere nächsten Ziele: Le Grand Mont und Le Théverot. Im Dörfchen **Le Grand Mont** biegen wir nach links ab. Unsere breite Forststraße verlassen wir kurz darauf nach rechts auf einem schmalen Pfad in den Wald hinein. Die Stelle, wo wir die Forststraße verlassen, ist rot-weiß markiert, auf der Forststraße ist hingegen ein rot-weißes Kreuz zu sehen, was so viel bedeutet wie »nicht hier entlang«. Nach zwei Kurven gelangen wir wieder auf eine Forststraße, rechts fließt ein munteres Bächlein und kurz darauf erreichen wir den Weiler **Le Théverot (4)**.
Links abbiegend folgen wir nun dem Bach Le Théverot, der weiter oben beim Rochers du Cerf entspringt. 280 Höhenmeter liegen vor uns, bis wir in **La Côte du Cerf (5)**, 1209 m, den vorläufig höchsten Punkt der Tour erreichen. Dass wir dabei wieder die Grenze passieren, fällt nur durch die zur gelben Markierung wechselnden Zeichen auf!
Der Abstecher von La Côte du Cerf entlang der Grenze zum Aussichtspunkt **Rochers du Cerf (6)**, 1195 m, lohnt sich! Auf dem Weg bergauf sehen wir rechts die eindrucksvolle Kalkfelswand des Rochers du Cerf. Wir befinden uns nicht nur in einem für seine Juragämsen bekannten Gebiet, auch gehören die Täler zwischen La Brévine und Les Ponts-de-Martel südwestlich von La Chaux-de-Fonds zu den als »Important Bird Area« (IBA) ausgewiesenen Landschaften. Das Auerhuhn bevölkert hier noch die bewaldeten Bergflanken. Mit einer Portion Glück ist Ende Mai in diesem Landstrich früh morgens oder spätabends der Ruf der Wachteln zu hören und wer in der Nacht ein »ärrp ärrp« vernimmt, könnte einer der Glücklichen sein, der den Wachtelkönig hört. Das Grasland des Neuenburger Juras ist einer der wenigen Orte, wo diese seltenen Vögel noch regelmäßig gehört werden.
Nach dem Abstecher kehren wir zurück nach **La Côte du Cerf (5). Nun** sind die »Brandt-Höfe« unsere nächsten Ziele. Wir verlassen den Nadel- und Mischwald und passieren landwirtschaftlich genutztes Weideland. An prächtigen Hagebuchen vorbei, bis nach **Gros Brandt (7)**.
Die Markierung »Menhir de Combasson« lässt aufhorchen. Wir folgen diesem Hinweis und gelangen nach einer halben Stunde zu einer Waldkreuzung. Hier weist ein einfaches Holzschild auf einen Felsbrocken, den **Menhir de Combasson (8)**.

Vom Menhir weiter in Richtung **Chez la Bolle**, hier links in Richtung Les Bayards, Le Cernil, La Brévine abbiegen. Vorsicht, beim Schild Le Cernil: nicht diesem ins Dorf folgen, sondern die linke Straße in Richtung **Les Piaget (9)** nehmen. Im Waldstück von Chez la Bolle bis Les Piaget ist die Orientierung nicht ganz einfach und verlangt Aufmerksamkeit. Von den Häusern von Les Piaget weiter nach **La Sauge**, dann ein kurzes Stück auf einem geteerten Sträßchen bis zum Weiler **Les Jordan (10)**. Auch hier wird Käse produziert. Der weitere Verlauf der Wanderung führt von einem Hof zum anderen. Kurz nach **Le Barthélemy (11)** gelangen wir auf die Asphaltstraße, auf der wir unsere Wanderung begonnen haben. Der Gedanke an ein kühlendes Bad im Lac des Taillères verleiht uns Flügel, sodass die letzte Etappe zurück nach **Sur le Pont (1)** im Nu abgeschritten ist!

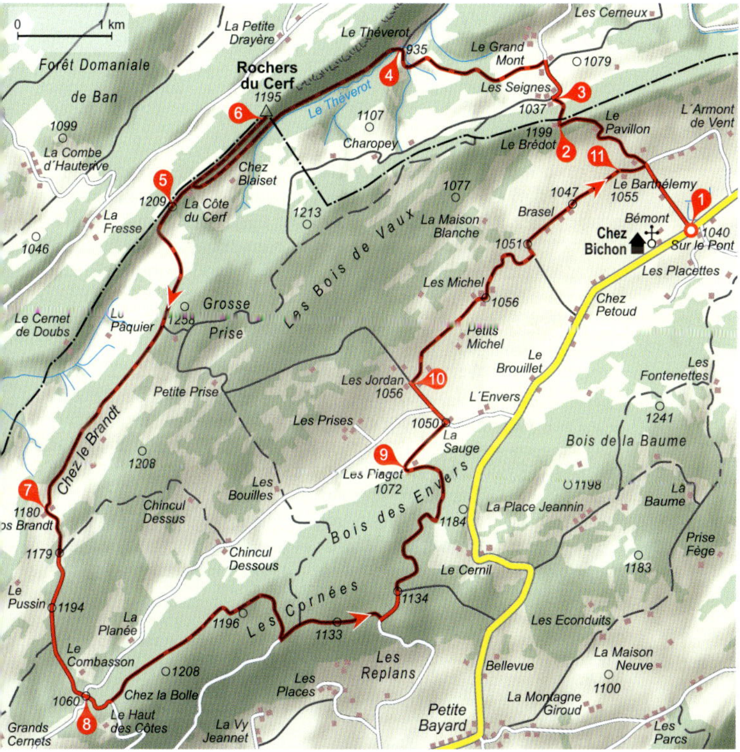

44 Grand Taureau, 1323 m

8.30 Std.

Aussichtsreiche Höhenwanderung

Pontarlier ist die größte Stadt des Hochjura und liegt gleich hinter einer engen Klus, die der junge Doubs geschaffen hat. Schon seit dem 11. Jahrhundert bewacht das Château de Joux diesen Durchgang. Im Sommer findet in der eindrucksvollen Anlage ein Musik- und Theaterfestival statt.

Ausgangspunkt: Pontarlier, 830 m, an der Bahnlinie Neuchâtel – Frasne; nur wenige Direktverbindungen mit Regio-Express-Zügen pro Tag. Zusätzlich Busse ab Fleurier; teilweise Voranmeldung 1 Std. vor der im Fahrplan angegebenen Abfahrtszeit erforderlich (✆ +41 32 861 45 55). Mit dem Auto ab Neuchâtel in Richtung Val de Travers via Fleurier.
Höhenunterschied: 850 m.

Anforderungen: Einfache Höhenwanderung auf Wegen und Sträßchen, längere Abschnitte auf Hartbelag.
Einkehr: Restaurants in Pontarlier und in La Cluse-et-Mijoux am Fuße der Festung.
Karte: WK 1:50.000, Blatt 241T, Val de Travers.
Tipp: Informationen zum Musik- und Theaterfestival unter chateaudejoux.com.

Vom Bahnhof **Pontarlier (1)** gehen wir auf der Roc Georges Pompidou nach rechts und queren den Fluss Doubs. Dann von der Straße nach links das Flussufer entlang bis zur nächsten Brücke; dort nach rechts auf die Faubourg Saint-Etienne, welche bald in die Rue de Neuchâtel übergeht. Schilder weisen nach links die Rue du Toulobief hinauf zum **Camping du Larmont**. Hier beginnt der »Sentier montagnard du Grand Taureau«, ein sich über sieben Kilometer hinziehender Themenweg mit zahlreichen Schautafeln zur Geologie sowie zur Tier- und Pflanzenwelt der Region. In zahlreichen Kehren steigt der Weg über Weiden und durch den Wald aufwärts und erreicht beim Hof **Chasal du Creux (2)** ein kleines Hochtal. Weiter über Sträßchen und Fahrwege am Fuß der steilen Nordflanke des Montagne du Larmont entlang, bis der Weg steil aufwärts auf den Kamm des Bergs klettert. Nun nach links geht es zum Gipfel des **Grand Taureau (3)**, 1323 m.
Vom Grand Taureau auf demselben Weg ein Stück zurück, wir bleiben aber dem Bergkamm treu, folgen den Markierungen des Höhenwegs GR 5 und gelangen zum **Fort du Larmont Supérieur (4)**. Von hier folgen wir einer Straße bis zu den Häusern von **Les Jeantets (5)**, wo wir geradeaus gehen,

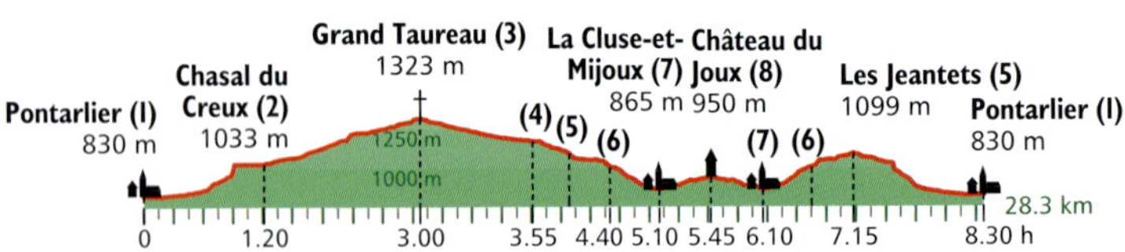

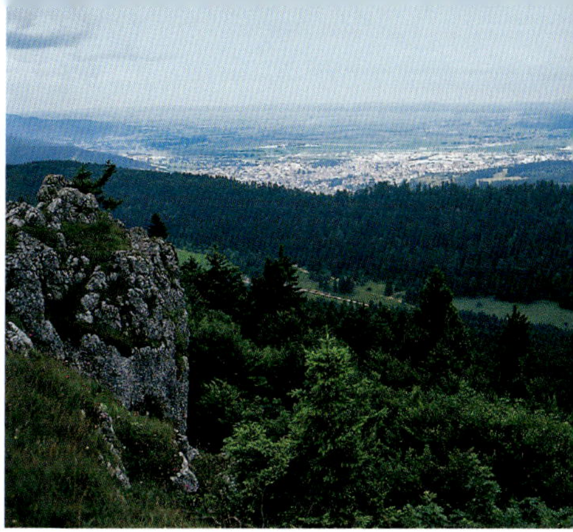

Der Grand Taureau ist der Hausberg der französischen Industriestadt Pontarlier.

um eine Kurve und weiter auf der Straße bis zur nächsten Verzweigung. Nun auf dem Sträßchen nach links, um zum **Fort du Larmont Inférieur (6)**, das auch als Fort Mahler bekannt ist, abzusteigen. Über einen Treppenweg aus mehr als 200 Stufen steigen wir hinab ins Tal und erreichen **La Cluse-et-Mijoux (7)**. Von der Ortsmitte ist es jetzt noch ein beachtlicher Anstieg hinauf zum **Château de Joux (8)**.
Für die Rückkehr nach Pontarlier gehen wir wieder nach **Les Jeantets (5)** zurück, wo wir uns links nach **L'Arcan** wenden. Dort treffen wir bald wieder auf den Naturlehrpfad, dem wir zurück zum Ausgangspunkt in **Pontarlier (1)** folgen.

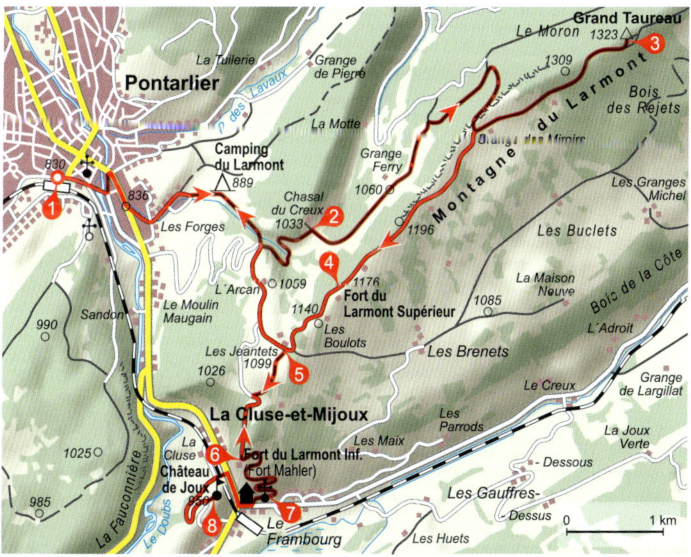

TOP **45**

Le Chasseron, 1607 m, und Poëta Raisse

5.45 Std.

Streckenwanderung mit großartiger Aussicht und spektakulärer Schlucht

Schluchten sind ein prägendes Landschaftselement des Jura; an vielen Stellen haben Bäche und Flüsse die Ketten der Juraberge durchbrochen und sich ein tief in den Berg geschnittenes Bett geschaffen. Kaum eine der Juraschluchten ist jedoch so eindrucksvoll wie die Poëta Raisse. Schon der Poet und Philosoph Jean-Jacques Rousseau ließ sich von diesem wilden Ort inspirieren und die Klamm hat seither nichts von ihrer Faszination verloren. Poëta hat nichts mit Poesie zu tun, sondern stammt vom Dialektwort »Pouetta« (Eberesche) ab, während »Raisse« eine von einem Bach durchflossene Enge bezeichnet. 1874 wurde die Schlucht mittels Treppen, Stegen und Brücken zugänglich gemacht. Gerade an einem regnerischen Tag, wenn viel Wasser durch die Poëta Raisse schäumt, ist dieser Teil der Tour besonders spektakulär – wenngleich die hölzernen Stege dann mit der nötigen Vorsicht zu begehen sind!

Ausgangspunkt: Ste-Croix, 1066 m. Anreise mit Bahn oder Auto über Yverdon. Parkgelegenheiten beim Bahnhof.
Rückkehr von Môtiers nach Ste-Croix: entweder auf dem langen Bahnweg via Neuchâtel und Yverdon oder mit dem Regionalzug nach Buttes, von dort mit direktem Bus nach Ste-Croix (unter der Woche dreimal, am Sonntag zweimal pro Tag).
Höhenunterschied: 600 m im Auf- und 930 m im Abstieg.
Anforderungen: Ungeteerte Fahrstraßen und schmale Fußpfade. Durch die Poëta Raisse führt ein guter, stellenweise steiler Weg, dessen heikelste Stellen mit Geländern und Ketten gesichert sind.
Einkehr: Restaurant les Avattes (✆ +41 24 454 36 83, chaletrestaurantlesavattes.com), Hôtel du Chasseron (✆ +41 24 454 23 88, chasseron.ch), Chalet Restaurant d'Alpage La Grandsonnaz Dessus (✆ +41 24 454 23 62, Mitte Mai–Mitte Okt. geöffnet). Restaurants in Ste-Croix und Môtiers.
Karte: WK 1:50.000, Blatt 241T, Val de Travers.
Tipp: Das Kloster von Môtiers wurde im zehnten Jahrhundert von Benediktinermönchen aus Frankreich gegründet, die sich mit der Herstellung von guten Weinen einen Namen machten. Noch heute werden im Ort erstklassige Schaumweine gekeltert – eine Degustation lohnt auf jeden Fall. Nähere Informationen unter mauler.ch.
Hinweis: Poëta Raisse von November bis April gesperrt.

Die Wegweiser des Jurahöhenwegs leiten uns sicher vom Bahnhof **Ste-Croix (1)** durch das Dorf, dann an der reformierten Kirche – erkennbar am Hahn auf der Kirchturmspitze – vorbei auf einen steilen Fußweg, der bald durch ein Wäldchen führt. Wir stoßen auf einen Fahrweg, der von rechts heraufkommt, gehen hier nach links und wenige Schritte später quer über die Wiese und anschließend den steilen Hang vor uns hinauf. Wegspuren und

Nach Verlassen der Poëta Raisse fließt der Rivière du Breuil wieder wesentlich ruhiger.

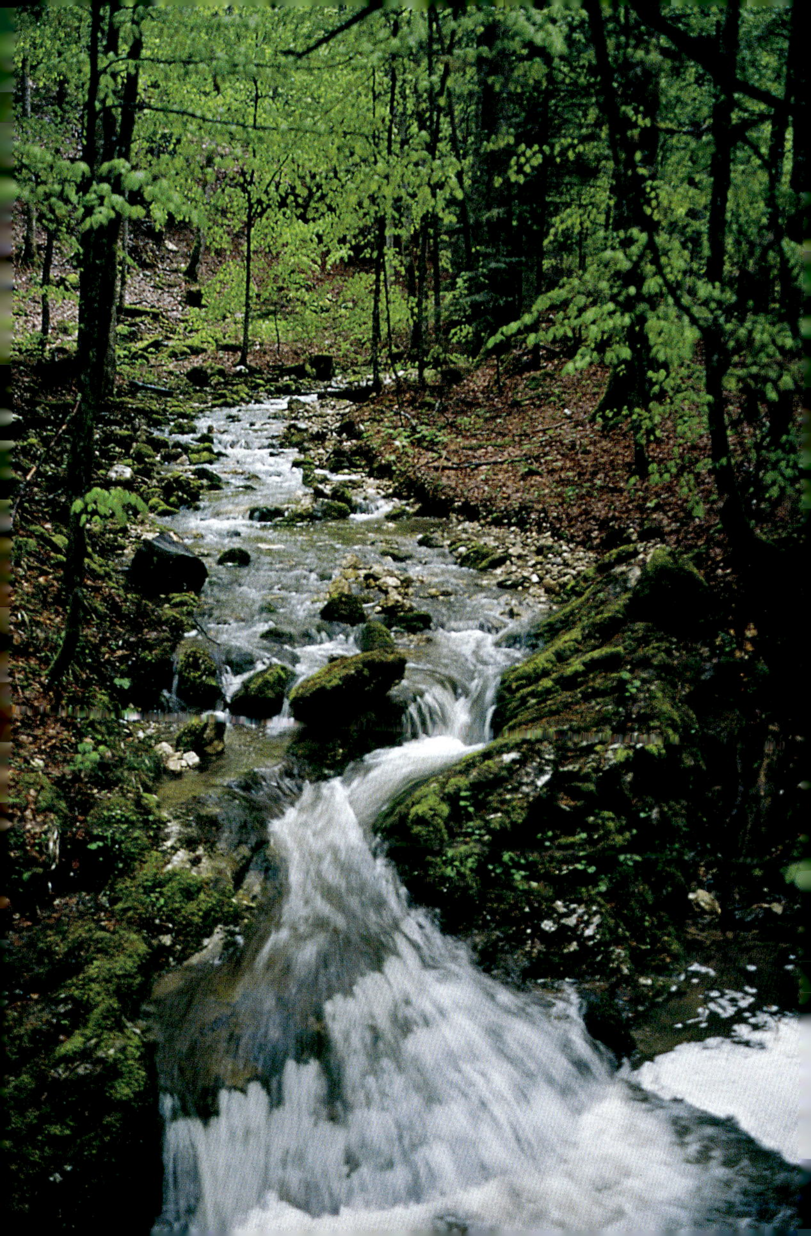

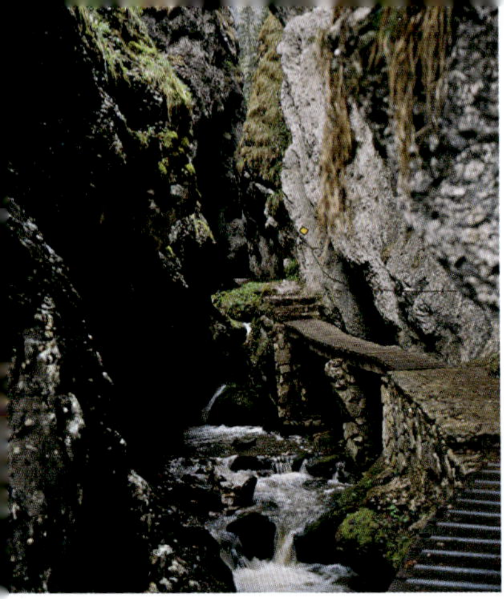

Treppen und Stege helfen durch die Poëta Raisse.

einige schwach erkennbare Markierungen bilden eine willkommene Hilfe. Nach dem Anstieg gelangen wir erneut auf einen Fahrweg, dem

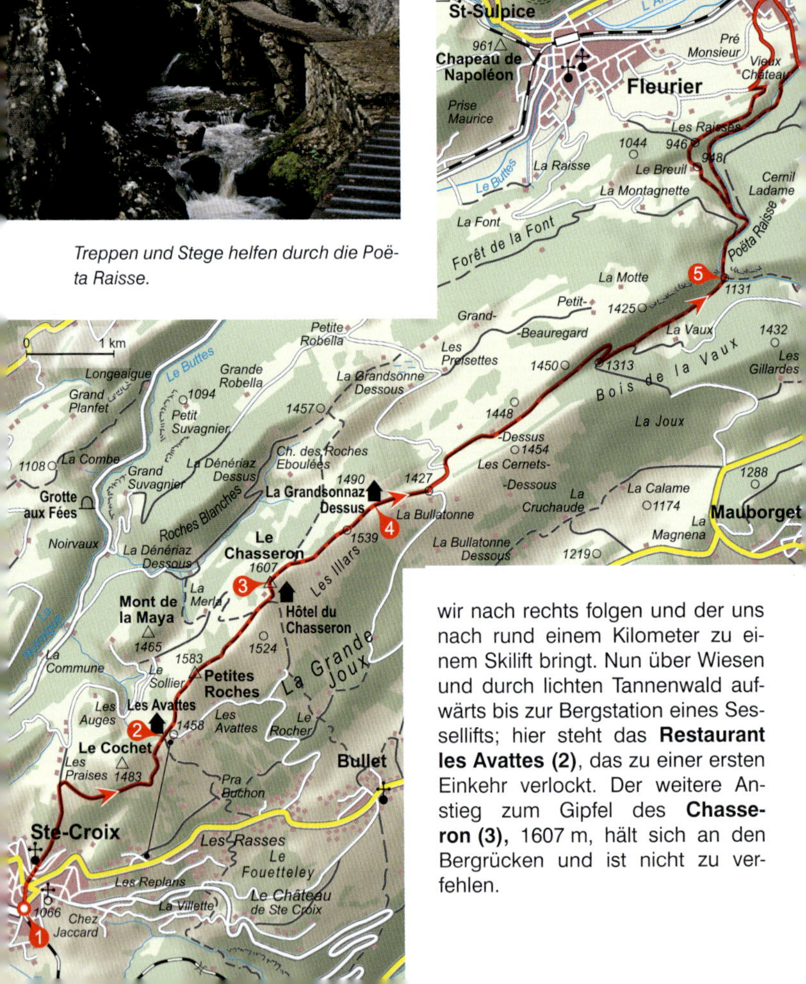

wir nach rechts folgen und der uns nach rund einem Kilometer zu einem Skilift bringt. Nun über Wiesen und durch lichten Tannenwald aufwärts bis zur Bergstation eines Sessellifts; hier steht das **Restaurant les Avattes (2)**, das zu einer ersten Einkehr verlockt. Der weitere Anstieg zum Gipfel des **Chasseron (3),** 1607 m, hält sich an den Bergrücken und ist nicht zu verfehlen.

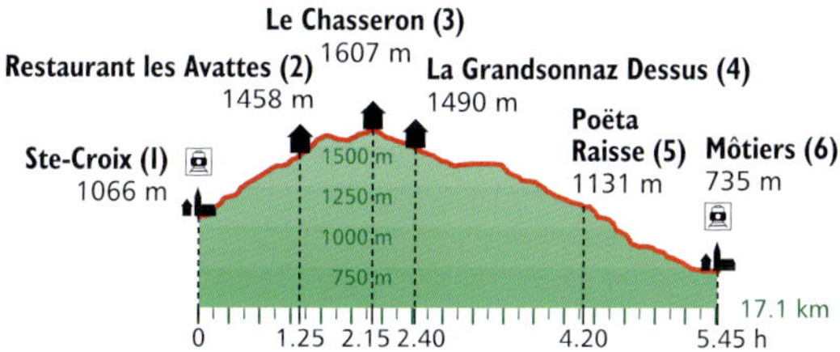

Nach Verlassen des Gipfels bleiben wir dem Jurahöhenweg treu. Bei der Abzweigung, die einen Abstecher zum Alprestaurant **La Grandsonnaz Dessus (4)** erlaubt, betreten wir ein geteertes Sträßchen, dem wir bis zu einer T-Kreuzung folgen. Hier verlassen wir das Teerband, gehen geradeaus über die vor uns liegende Wiese, dann links zu einem Gatter und abwärts, bis wir wieder auf ein Sträßchen stoßen, das wir aber bald wieder verlassen. Vorbei an einem einsamen Hof, dann durch ein romantisches kleines Tal, wandern wir sanft abwärts und erreichen schließlich den Eingang zur **Poëta Raisse (5)**. Für den Weg durch die Schlucht sollte man sich genügend Zeit nehmen, denn immer wieder laden die Brücken, Stege, Treppen, Felswände, Abgründe und Wasserfälle zum Verweilen und Staunen ein. Bei einer Verzweigung haben wir die Wahl, auf direktem Weg durch das Tal nach Môtiers zu wandern oder nochmals einen Anstieg in Kauf zu nehmen, um über das Vieux Château ins Dorf zu gelangen. **Môtiers (6)** ist ein hübscher Ort mit behäbigen, wohlhabend aussehenden Bürgerhäusern und einem attraktiven Ortsbild.

Vor dem Aufstieg zum Chasseron lohnt es sich, in Ste-Croix das Musikdosenmuseum zu besuchen.

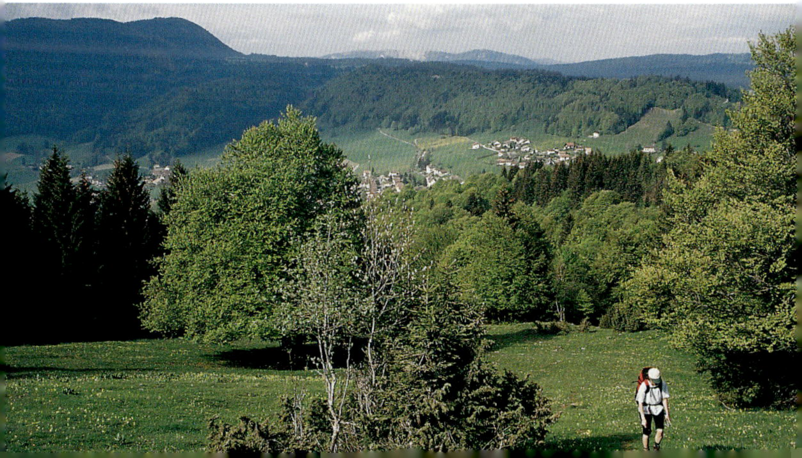

46 Le Chasseron und Gorges de Covatanne

7.00 Std.

Aussichtsgipfel und Schluchterlebnis

Zwischen dem Dörflein Vuiteboeuf und Ste-Croix liegt die fantastische Gorges de Covatanne. Kaum ein Lichtstrahl mag die tiefsten Stellen dieser streckenweise engen Klamm zu erhellen und vom Weg aus sieht man den Bach oft gar nicht, der sich in mehreren Stufen seinen Weg durch die Schlucht bahnt. Darüber türmen sich hohe Kalkwände auf und wegen des Staunens über die sich immer wieder verändernden Perspektiven kommt man auf diesem Teil der Tour kaum vorwärts.

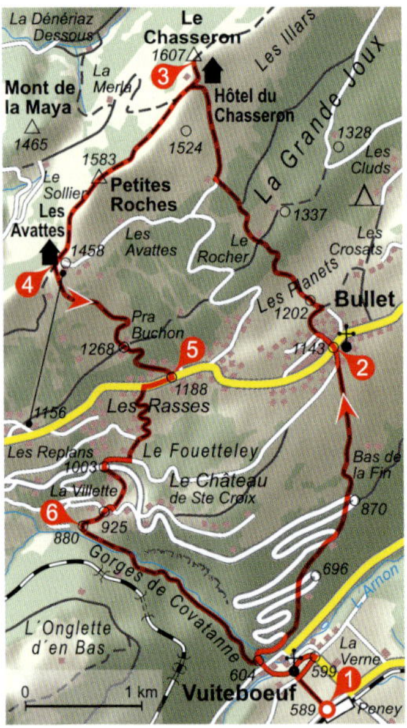

Ausgangspunkt: Vuiteboeuf, 589 m, an der Bahnlinie Yverdon – Ste-Croix. Mit dem Auto von Yverdon in Richtung Ste-Croix; in Vuiteboeuf gleich beim Dorfeingang rechts der Straße einige wenige Parkplätze.
Höhenunterschied: 1060 m.
Anforderungen: Kerniger Aufstieg zum Chasseron, ansonsten einfache Wanderung auf guten Wegen, Hartbelag nur in den Dörfern. Einige kurze Abschnitte in der Gorges de Covatanne können steinschlaggefährdet sein und sollten daher zügig passiert werden.
Einkehr: In Vuiteboeuf, Bullet und Les Rasses. Hôtel du Chasseron (✆ +41 24 454 23 88, chasseron.ch) und Restaurant les Avattes (✆ +41 24 454 36 83, chalet-restaurantlesavattes.com).
Karte: WK 1:50.000, Blatt 241T, Val de Travers.

Der Bahnhof von **Vuiteboeuf (1)** liegt ein Stück außerhalb, weshalb wir zuerst die Ebene queren, um ins Dorf zu gelangen. Dort folgen wir zunächst der Hauptstraße, dann leiten uns die gelben Schilder und Markierungen schräg den bewaldeten Hang hinauf, die Straße von Vuiteboeuf nach Ste-Croix immer mal wieder querend und berührend. Die beiden oberen Haarnadelkurven kann man heute umgehen, man ist also nicht mehr gezwungen, die Straße zu betreten.
Nach Verlassen des Waldes wandern wir über offenes Gelände, das deutlich weniger steil ist, als der erste Teil des Aufstiegs. Die Häuser von **Bullet (2)**

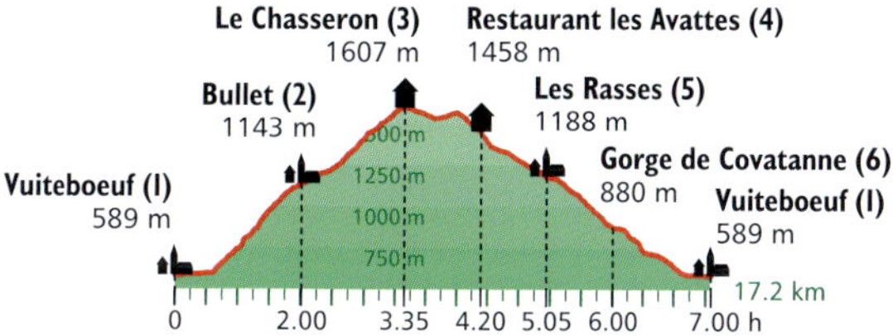

kommen bald in Sicht und rücken schnell näher. Im Dorf wandern wir am Schulhaus und der Kirche vorbei bis zu einer Kreuzung, wo wir geradeaus eine schmale Straße hinaufgehen. Die letzten Häuser von Bullet hinter uns lassend, erreichen wir eine Ebene, die wir queren, um dann in gerader Linie durch den Wald zum unverkennbaren Gipfel des **Chasseron (3)**, 1607 m, aufzusteigen.

Nun auf dem Gipfelgrat in Richtung Ste-Croix. Beim **Restaurant les Avattes (4)** gehen wir unterhalb des Gebäudes die Wiese hinab, parallel zum linken Skilift, bis wir auf einem Skiliftmast ein Wanderwegzeichen entdecken. Hier beginnt der Weg nach **Les Rasses (5)**.

In diesem stark verstreut gebauten Dorf mit seinen vielen – nicht immer ansehnlichen – Ferienhäusern folgen wir der Hauptstraße nach rechts, gehen am Grand Hotel vorbei und zweigen wenige Meter danach links ab. Ein geteertes Sträßchen schlängelt sich den Hang hinunter und entlässt uns nach zahlreichen Kehren auf einen Fußweg, der schließlich unterhalb der Kläranlage den Eingang zur **Gorges de Covatanne (6)** erreicht. Auf dem Weg durch die spektakuläre Schlucht kehren wir nach **Vuiteboeuf (1)** zurück.

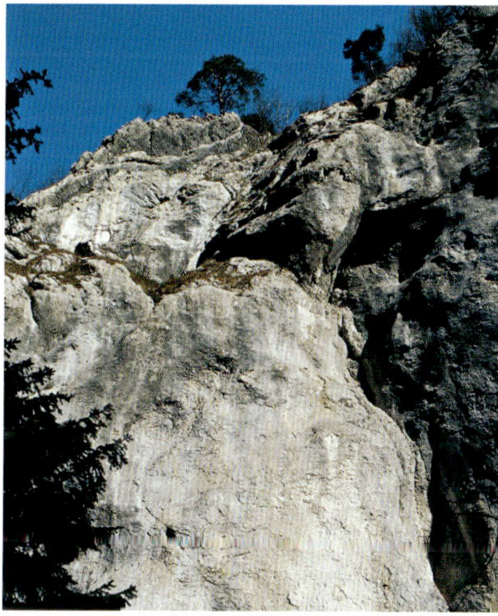

Die Enge der Gorges de Covatanne kontrastiert mit der Weite des Chasseronrückens.

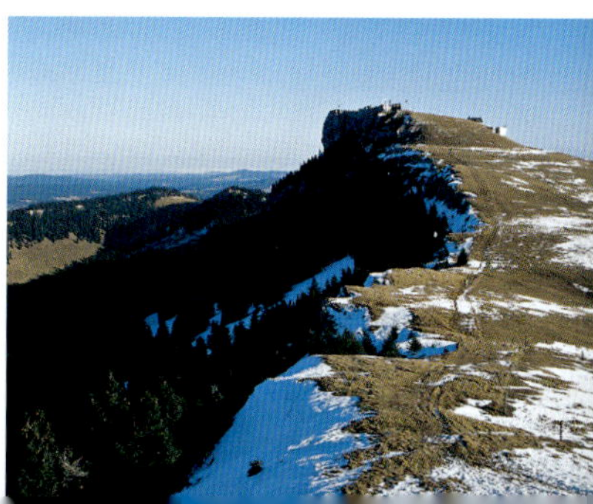

TOP 47

Le Suchet, 1588 m, und Aiguilles de Baulmes, 1559 m

6.45 Std.

Alpines Wandererlebnis über zwei Gipfel

Le Suchet und die Aiguilles de Baulmes sind zwei nahe beieinander liegende Gipfel, zwischen denen das muldenförmige, von Felswänden eingerahmte Tal von Montjovet eingebettet ist. Mit 1588 m ist der Suchet der höhere der beiden Berge und bietet eine bessere Rundsicht – insbesondere über die großen Juraseen und die Alpen. Dafür sind die Aiguilles de Baulmes eine wesentlich eindrucksvollere Erscheinung. Der lange, sehr schmale Bergrücken bricht nach Süden steil ab, die hohen Felswände auf dieser Seite verleihen dem Berg einen wilden, unnahbaren Charakter.

Ausgangspunkt: Bahnhof Six Fontaines (Halt nur auf Verlangen!), 705 m, an der Bahnlinie Yverdon – Ste-Croix. Mit dem Auto auf der A 1 nach Yverdon, von dort weiter nach Ste-Croix, dann per Bahn (ein Zug pro Stunde) in 15 Min. zurück nach Six Fontaines.
Höhenunterschied: 1195 m im Auf- und 830 m im Abstieg.
Anforderungen: Zunächst einfache Wanderung auf guten, markierten Wegen. Der hier beschriebene Aufstieg zur Aiguilles de Baulmes ist jedoch nicht markiert und erfordert etwas Orientierungsvermögen sowie Trittsicherheit. Die im Text erwähnte Alternative macht den Aufstieg einfacher.
Einkehr: Chalet La Mathoulaz (✆ +41 24 441 01 14), Chalet du Suchet (✆ +41 24 441 01 63, chalet-du-suchet.ch), Chalet de Grange-Neuve (✆ +41 24 459 11 81, chaletgrangeneuve.ch). Restaurants in Ste-Croix.
Variante: Statt der Überschreitung der Aiguilles de Baulmes unschwierig weiter auf dem »Chemin du Crête« nach Ste-Croix.
Karten: Da ein Teilstück der hier beschriebenen Route nicht markiert ist und auf der WK 1:50.000 fehlt, ist die sehr detaillierte LK 1:25.000 die bessere Wahl: Blatt 1182, Ste-Croix und Blatt 1202, Orbe.

Schroffe Felswände verleihen den Aiguilles de Baulmes einen wilden Charakter.

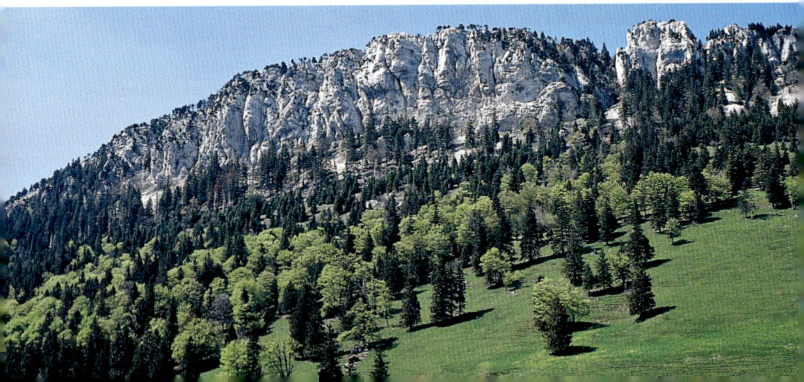

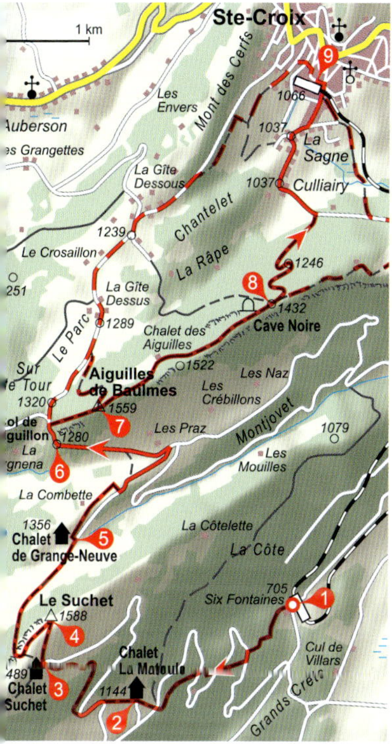

Gleich hinter dem einsamen Bahnhof von **Six Fontaines (1)** beginnt das Weglein, das die bewaldete Südflanke des Suchet emporsteigt. Immer wieder ein Sträßchen querend, das die Region – und auch das Chalet du Suchet – erschließt, wandern wir den Hang hinauf, wobei einige Verzweigungen schlecht bezeichnet sind und unsere Aufmerksamkeit erfordern. Schließlich erreichen wir eine Wiese und steuern nun das **Chalet La Mathoulaz (2)**, 1144 m, an.

Weiter über die Weide, dann für ein kurzes Stück die Straße entlang bis zum Chalet Le Rez, dort in gerader Linie den Hang hinauf und auf ein Weglein, das durch den Wald ansteigt. Wo wir diesen verlassen, stehen wir am Rand der großen Matte, die bis zum Gipfelgrat hinaufzieht. Wir folgen den gelben Markierungen über das pfadlose Wiesenland zum **Chalet du Suchet (3)**, 1489 m. Gleich hinter dem Haus beginnt der Schlussanstieg zum Gipfel. Hier aber nicht dem Wegweiser folgen, sondern den Weg nach rechts aufnehmen: Das von hier aus sichtbare Kreuz bezeichnet nämlich nicht den Gipfel, der vielmehr etwas verborgen hinter dem Horizont liegt. Ein Vermessungszeichen steht auf dem 1588 m hohen **Suchet (4)**, der eine prächtige Rundsicht bietet.

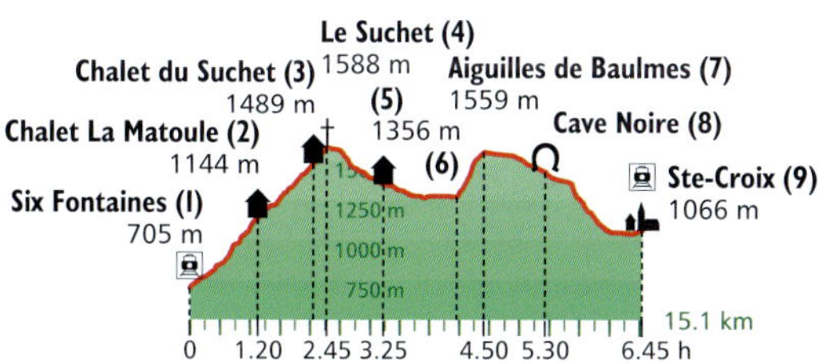

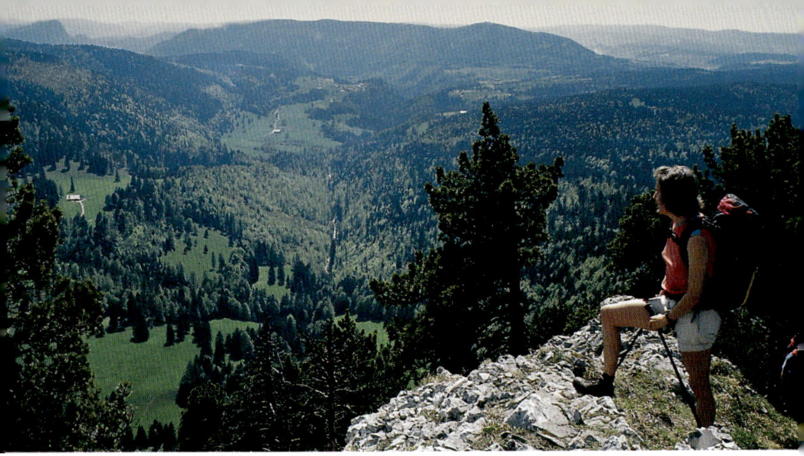

Ein breites Tal liegt zwischen Le Suchet und den Aiguilles de Baulmes.

Vom Gipfel wandern wir weiter in Richtung des Kreuzes (Westen), hinab zu einem Sattel. Ab dem hier stehenden Wegweiser vertrauen wir uns dem »Chemin du Crête« an, der uns ins nördlich des Suchet gelegene Tal und zum **Chalet de Grange-Neuve (5)** leitet.

Der Weg verläuft nun für ein Stück parallel zur Zufahrtsstraße von Grange Neuve, dann betreten wir für einige Meter das Teerband, um beim nächsten Wegweiser nach links abzubiegen. Wir queren den Taleinschnitt und steigen hinauf zum Sträßchen, das direkt nach Ste-Croix führt und welches vom »Chemin du Crête« bis zu diesem Etappenort benutzt wird. Auffallend sind die vielen militärischen Festungsbauten in der Gegend; auch die Straße wurde von der Armee für ihre Zwecke ausgebaut. Die Bunkerbauten werden aber – größtenteils – nicht mehr genutzt, jedenfalls nicht vom Militär. Ein am Weg liegender Bunker wurde gar in ein Ferienhaus umgebaut.

Wir bleiben nun für etwa einen Kilometer auf der Straße in Richtung Ste-Croix. Dann führt eine Steintreppe **(6)** nach rechts von der Straße weg (nicht bezeichnet). Wir benutzen diese Treppe und wandern auf anfänglich gutem Weg steil den Hang hinauf. Weiter oben führt der Weg durch sturmgeschädigten Wald und ist deshalb etwas mitgenommen. Wir erreichen den Fuß einer Felswand und steigen nochmals ein Stück steil hinauf zu einem Sattel. Die Felswände werden gerne von Kletterern benutzt, weshalb man hier oft Leuten begegnet. Auf dem Sattel treffen wir auf einen von links heraufführenden Weg. Wir wandern nach rechts, weiter aufwärts zu einem Felstor, durch das wir jedoch nicht gehen; wir steigen vielmehr die steile Rinne empor, die direkt zum Bergkamm hinaufzieht. Der steile Weg ist stellenweise wenig ausgeprägt, verläuft aber auf der rechten Seite der Rinne und bringt uns in strenger Arbeit auf den Grat. Nun auf dem schmalen, teilweise leicht ausgesetzten Weglein zum Gipfelkreuz der **Aiguilles de Baulmes (7)**, 1559 m. Wer diesen Abschnitt meiden will, bleibt auf der Straße in Richtung Ste-Croix, bis ein Wegweiser den leichteren, markierten Aufstieg zur Aiguilles de Baulmes anzeigt. Der Umweg verlängert die Tour um ungefähr eine halbe Stunde.

Nun erwartet uns eine prächtige Wanderung auf dem Bergrücken in Richtung Ste-Croix. Etwa 2 km nach dem Gipfelkreuz macht uns ein Wegweiser auf den Abstecher zur **Cave Noire (8)**, der »schwarzen Höhle«, aufmerksam. Der Weg dorthin ist aber sehr ausgesetzt und außerdem ist ein Besuch der Höhle nur mit Taschenlampe sinnvoll. Kurz nach der Höhle erreichen wir eine Wegkreuzung. Ganz links geht es zur La Gîte Dessus, halblinks nach Ste-Croix, geradeaus zum Mont de Baulmes. Der Abstieg via Letzteren ist weiter, dafür etwas weniger steil. Wer den kürzeren Weg wählt, wandert auf einem guten Pfad bergab bis zu einer Forststraße und folgt dieser 200 m nach links. Drei Steine am Wegrand (Wegweiser) markieren den Einstieg zum schwach ausgeprägten Abstieg zum Fuß der Aiguilles de Baulmes. Auf geteertem Sträßchen wandern wir die letzten 1,5 km durch Culliairy und **La Sagne** hin zum Bahnhof von **Ste-Croix (9)**.

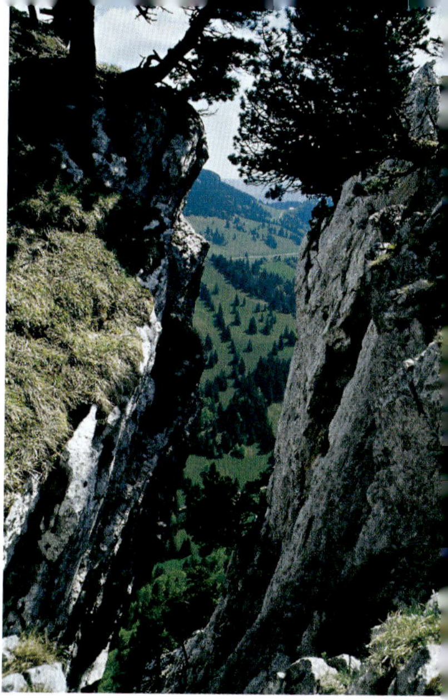

Klüfte und Felswände lassen sich auf der Wanderung über die Aiguilles de Baulmes aus nächster Nähe betrachten.

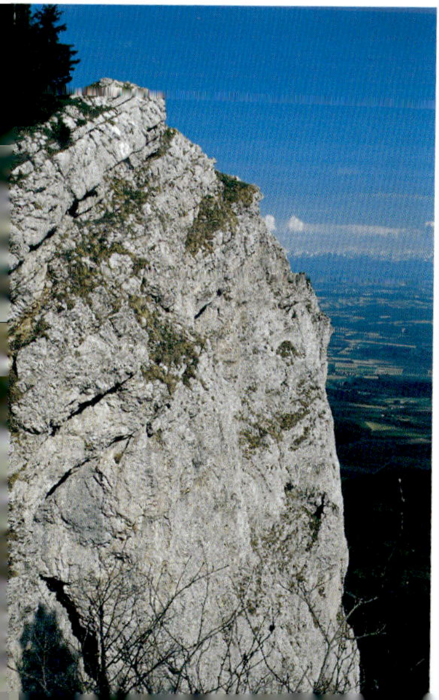

TOP

48 Dent de Vaulion, 1483 m

6.15 Std.

Aussichtsreicher Felszahn in abgelegener Juralandschaft

»Zahn von Vaulion« ist sicher ein treffender Name ist für diesen Berg. Sind seine südlichen Flanken eher sanfter Natur, fallen auf der Nordseite seine 200 m hohen Felswände abrupt und steil vom Gipfel ins Vallée de Joux ab.

Ausgangspunkt: Le Pont, 1008 m, im Vallée de Joux. Per Bahn ab Lausanne in Richtung Vallorbe, umsteigen in Vallorbe – Le Day. Mit dem Auto von Yverdon oder Lausanne auf der A 1, dann auf der A 9 bis Vallorbe und weiter in Richtung Vallée de Joux. Parkmöglichkeiten in Le Pont entlang der Seeuferstraße.
Höhenunterschied: 760 m.
Anforderungen: Steiler Aufstieg auf gutem Weg zum Dent de Vaulion; kurzer, steiler Abstieg vom Gipfel, dann ohne nennenswerte Gefälle und Steigungen auf Wegen und Sträßchen zum Ausgangspunkt zurück. Längere Abschnitte auf Hartbelag.
Einkehr: Buvette de la Dent de Vaulion kurz vor dem Gipfel (✆ +41 78 228 38 12), Restaurant La Bréguettaz (✆ +41 21 843 29 60, labreguettaz.ch). Restaurants in Le Pont und Vaulion.
Variante: Statt nach Pétra Felix bei der Abzweigung kurz davor zum Col du Mollendruz und von dort die Tour 49 aufnehmen.
Karte: WK 1:50.000, Blatt 251T, La Sarraz.

Der Bahnhof von **Le Pont (1)** liegt am Rande des Orts. Wir gehen den See entlang, bis die Wegweiser des Jurahöhenwegs nach links in Richtung Vallorbe weisen. Steil bergauf durch eine Gasse und später auf einem Waldweg erreichen wir bald ein Sträßchen, auf dem wir nach links abzweigen. Eine Panzersperre passierend bleiben wir für etwa 500 m auf dem Teerband und verlassen es dann nach rechts. Über Weiden und auf einem weiteren Fahrweg gelangen wir zur **Abzweigung (2)**, wo wir den linken Arm wählen und so den Anstieg zum Dent de Vaulion beginnen. Der geteerte Fahrweg endet bald bei einem Alpgebäude und wir folgen weiter dem holprigen Sträßchen einige Kehren aufwärts, an der **Buvette de la Dent (3)** vorbei und dann in fast gera-

Eis aus dem Lac de Joux wurde früher bis nach Paris exportiert.

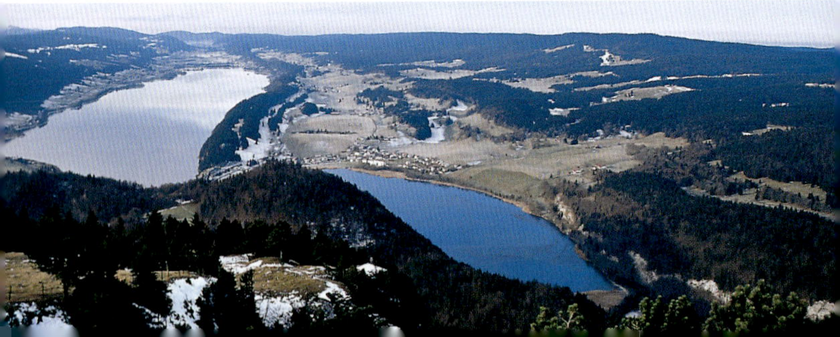

der Linie über Weiden auf den Rücken und schließlich zum Gipfel des **Dent de Vaulion (4),** 1483 m.

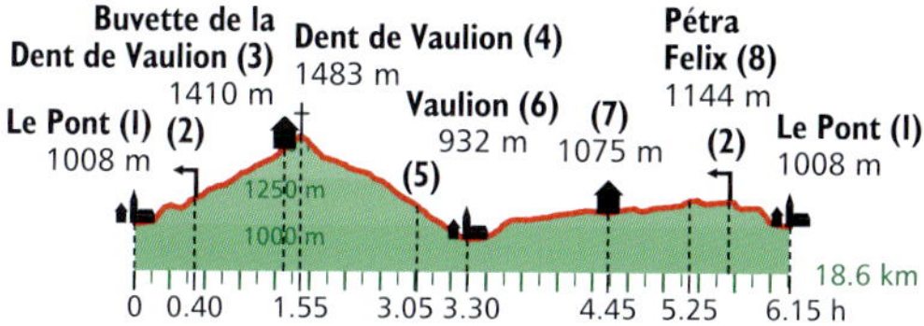

Auf dem Kamm des Berges wandern wir in Richtung Nordost bis zum Gehöft von **La Plâne (5)**. Beim untersten Gebäude dieses Weilers können wir über die Weide zu einem einsamen Haus absteigen; danach wandern wir auf der Zufahrtsstraße nach **Vaulion (6)**. An der Dorfstraße nach rechts bis zu einem ehemaligen Sägewerk, wo ein Feldweg nach links die Hauptstraße verlässt. Der Weg klettert am Schluss sehr steil den Wald empor und kurz bevor er wieder in die Hauptstraße mündet, nehmen wir den »Sentier de la Nature« auf, der den abschüssigen Hang quert. Nach rund einer Viertelstunde verlassen wir den dreifarbig markierten Naturpfad und folgen wieder den offiziellen gelben Wegmarkierungen. Kurz vor dem Hof **La Breguette (7)** stoßen wir auf eine Betonpiste; von hier bis Pétra Felix wurde der Wanderweg umgeleitet, da in der Region die Armee manchmal Schießübungen durchführt. Deshalb wandern wir zuerst über wegloses Gelände, dann auf einer Teerstraße bis **Pétra Felix (8)**, eine Art Tor zum Vallée de Joux. Nur ein kurzer Wegabschnitt erwartet uns noch, dann schließen wir den Rundgang und wandern die letzten Kilometer auf bekanntem Weg nach **Le Pont (1)** zurück.

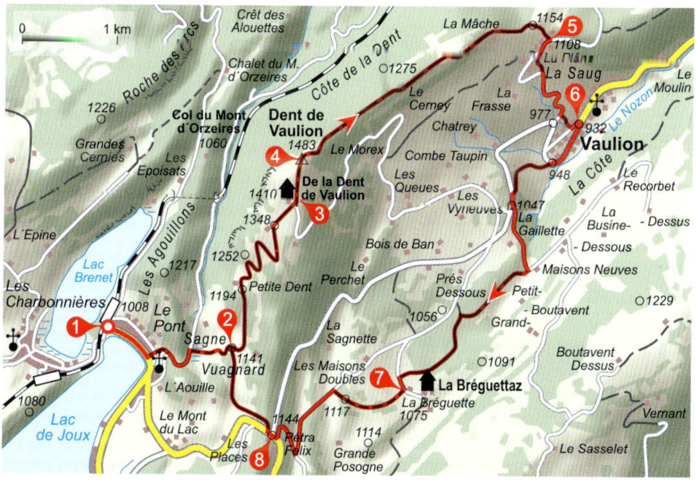

49 Châtel, 1432 m

5.45 Std.

Herrliche Ausblicke in uriger Juralandschaft

Das Vallée de Joux liegt auf rund 1000 Metern und beherbergt den größten See des Jura, den Lac de Joux. Das raue Klima des Jura manifestiert sich hier besonders deutlich, gewinnt dieser See im Winter doch eine Eisschicht, die bis zu 60 Zentimeter dick werden kann. Dieses Eis war früher ein wichtiger wirtschaftlicher Faktor: So war in Le Pont bis ins Jahr 1936 eine Eisfabrik in Betrieb, die im Winter dem See das Eis entnahm, einlagerte und im Sommer bis nach Paris exportierte, wobei insbesondere Brauereien zu den Hauptabnehmern zählten. Die Bahnlinie ab Vallorbe wurde 1886 für den Eistransport gebaut. Bis zu 40.000 Tonnen Eis pro Jahr verließen über diese Schienen das Vallée de Joux.

Ausgangspunkt: Le Pont, 1008 m, im Vallée de Joux. Anreise siehe Tour 48.
Höhenunterschied: 630 m.
Anforderungen: Einfache Rundwanderung auf guten Wegen, wenig Hartbelag.
Einkehr: Restaurants in Le Pont und in L'Abbaye sowie: Buvette de Châtel unterhalb des Gipfels (✆ +41 21 841 12 26, buvettedechatel.ch), Chalet d'Alpage Les Croisettes (✆ +41 21 841 16 68, lescroisettes.ch).
Karte: WK 1:50.000, Blatt 251T, La Sarraz.

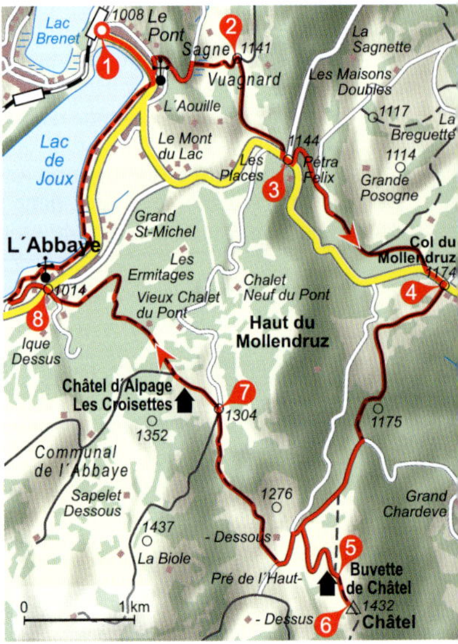

Der erste Teil der Wanderung ist mit Tour 48 identisch, bis wir bei der **Abzweigung (2)** nicht nach links in Richtung Dent de Vaulion, sondern nach rechts wandern und **Pétra Felix (3)** erreichen. Von dort zuerst auf geteerter Straße, dann über einen ungeteerten Forstweg hinüber zum **Col du Mollendruz (4)**, 1174 m. Beim großen Parkplatz auf dem Scheitel dieses Passes nach rechts. Über eine Schotterpiste und später auf Weidewegen gelangen wir zum Chalet du Mollendruz, wobei der Weg etwas unterhalb dieses Hofes vorbeiführt und zunächst leicht abfällt, um dann in einen Pfad überzugehen, der sich durch jungen Tannenwald aufwärts schlängelt. Rund 45 Min. nach dem Col du

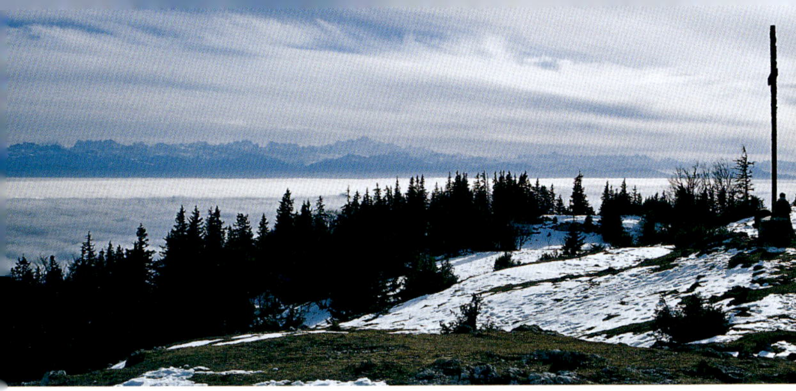

Der Châtel ist auch im Winter ein gut erreichbares, lohnendes Ziel.

Mollendruz betreten wir eine geteerte Fahrstraße. Nur wenige Schritte bleiben wir auf dem harten Untergrund, dann gehen wir nach links und steigen die anfangs bewaldete, später offene Geländerippe in direkter Linie zur **Buvette de Châtel (5)** hinauf, die unterhalb des Châtel steht. Das Gipfelkreuz des aussichtsreichen **Châtel (6)**, 1432 m, ist von hier noch 10 Min. entfernt. Zurück zur **Buvette de Châtel (5)** und auf der Zufahrtsstraße hinab zu einer T-Kreuzung, wo wir nach links gehen. Es folgt ein Abschnitt von ca. 500 m auf der geteerten Straße, dann zweigen wir nach rechts ab und schlendern durch fast flaches, urtümliches Gebiet hinüber zum Gehöft von **Les Croisettes (7)**. Der weitere Weg in Richtung L'Abbaye leitet uns auf einen Fahrweg, den wir bald verlassen können, um auf einem schmalen Pfad durch den Wald abzusteigen. Oberhalb von L'Abbaye stoßen wir auf ein Sträßchen. Dort nach rechts und anschließend (nicht bezeichnet) nach links. Beim nun folgenden Wegweiser ebenfalls nach links und bei erster Gelegenheit (nicht an der Stelle, wo die Mauer eingebrochen ist) nach rechts abwärts. So gelangen wir bald in das enge Tal im Rücken von L'Abbaye.

Auf der Hauptstraße in **L'Abbaye (8)** nach rechts bis zum Dorfausgang, dann auf dem geteerten Seeuferweg zurück nach **Le Pont (1).** Besonders schön ist hier der Blick über die glatte Seeoberfläche, auf der sich die Kalksteinwände des gegenüberliegenden Steilufers spiegeln.

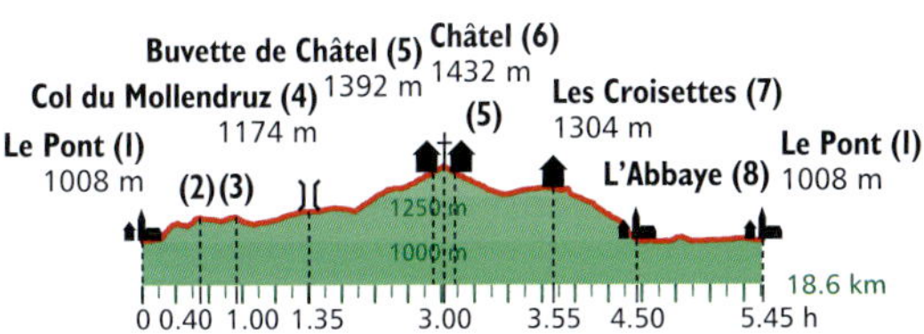

50 Gorges de l'Orbe

6.15 Std.

Gemütlicher Bummel durch die Waadtländer Kulturlandschaft

Gleich zwei historische Städtchen mit schönem, gut erhaltenem Ortskern werden auf dieser gemütlichen Tour miteinander verbunden: Romainmôtier und Orbe. Ersteres beherbergt die älteste Klosteranlage der Schweiz. Das abwehrbereit auf einen Felssporn gebaute Orbe wurde schon von den Römern gegründet und war zeitweise Hauptstadt der Burgunder. Erwähnenswert ist auch das winzige Dörflein Les Clées, das einst von einer mächtigen Festung überragt wurde, welche die Verbindung nach Frankreich kontrollierte.

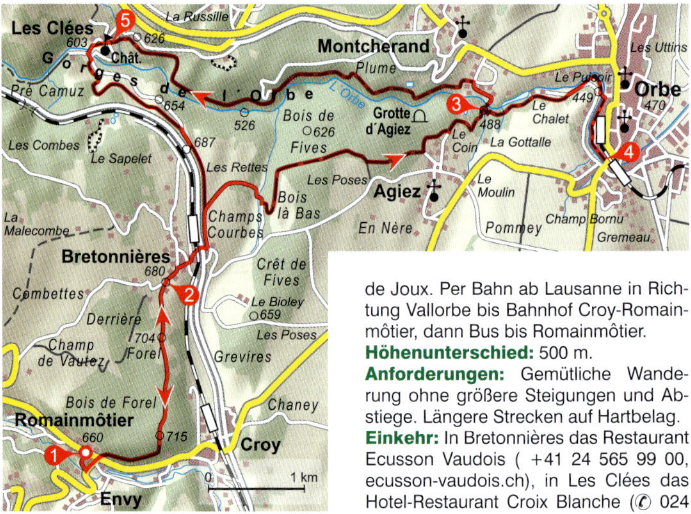

de Joux. Per Bahn ab Lausanne in Richtung Vallorbe bis Bahnhof Croy-Romainmôtier, dann Bus bis Romainmôtier.

Ausgangspunkt: Romainmôtier, 660 m, an der Verbindungsstraße Orbe – Vallée de Joux. Per Bahn ab Lausanne in Richtung Vallorbe bis Bahnhof Croy-Romainmôtier, dann Bus bis Romainmôtier.

Höhenunterschied: 500 m.

Anforderungen: Gemütliche Wanderung ohne größere Steigungen und Abstiege. Längere Strecken auf Hartbelag.

Einkehr: In Bretonnières das Restaurant Ecusson Vaudois (+41 24 565 99 00, ecusson-vaudois.ch), in Les Clées das Hotel-Restaurant Croix Blanche (✆ 024 565 98 80) sowie Restaurants in Romainmôtier und Orbe.

Karte: WK 1:50.000, Blatt 251T, La Sarraz.

In **Romainmôtier (1)** wandern wir die Straße entlang in Richtung Orbe. Die geschäftige Verkehrsader können wir aber bald verlassen; wir steigen auf einem Weg hinauf in den Bois de Forel, den wir durchqueren und so nach **Bretonnières (2)** gelangen. Durch das Dörfchen und die Unterführung, welche die Eisenbahnlinie und die Autobahn untertunnelt. Nun folgen wir weiter den Markierungen der Via Francigena (Routennummer 70), welche uns zu-

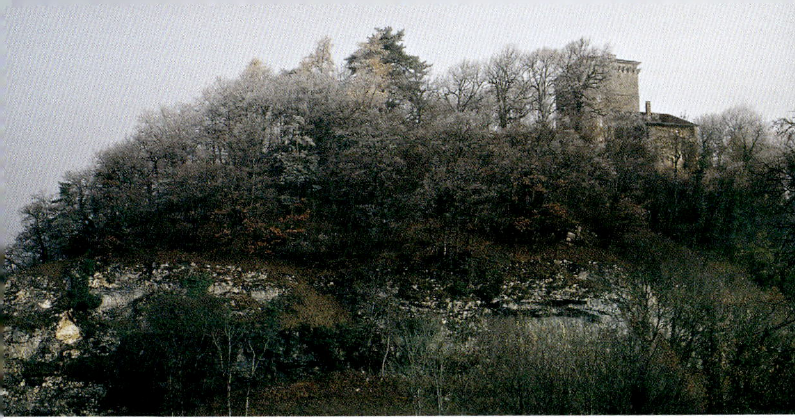

Über dem winzigen Dörfchen Les Clées thront eine einst mächtige Festung.

nächst kurz über offenes Land, danach zumeist im Schutz des Waldes in Richtung Orbe bringen. Die **Gorges de l'Orbe** erreichen wir unterhalb des **Kraftwerks (3)** bei Montcherand. Bevor wir die Brücke über die Orbe benutzen, haben wir die Chance, nach rechts zu gehen, um das Städtchen **Orbe (4)** zu besuchen. Nach diesem Abstecher kehren wir hierher zurück, um die Wanderung fortzusetzen.
Am Nordufer der Orbe bringt uns eine steile Straße aus dem tiefen Graben, welchen die Orbe in den Kalkstein gefressen hat. Am Kraftwerk vorbei wandern wir entlang der Druckleitungen bergauf und stoßen am oberen Ende der mächtigen Rohre auf einen Fußweg, der uns hoch über der Orbe nach **Les Clées (5)** führt. Im Dörflein gehen wir vor dem Hotel de la Croix Blanche nach rechts und umrunden so den Burghügel auf dessen Nordseite. Über die schöne Bogenbrücke wandern wir wieder hinüber ans Südufer der Orbe. Nun einige Meter die Straße entlang, welche nach Bretonnières führt und dann nach rechts weg auf einen rauen Fahrweg, der den Hang emporklettert. Auf diesem Weg durch den Wald bleiben wir, bis wir kurz vor Bretonnières wieder an der Schnellstraße anlangen. Parallel zu dieser Straße, aber in gutem Abstand auf einem Fußweg wandernd, erreichen wir bald **Bretonnières (2)**, von wo wir auf bekannter Route nach **Romainmôtier (1)** zurückkehren.

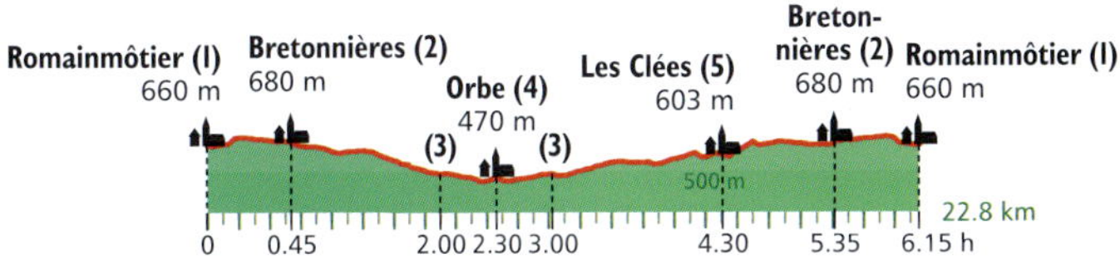

Stichwortverzeichnis

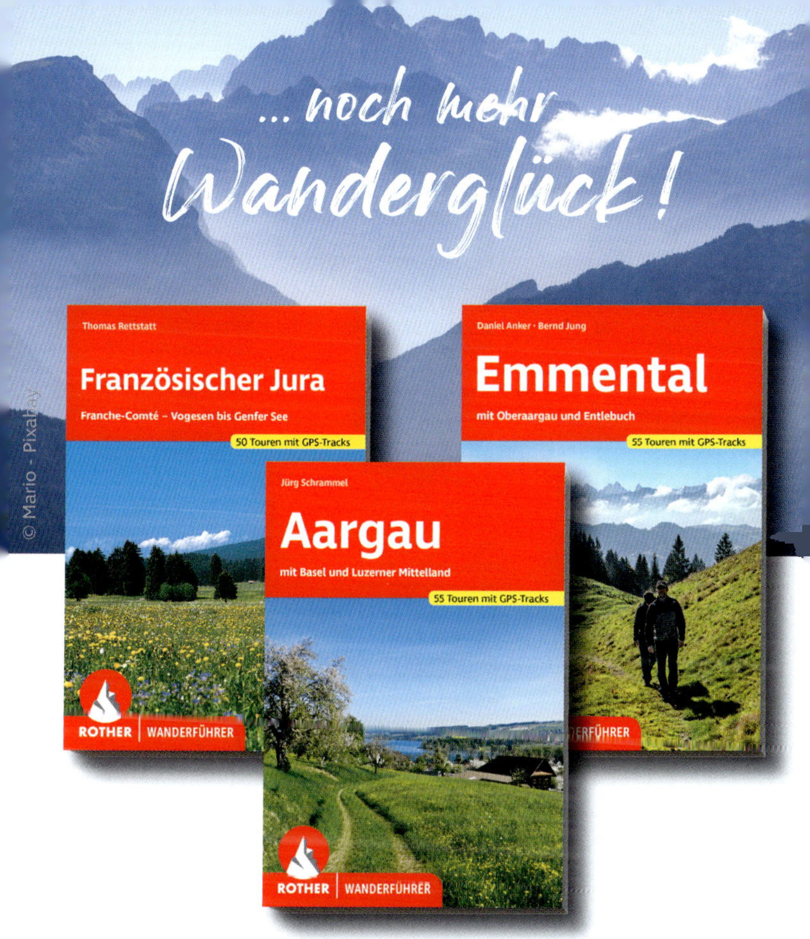
... noch mehr
Wanderglück!
© Mario - Pixabay
Thomas Rettstatt
Französischer Jura
Franche-Comté – Vogesen bis Genfer See
50 Touren mit GPS-Tracks
ROTHER | WANDERFÜHRER
Daniel Anker · Bernd Jung
Emmental
mit Oberaargau und Entlebuch
55 Touren mit GPS-Tracks
Jürg Schrammel
Aargau
mit Basel und Luzerner Mittelland
55 Touren mit GPS-Tracks
ROTHER | WANDERFÜHRER

Umschlagbild:
Aiguilles de Baulmes, vom Gipfel des Le Suchet (Tour 47).

Bild im Innentitel:
Steinmauer und Picknickplatz auf dem Weg über den Brunnersberg (Tour 14).

Alle Fotos von Silvia Fantacci und Ueli Hintermeister außer:
Seite 1, 9 oben, 12, 15, 16, 30/31, 49, 55, 69, 70, 83, 84, 86 oben, 87, 88, 110, 111, 112, 113 und 114 (Jürg Schrammel).

Kartografie:
Wanderkärtchen im Maßstab 1:75.000 © Bergverlag Rother GmbH
(gezeichnet von Barbara Häring, Gröbenzell & Heinz Muggenthaler, Regen)
Übersichtskarten im Maßstab 1:850.000 und 1:2.000.000
© Freytag & Berndt, Wien

Work Nr.: 4157

6., aktualisierte Auflage 2024

ISBN 978-3-7633-4775-9

MIX
Papier | Fördert gute Waldnutzung
FSC® C147178
www.fsc.org

Wir freuen uns über jeden Korrekturhinweis zu diesem Wanderführer!
Bitte per E-Mail an: leserzuschrift@rother.de

ROTHER BERGVERLAG · München
D-82041 Oberhaching · Keltenring 17 · Tel. +49 89 608669-0 · rother.de